Doing Political Geographies

「政治」を

山﨑孝史 編 Takashi Yamazaki

地理学

● 政治地理学の方法論

する

ナカニシヤ出版

目　　次

序　章

「政治」を地理学する
政治地理学の方法論

山﨑 孝史

1 「政治」と地理学

　一般的に地理学という学問分野は大きく地誌学と系統地理学に分かれる．地誌学は大陸，国家，国内地域などを単位として，その内部の自然から人文に至る地理的特徴を網羅的に記述し，複数の単位についての記述（地誌）を体系化する分野である．対して系統地理学は，特定の系統に分類される自然・人文現象（気候，生物，文化，経済など）を対象にその地理的側面を考察する分野である．したがって，本書が扱う政治地理学は，人文現象を扱う系統地理学（人文地理学）のなかで「政治」を対象とする分野といえる．

　このように定義すれば，地理学における政治地理学の位置は明らかなように聞こえるが，歴史的にはさほど単純ではない．それは地理学という知の体系がその置かれた歴史的文脈のなかで「政治」とどう関わってきたかという問題と無関係ではないからである．よってまず「政治」とは何かについて考えてみよう．

　『広辞苑』（新村 2008）は，政治を「人間集団における秩序の形成と解体をめぐって，人が他者に対して，または他者と共に行なう営み．権力・政策・支配・自治に関わる現象．主として国家の統治作用を指すが，それ以外の社会集団および集団間にもこの概念は適用できる」と定義している．この定義を踏まえれば，政治地理学は権力・政策・支配・自治といった政治の営みがいかに地理的な要因と関わるかを探求する学問であるといえる．そして，この見方は地理学が「政治」を研究対象として客体化できることを前提としている．しかし，この前提から政治地理学を考える前に，地理学はそもそも「政治」を客体化できたのか，という問いを立てる必要がある．というのは，この問いなしに政治地理学を「意義ある」分野として強調す

ることは，学問と「政治」との関係についてややナイーブすぎるからである．

　上述したように，「政治」が主として国家による統治作用としての権力・政策・支配・自治に関わる現象なのであれば，それと関わる地理学，広義の地理的知識一般は，歴史上この統治作用に深く組み込まれてきた．地理的知識は，領土の獲得と維持，人口や産業の把握と管理，航海や探検さらには軍事作戦のための測量，地図作製，そして地誌情報収集などに応用され，そうした地理的知識の進歩なしには近代世界は構築されなかったとさえいえる．つまり，近代地理学がヨーロッパの大学において成立するはるか以前から，地理的知識は「国政術」の重要な一翼を担っていたのである．

　近代地理学において，政治地理学の基礎を築いたのはフリードリッヒ・ラッツェル Friedrich Ratzel とされる．彼は 1897 年の著書 *Politische Geographie*（政治地理学）において，国家が戦争をとおして拡大していくことを自然の発展傾向と捉え，国家の領域はその文化とともに広がり，膨張政策の成否は地理的諸条件の利用によると主張した．彼は，諸国家は有機体のように可能な限り土地・資源を獲得しようとして戦争を永遠に続けると考え，獲得された国家の生存に必要な空間を「生存空間 Lebensraum」と呼んだ．

　こうした国家の空間闘争を前提とする「国家の政治地理学」は，19 世紀のヨーロッパにおける近代地理学の成立以来，地理学の一分野を構成し，20 世紀初頭には当時の国際秩序であった帝国主義や植民地経営と緊密な関係をもつようになる．そして 20 世紀前半に「地政学」へと展開していく．当時の地政学は，国家の地理的位置やそれを取りまく地理的条件が政治を強く規定すると考え[1]，大国間の軍事的対立を含む外交の分析を行い，それを国策へ応用しようとした．ドイツや日本の地理学者や地政学者はそこに地理学独自の国家への貢献を見出したのであるが，最終的には第二次世界大戦での敗戦と国土の破壊という破局を迎える（本書第 4 章参照）．帝国主義下の外交・軍事という「政治」への地理学の関与はそこでいったん破綻する．

2 政治地理学の復興

　「国家の政治地理学」は，政治を主に「国家の統治作用」とみなす伝統的な立場で

---

1) こうした見方を環境決定論という．

あり，諸国家が帝国主義的競争にまい進する時代に地政学へと展開したことは故なきことではない．しかし，戦後には日本の内外を問わず「国家の政治地理学」は衰退する．それは平和・自由・民主主義が唱えられる戦後の社会に適応した政治地理学ではなかったからであろう．国際秩序の一定の「安定化」[2] は，特に先進国において，外交・軍事に対する国内政治の重要性を高めたし，自由や民主主義の国際規範化はそうした権利の保障や獲得のための新たな政治動態を生み出した．つまり，「政治」は国家以外の多様な主体——超国家組織，NGO（非政府組織），政党，圧力団体，地方自治体，企業，労働組合，エスニック集団，移民・難民，社会運動組織，NPO（非営利組織），住民組織，家族，その他多様な属性やアイデンティティをもつ集団や諸個人——の営みとして一層明示的に展開されるようになった（第 5, 6, 8 章）．さらには，グローバル化する戦後世界のなかで，これらの主体が実践する「政治」は世界大の政治経済的な変動や異なった主体（他者）と複雑に相互作用する（第 11, 15 章）．特に近年では，かつての環境決定論的な地政学に代わって，気候変動が及ぼす国際・国内政治への影響が注目されている（第 5 章 4 節）．であれば，この複雑な動態と関わる地理的諸相に応じた政治地理学の課題と方法が再構築されなければならない．

　筆者（山﨑 2001 など）が論じたように，1980 年代の欧米，とりわけ英語圏諸国における政治地理学の復興は，こうした多様で重層的な「政治」の前景化と関わっていたが，日本の政治地理学はどう変わっていったのであろうか．戦後日本においては「国家の政治地理学」は克服されるよりも，地政学との連想からタブー視される傾向が強かった（第 4 章）．その影響から，国際関係はじめ領土や国境に関する研究も近年までほとんど取り組まれてこなかった（第 14, 15 章）．一方，市町村合併など地方行財政に関する事例研究は数多くなされ，地方政治よりも地域政策や地方公共サービスに着目する研究が多い点に日本の特徴がある（第 3 章）．そのなかで，英語圏を中心とする政治地理学の理論は参照されても，実証研究を通して必ずしも洗練されてはこなかった（山﨑 2013: 25）．

　しかし，1990 年代以降の国際情勢の劇的な変化と人文社会科学における日常的な「政治」への関心の高まりのなかで，日本の政治地理学的研究は増加し，理論的な側面も強く意識されるようになってきた．並行して，関連書籍が出版され，研究対象が多様化するとともに，専門研究グループや国際会議も組織されるようになった[3]．本書が取り上げる環境運動研究（第 5 章），米軍駐留に関する研究（第 1, 9, 13 章），

2）1945 年から 89 年まで続いた米ソ間の冷戦も一種の安定した秩序と考えうる.

4

日本内外の境界研究（第 11, 14, 15 章）などはそうした活発化した研究活動の成果といえる．また，伝統的な地政学に対する批判的再検討と新しい研究課題の提示なども本書の執筆者を中心に取り組まれている（現代地政学事典編集委員会 2020, 本書第 4 章）．欧米と比較すれば，フェミニスト政治地理学や純理論的研究は不十分であるものの（ただし第 8 章参照），21 世紀の日本において政治地理学がさらに展開する素地は整ってきたといえる．もっとも，学界の現状を鑑みると，若手研究者の減少と人文地理学自体の研究指向性の変化[4]から，新たな政治地理学的研究の展開を模索せねばならない段階にもある．

3 「政治」を地理学する

1) 本書の背景

　日本において政治地理学の方法論を体系的に論じた研究は管見の限り存在しない．

【キーワード】方法論

科学一般は，その研究の対象の有無に関わる存在論，その対象を含む世界をどう見るかという認識論，そしてその対象を論証ないし記述する手法についての方法論に区分される．方法論は特定の研究分野の単なる方法ではなく，これら区分ごとの関わりのなかで採用される方法に関する考え方である．本章がいう「方法論」は，政治という営みの存在をどう考えるかという存在論と，それを取り巻く社会をどう見るかという認識論に深く関わり，情報収集のための「調査方法」とそれによって得られた情報を整理・加工・要約する「分析方法」から構成される．

政治地理学に関する論集や概説書は 2000 年以降も何冊か刊行されてきたが（高木 2002, 水内 2005, 山﨑 2013 など），これらは方法論について詳述していない．計量分析が中心となる選挙地理学研究においても，各研究が採用する分析手法の解説に留まっている（第 1 章参照）．政治地理学以外では，成瀬ほか（2007）が日本の人文地理学における言語分析を批判的に検討しているが，この例や入門書を除けば，人文地理学自体に方法論をめぐる議論がほとんどない．例え

---

3) 日本地理学会における政治地理学研究・作業グループの活動（1994 年から 99 年）と IGU（国際地理学連合）世界政治地図委員会東京会議の開催（1993 年），人文地理学会における政治地理研究部会の活動（2011 年から 19 年）と IGU 京都地域会議における政治地理委員会関連セッションの開催（2013 年），第 4 回オルタナティブ地理学東アジア地域会議ジオポリティカル・エコノミー・ワークショップの大阪開催（2019 年）および IGU テーマ会議「関係性の中の島嶼」（2023 年）の大阪開催。
4) 筆者の勤務校を例に取れば，今世紀に入って研究費の競争的外部資金への依存が高まり，研究の実学化，すなわち地域社会貢献の指向が強まるにつれ，基礎科学的研究の相対的後退がみられる．

ば社会学であれば，フレーム（枠づけ）分析のように社会運動に関わる言語行為の分析方法が検討されており（山﨑 2013: 151-153），英米の政治地理学であれば選挙におけるコンテクスト効果の有無が長年議論されていた（山﨑 2013: 111-115）．政治的な主題に接近する上でのポジショナリティの問題（竹内 1980, 丹羽 1996, 山﨑 2006）や地理学の実践と応用に関する議論（梶田 2014）などが提起されてはきたが，いずれも認識論レベルの議論に留まり，方法論まで展開しなかった．かといって政治的主題に関わる方法論は，調査する側とされる側との権力関係（宮本・安渓 2008）や調査に関連する個人や組織の権利をどう保護するかなど研究倫理上の問題だけを意味するのではない．ましてや研究成果をどうすれば政治的に応用できるかという「実用化」を目指すものでもない[5]．

　こんにち，本書の構成が示すように，政治地理学的研究が対象とする「政治」は多様なスケールにおける多様な主体が関わる営みや実践となり，その範疇も権力・政策・支配・自治といった領野を越えている．であれば，そうした「政治」の多様性に応じた方法論が考察されなければならない．本書が『「政治」を地理学する』と題するのは以上のような理由からである．

2) 本書の構成

　本書の執筆者は筆者が世話人を務めた人文地理学会政治地理研究部会（活動期間は 2011 年から 19 年まで）[6]，そして筆者が研究代表者を務めた三つの科学研究費補助金共同研究[7]に関わった，筆者を含む 14 名の研究者から構成されている．そのほとんどが地理学者であるが，年齢層と共に関心領域は政治地理学を超えてさま

---

5) 現在の地理学における地政学に対する記憶の忘却や無理解が，伝統的な地政学に現在の地理学の応用の方向性を見出す姿勢につながりうることは今野（2009: 131）が示している．感染症対策の例からも明らかなように，一般的に政策応用（政策への知識移転）には価値中立的な実証主義の科学方法論が適している（山﨑 2006: 60），伝統的な地政学は必ずしも実証主義的ではなく，論者のナショナルなバイアスが著しいという意味でむしろ政治的言説（山﨑 2013: 138-155）に近い．

6) http://polgeog.jp/studygroup/ 参照（最終閲覧日：2021 年 9 月 30 日）．

7) 2015-16 年度挑戦的萌芽研究「軍事的圧力に抗う文化的実践―沖縄とパレスチナにおける地誌編纂と景観修復」（研究課題番号 15K12954），2015-17 年度基盤研究（B）一般「グローバル化の新局面における政治空間の変容と新しいガバナンスへの展望」（研究課題番号 15H03277），および 2018-22 年度国際共同研究加速基金（国際共同研究強化（B））「東シナ海島嶼をめぐるトランスボーダー地政学の構築」（研究課題番号 18KK0029）である．

【キーワード】実証主義と解釈主義

実証主義と解釈主義は，科学の対象の存在に関する考え方，つまり存在論について正反対の立場を示す．前者は観察者から独立した客観的な現実が存在すると考えるのに対して，後者は現実が人間による主観的な解釈，表象行為，社会的力学などによって構築されると考える．方法論的には前者が量的調査，後者が質的調査を重視する．後述する「批判的実在論」を含む社会科学の認識論については野村（2017）参照．

ざまである．執筆者には，あらかじめ筆者が準備した3部15章の構成（主題・副題）案を示し，それに沿って既公刊文献を1から3編選び，参照した理論，採用した方法，分析過程，研究の結果と課題について執筆してもらうよう依頼した．

このように執筆の枠組みは標準化されているが，各章が扱う「政治」はバラエティに富んでいる．上述したように「政治」と認識されるものは多様化しており，制度，社会関係，文化的規範，物理的執行，言説的行為などとして社会的に構築され，心理的・物理的な効果をもつ．その点で自然現象とはまったく異なる．したがって，いかなる「政治」も，その時間と空間の文脈に沿って，社会的な価値判断と不断に関わり合う．こうした対象の性質から，科学哲学的には政治地理学は解釈主義的な認識論と親和性が高いと考えられる．しかしながら，かつて論争があったように（山﨑2006），実証主義的な認識論や方法論が有効と考えられる対象も存在する．本書の執筆者の認識論的立場と採用した方法も一様ではなく，本書で示される認識論と方法論との関係は単純ではない．これについては後述したい．

さて，本書を構成する3部は，上述した「政治」の多様な性質を，原理，概念，そして空間（地域）という三つの次元から照らし出す．まず第Ⅰ部は「地理学で「政治」を捉える」と題して，政治を大きく五つの原理的側面から捉え，それぞれの側面について地理学がどのような方法で接近し，分析できるかを示す．筆者による第1章「民主主義—投票行動の地域性」は，民主主義を多党制自由選挙による代議制として捉え，投票行動から確認される地域性を定量的に分析して視覚化する選挙地理学の方法を解く．第2章「支配と対立—民族紛争の空間構造」では，今野泰三が，パレスチナ／イスラエル紛争の要因であるユダヤ人入植地を対象に，紛争犠牲者を記念する景観のイデオロギー的役割と，紛争を捉える分析スケールの問題を論ずる．畠山輝雄による第3章「地方自治—行政サービスの空間性」は，介護保険サービスの需給関係に見られる空間的差異を地域的公正とローカルガバナンスの観点から評価する手法を検討する．第4章「外交・安全保障—地政学の歴史と再考」では，高木彰彦が，戦前の日本における伝統地政学の受容についての書誌的分析の方法，そして戦後の英米中心に展開した批判地政学の言語資料分析の方法を解き，外交・安

全保障問題への地理学的アプローチを示す．第5章「環境をめぐる政治―環境運動の役割」を担当した香川雄一は，工業都市における公害反対運動を題材にその空間的基盤を，多様な文献資料，特に議会会議録の分析と，関係住民・漁業従事者・運動参加者へのヒアリングから明らかにする手法を解く．

　第Ⅱ部「「政治」の地理的諸相を描く」では，人文地理学研究が一般的に用いる諸概念をその政治性という側面から検討する例が示される．前田洋介による第6章「コミュニティ―ガバナンス論とボランタリー組織」は，「コミュニティ」という地理的単位による公共的な問題，つまり多様な政策課題への取り組みの近年の変化を，ガバナンス論とボランタリー組織を軸に論ずる．第7章「宗教―異教徒迫害の歴史景観」では，麻生将が奄美大島における1930年代のカトリック排撃運動の性質について，当時の写真を用いた都市景観の復元という手法によって明らかにする．第8章「ジェンダー―都市郊外の女性と家庭」を担当した関村オリエは，大都市郊外空間のジェンダー（性別分業）化のプロセスを解明し，郊外での主婦の起業行動がそうした構造にいかに制約されているかを指摘する．佐久眞沙也加は，第9章「観光―戦争の記憶と場所の「資源化」」において，沖縄県沖縄島内で並行し交錯する観光化と軍事化を踏まえ，疎開地から米軍演習地をへて観光資源化する島内北部山林の意味変容を追う．二村太郎による第10章「農産物―アメリカにおける「ローカルフード」の政治性と広がり」は，米国ケンタッキー州における「ファーマーズマーケット」の調査を通して，「ローカルフード」運動が農産物にスケール的意味を付与し，生産と販売を言説的かつ空間的に管理する過程を詳らかにする．

　第Ⅲ部は「「政治」空間の形成と変容を追う」と題して，特定の地域や空間が特定の政治力学から形成され，変容する具体的過程を取り扱う．第11章「大阪と佐世保―アメリカ占領期の朝鮮人「密航」」を担当した福本拓は，戦後占領期のGHQおよび日本政府による朝鮮人「密航」の法的処遇を，GHQならびに大阪府の公文書，さらに佐世保引揚援護局の収容所関係資料から明らかにし，「不法入国者」管理の空間を描出する．第12章「ウトロ―在日コリアン「不法占拠」地区をめぐるまなざし」においても，全ウンフィが，戦後に「不法占拠」地区化した在日コリアン集住地区を対象に，まちづくり運動での参与観察を通して自らのまなざしの変化を描く．筆者による第13章「沖縄島―米軍統治の実相と矛盾」は，機密解除された米軍統治機関の文書をもとに復帰前の沖縄島における対米軍営業許可制度の運用実態を明らかにし，売春・性病管理の生政治が地域社会に及ぼした影響を考察する．花松泰倫は，国際政治学における境界研究の例として第14章「対馬―国境離島の動態」において，

表 0-1　本章の調査・分析方法（筆者作成）

部	章	主題	副題	調査対象地	調査（情報収集）方法 現地調査				現地アンケート調査	現地公文書調査	現地新聞・雑誌記事調査	現地外（オンライン）文献・資料収集	利用（オンライン）オンライン・データベース	オンライン・メディア調査	分析方法 言語資料分析	計量分析	視覚化表現
					一般資料収集	インタビュー	参与観察	視覚情報収集									
I 地理学で「政治」を捉える	1	民主主義	投票行動	沖縄県	○						○	○		△		◎	○
	2	支配と対立	民族紛争	パレスチナ／イスラエル	○	◎		○				○			○		
	3	地方自治	行政サービス	日本全般				○								◎	
	4	外交・安全保障	地政学	日本全般							○	○	△				
	5	環境をめぐる政治	環境運動	川崎市、和歌山市	○	△				◎	○	○			◎		○
II 「政治」の地理的諸相を描く	6	コミュニティ	ガバナンス論	名古屋市	○	○	○	◎									
	7	宗教	異教徒迫害	奄美大島	○	○	○				○	○					
	8	ジェンダー	郊外と女性	八王子市、豊中市						△	○					○	
	9	観光	戦争の記憶	沖縄島北部	○	◎	◎	○									
	10	農産物	ローカルフード	米国ケンタッキー州		△					◎	○		△	○		
III 「政治」空間の形成と変容を追う	11	大阪と佐世保	朝鮮人「密航」	大阪府、佐世保市						◎		○					○
	12	ウトロ	在日コリアン集住地区	宇治市							○						
	13	沖縄島	米軍統治	沖縄市	○	△				◎							
	14	対馬	国境離島	対馬市		○	○	○									
	15	ランペドゥーザ島	モノと境界化	イタリア・ランペドゥーザ島			○	○						△			○

注：◎最も中心的な方法、○中心的な方法、△補足的な方法。

対馬と韓国釜山市を結ぶボーダーツーリズムの実態をモニターツアーの実験的実施を通して把握している．本書を締めくくる第15章「ランペドゥーザ島—モノが照射する境界化の政治」においても，北川眞也が，イタリア・ランペドゥーザ島の現地調査から，廃棄された移民船というモノ（物体）が喚起する情念を軸に，EU の海上境界として機能する島の在り方を問う．

3）政治地理学の方法

　このように本書が収載する論考は多様であるが，その方法論について，あくまで筆者の判断から，分類を試みたのが表 0-1 である．分類の基準はこうである．各章の節や項の表題に調査・分析方法が明示されている場合は，それをその章の「中心的方法」とみなし，複数あればどの方法が最も中心的かを判断した．さらに表題ではなく本文中で補足的に記載されている方法も含めて順次記号化した．分類項目のほとんどが「調査（情報収集）方法」になっているのは，執筆者がそれを中心に論じているからである．対してそうして収集した情報をどう整理・加工・要約するかという「分析方法」まで示す執筆者は相対的に少ない．一目してわかるのは，どの執筆者も複数の方法（マルチ・メソッド）に言及していることである．何人かの執筆者は質的調査法と量的調査法を併用しており，全体的に解釈主義的な認識論による記述が優位ながら，方法論的には多元主義に立つ論考が大部分を占める．つまり，この多元主義的傾向が示唆するのは，執筆者の多くが意識的か否かにかかわらず批判的実在論の立場に近いということである．それを念頭に，確認された各方法について考えてみよう．

　調査方法の解釈主義的傾向は，「参与観察」[8] とそれにほぼ必然的に付随する「インタビュー」や景観や写真などの「視覚情報収集」の採用に確認される．これは現地調査を重視する地理学の方法論的な特徴と強みを示している．その一方，この傾向は分析方法を必ずしも説明しないという記述傾向とも重なる．それはおそらく，収集された

> **【キーワード】批判的実在論**
> 科学哲学の実証主義と解釈主義との両方の要素を兼ね備えた立場．つまり，観察者から独立した客観的な現実は実在すると考えるが，それに関するわれわれの知識は常に不完全であり，状況依存的であるとする立場．そうした現実に接近するためには，客観性と主観性をともに明らかにしうる多様な方法が採用される．かつて実証主義批判やポストモダンの思潮のなかで解釈主義への傾倒が見られたが，この立場によって事象の背後にある構造やメカニズムを解明する意義が再認識された．批判的実在論についてはセイヤー（2019），人文地理学での議論は泉谷（2003）参照．

8）調査の知見を積極的に社会還元するアクションリサーチを含む．

情報の解釈が研究者の主観に委ねられる側面が強く，解釈手順まで示すべきものと必ずしも認識されていないからであろう[9]．対して，分析方法まで記述する論考は第Ⅰ部に多く認められるが，これは他の部よりも実証主義的な方法が採用されていることによると思われる．質的調査法については社会学や文化人類学など隣接分野の成果を援用できるが，第 2，7，9 章などで採用される景観要素などの「視覚情報収集」については，「視覚的表現」方法と共に，今後（政治）地理学で洗練される必要があると考えられる．

　資料論的に政治地理学的研究の特徴と考えられるのは，第 1 章が扱う選挙結果のデータ以外では，「公文書調査」，つまり政府系公文書の利用である．第 5 章が議会会議録，第 11 章が占領軍や行政機関の文書，第 13 章が沖縄を統治した米軍の文書を重点的に使用しており，政治的意思決定過程を示すこれら公文書の調査・分析方法の開拓が，政治地理学の一つの課題になると考えられる．

　対して，「アンケート調査」や（新聞・雑誌以外の）「オンライン・データベース利用」が少ないのは，現地調査重視の傾向とともに政治地理学的研究の一つの課題を示しているかもしれない．政治的争点自体，その渦中にある情報提供者にとっては，質問票であっても答えにくい話題であるが，大学，メディア，自治体ほか各種組織による政治意識や投票行動に関する調査結果（個票データ）がオンラインで保存・公開されるようになっている[10]．こうしたデータが，個人情報保護の観点から，被調査者の住所などのミクロな地理的属性と紐づけされているとは限らないが，今後政治地理学においてもデータアーカイブを有効に活用した研究が期待される．

　あと一つ注記すべきは，補助的な調査方法ながら，「オンライン・メディア調査」に言及した論考がいくつかある点である．筆者も研究対象となる選挙の立候補予定者の Twitter をフォローし，候補者討論会などの動画も確認するようにしている．また，近年国内外の政治的な出来事の実写記録やその関係者のインタビューが YouTube などで公開されており，かつては得られなかった画像情報が手軽に入手できる．よって，SNS での情報の掲載経緯や信憑性に留意しつつ，有効に活用する

9）したがって，筆者が執筆者に対して分析の方法や過程について追記を依頼することが何度かあった．

10）例えば，東京大学社会科学研究所附属社会調査・データアーカイブ研究センター〈https://csrda.iss.u-tokyo.ac.jp/（最終閲覧日：2023 年 4 月 23 日）〉のほか，2016 年に施行された官民データ活用推進基本法によって国と地方公共団体はオープンデータの保存と公開に取り組んでいる．

方法が検討されねばならない.

　ただし，方法論的多元主義にも課題がないわけではない．研究者が想定する政治的現実に多角的に接近する上で，批判的実在論が他のパラダイムよりも有効であると筆者は考えている．しかし，政治地理学が扱う「政治」は人間社会が構築したものである以上，解釈主義的な方法が適しているように考えられる．その一方で，この「政治」が構造や制度として現実的に人間の行動を条件づけていることをわれわれは経験的に知っている．例えば，本書において筆者は，日米の軍事同盟，冷戦の構造，異民族支配が，沖縄社会——政党の活動，住民の投票行動，風俗店の経営——にどう影響し，また後者が前者にどのように作用したかを考察している（第1，13章）．こうした沖縄「政治」の深層に実在すると考えられる構造やメカニズムに接近するには，解釈主義的方法だけでは不十分である．つまり，単なる折衷を超えた多元的方法論が政治地理学においても模索されねばならないのである.

4　本書の使い方

　本書は，主として大学の学部と大学院における地理学専攻生を対象としているが，広く政治と空間に関わる人文・社会科学分野にも参考になるよう執筆されている．序章以外は基本的に三つの部，15章のいずれからも読み進めることができる．章の間には研究対象や調査・分析方法の点で共通する部分もあるので，章の主題と副題を目印に関連する各章を読み合わせることもできる.

　各章では，執筆者が2，3編の自著文献（雑誌論文や単行本の章）を選び，そこで用いられた調査・分析手法と，調査時における経験や教訓を，図表付きで解説している．文中には各章で重要となるキーワードが三つずつコラムとして解説されている．もし各章の内容でわかりにくい部分やさらに知りたいことがあれば，引用されている自著文献を直接参照するか，文献リストにある文献を参照すればよい．自著・参照文献のうちオープンアクセス対応のものにはアクセスURLやデジタルオブジェクト識別子（DOI）が示されている（ただし，一部に有料または未公開のものがある）.

　なお，本書では各執筆者が調査研究の成果をどのように社会還元したかについては詳述されていないが，筆者を含めて，それを実践している執筆者は少なくない．その一端は各章の記述にもうかがえる（例えば第14章）．ただし，一般的に研究成果の「還元」や「応用」は，その成果が自己解釈によるものよりも，それが社会的

に確からしく，検証に耐えうるもののほうが促進される．ならば，まず研究は方法論的に確立されていなければならない．

　ともすれば「政治」は，特に初学者にとって，接近しにくいテーマかもしれない．もし概説書から読み進めたいと思う読者は本章で引用したものを参照いただきたい．筆者の学生時代に比べると，政治地理学に関する日本語文献ははるかに豊富である．ただし，日本の大学の学部カリキュラムで政治地理学が講じられる例は依然としてほとんどない．そうしたなかでもこの分野の研究に興味をもつ読者にとって，調査・分析方法を考える上で，本書が有効な指針となることを，執筆者を代表して強く期待したい．

　なお，本書の刊行に際しては，日本地理学会より 2021（令和 3）年度出版助成をいただいた．助成申請と編集の労をお取りいただいたナカニシヤ出版米谷龍幸氏とともに，厚くお礼申し上げる．

【文　献】

泉谷洋平 2003. 人文地理学におけるポストモダニズムと批判的実在論―英語圏における理論的論争をめぐって．空間・社会・地理思想 8: 2–22. https://dlisv03.media.osaka-cu.ac.jp/il/meta_pub/G0000438repository_111E00000016-8-1

梶田真 2014. 地理学において「純粋理論」と「実践・応用」とは乖離しているのだろうか―1970 年代以降のアメリカを中心とする応用地理学の展開を糸口として．人文地理 66(5): 423–442. https://doi.org/10.4200/jjhg.66.5_423

現代地政学事典編集委員会 2020.『現代地政学事典』丸善出版．

今野修平 2009. 応用地理学確立への道．地域学研究 22: 117–135. http://repo.komazawa-u.ac.jp/opac/repository/all/31305/kci022-07konno.pdf

新村出 2008.『広辞苑 第六版』岩波書店．

セイヤー, A. 著，佐藤春吉監訳 2019.『社会科学の方法―実在論的アプローチ』ナカニシヤ出版．

高木彰彦編 2002.『日本の政治地理学』古今書院．

竹内啓一 1980. ラディカル地理学運動と「ラディカル地理学」．人文地理 32(5): 428–451. https://doi.org/10.4200/jjhg1948.32.428

成瀬厚・杉山和明・香川雄一 2007. 日本の地理学における言語資料分析の現状と課題―地理空間における言葉の発散と収束．地理学評論 80(10): 567–590. https://doi.org/10.4157/grj.80.567

丹羽弘一 1996. 地理学と社会的現実．空間・社会・地理思想 1: 2–11. https://dlisv03.media.osaka-cu.ac.jp/il/meta_pub/G0000438repository_111E00000016-1-1

野村康 2017.『社会科学の考え方―認識論，リサーチ・デザイン，手法』名古屋大学出版会．

水内俊雄編 2005. 『シリーズ人文地理学4　空間の政治地理』朝倉書店.

宮本常一・安渓遊地 2008.『調査されるという迷惑―フィールドに出る前に読んでおく本』みずのわ出版.

山﨑孝史 2001. 英語圏政治地理学の争点. 人文地理 53(6): 532–555. https://doi.org/10.4200/jjhg1948.53.532

山﨑孝史 2006. 地理学のポリティクスと政治地理学. 人文地理 58(4): 377–398. https://doi.org/10.4200/jjhg.58.4_377

山﨑孝史 2013. 『政治・空間・場所―「政治の地理学」にむけて［改訂版］』ナカニシヤ出版.

第Ⅰ部

地理学で「政治」を捉える

第1章

民主主義

投票行動の地域性

山﨑 孝史

1 民主主義を地理学で分析する

　本章では民主主義を地理学的に分析する方法論について解説する．民主主義は，英語の democracy の翻訳で，君主ではなく民衆による政治体制を意味している．民主主義の理念や制度は歴史的，地理的に多様であるが，現代世界の民主的政体に共通する要素として，代議制民主主義（代議制）を指摘できる．代議制とは，一定の規模をもつ社会の有権者が選挙で政治家を選び，政治家が実際の政策決定を行う仕組みである．選ばれる政治家は自治体の長のように一人か，議員のように同時に複数選ばれる場合がある．代議制が議会制民主主義とも呼ばれるのは，議会が社会の多様な利害を代表すると考えられるからである．

　この多様な利害を代表する政治組織が政党であり，複数の政党から議会が構成される制度を多党制と呼ぶ．こうした多様な社会の利害が議会を通して競争し合い，過剰な権力行使を抑止することで自由主義が担保される（待鳥 2015）．また，このような代議制を可能にするには，選挙権はもとより，結社や言論の自由など有権者の政治的諸権利が保障されなければならない．さらに，多党制は有権者が自らの選好に沿った政党や議員を選択しうる制度ともいえる（加藤 2005）．

　選挙を分析する政治地理学の分野，**選挙地理学**は，選挙区の形成や選挙制度に加えて，有権者の投票行動，つまり民意の地理的構成を分析してきた．民意の地理的構成

【キーワード】選挙地理学

日本では選挙を対象とした地理学的研究は必ずしも多くないが，投票行動の地理的（近隣）効果を分析した小長谷（1995），特定の選挙区での棄権率が異なった選挙に及ぼす影響を検証した泉谷（1998），衆院選挙に導入された小選挙区制が一票の格差に及ぼす影響を析出した佐野・中谷（2000）などの計量研究のほか，議員後援会の空間的編成を検討した阿部・高木（2005）や佐藤（2008）がある．

は，候補者や政党が唱える政策，有権者個人の属性（出身地，エスニシティ，職業，ジェンダー，宗教など），さらには有権者が居住する選挙区の特徴（地盤）などと関わる（山﨑 2013）．つまり，代議制とそれを機能させる選挙制度は民主主義の根幹であり，投票行動の政治地理学的分析は，選挙結果の単なる記述を超えて，民主主義の地理的次元とその深層を理解する手段となる．さらに，投票率の地域差は民主主義の実践の地理的表現としても理解できる．

　本章では，筆者による地方選挙の地理学的分析を通して，民主主義の意味を問う方法論について解説する．用いるのは，戦後の沖縄県で実施された選挙を多面的に分析した以下の三つの拙稿である．

　　文献①：山﨑孝史 2006. 沖縄における民主主義のポリティクス―中心 – 周辺
　　　　　関係とクリーヴィッジ構造. 二十世紀研究 7: 1–28.
　　文献②：山﨑孝史 2017. 選挙からみる複数の「沖縄」―民意はどこで示され
　　　　　たのか？ SYNODOS―シノドス. http://synodos.jp/politics/18689
　　　　　（最終閲覧日：2021 年 9 月 30 日）
　　文献③：山﨑孝史 2018.「地政学」から沖縄県政をとらえる. 地理 63（3）: 38
　　　　　–45. http://polgeog.jp/wp-content/uploads/2018/02/afed5500d0
　　　　　c65ab26569b6a06379ee02.pdf

2　研究の目的と理論的視角

1）中心 – 周辺関係論

　文献①から③は沖縄県の歴史的な政党編成を踏まえ，各種選挙における市町村別の有権者の投票行動を主に計量分析し，図示している．いずれも，沖縄県の日本における周辺的地位が県内にどのような政党と政党間対立を生み出したかを地理学的に分析し，沖縄県内の米軍駐留が維持されるメカニズムを解明しようとしている．

　文献①は，政治学者ロッカンが定式化した中心 – 周辺関係論を基礎としている．中心 – 周辺関係論は，西欧の国家が成立する過程でその周辺の共同体をどう統合するかを理論化したものである（Rokkan and Urwin 1983）．彼は，中心国家は周辺共同体を軍事行政的，経済的，文化的に統合しようとするが，周辺共同体は時にそれらに抵抗すると考え，この動態のなかで周辺共同体内に多様な政治的対立軸 cleavage が発生すると主張した．西欧の歴史的事例からは，国民文化と地方文化，世俗国家

と教会権威，地主層と起業家層，そして資本家と労働者という四つの対立軸が確認される．さらにこれらの対立軸は，周辺共同体内の政党の配置に置き換えられ，政党の盛衰によって中心−周辺関係に基づく対立構造が可視化されると，彼は捉えた．

沖縄県の場合，その前身である琉球王国は，1609 年の薩摩藩の侵攻以降，江戸幕府の影響下におかれ，明治維新後の 1879 年に日本に強制併合される（琉球処分）．日本という

> **【キーワード】保革対立**
>
> 一般的に政治的立場には，既存の体制を保持し社会の安定を重視する保守と，体制を変革し新しい社会の構築を目指す革新の立場がありうる．戦後日本では 1955 年に保守政党が合同して自由民主党が結成され，1990 年代まで政権を維持し，社会民主主義を掲げる日本社会党などと対立関係にあった（55 年体制）．沖縄県でも復帰前から，米軍統治を批判して復帰を主張する政党と親米的な保守政党が対立関係にあり，復帰後も米軍駐留をめぐって両者の対立が継続してきた．

近代国民国家への統合の過程で沖縄県内にどのような対立軸と政党が形成されたかは，中心−周辺関係論で説明できる．また，戦後の米軍統治下での政党政治や復帰後の県内政党の中央系列化と保革対立の構造も，同じ理論で明らかにできる．ただし，今日までの沖縄県民の民意の地理的構造を理解するには，後述するように，異なった理論的視角が必要となる．

2）場所の政治

文献②と③では「場所の政治」と呼ばれる理論的視角を用いた．「場所の政治」とはマクロ・スケールの構造的条件の下で，ローカルな場所での政治行動がどのように生起・展開するかを検討する視角である．政治地理学者アグニューは，上述したロッカンの理論をもとに，近代化を「全国化」の過程，つまり政治・経済・文化面で国家の下位地域が統合され，均質化する過程とみなし，そのなかで個々の場所の意義は消失していくと考えた（Agnew 1987）．しかし彼は，場所の特質を国家レベルの平均値からの違いと捉え，こうして確認される地域性が場所の存在を示すと考えた．彼は英国のスコットランド民族党の活動や得票を分析し，スコットランド内にも特徴的な「場所の政治」が存在することを指摘した．

沖縄県では復帰前の 1968 年に琉球政府[1]の行政主席が初めて公選され，1970 年には衆参両院議員を選出する国政参加選挙が実施された．この時期以降は同一候補が全県区で選出される選挙の分析が可能になる．後述するように，同一候補が県内

1）米軍統治下で 1952 年におかれた沖縄県民の現地政府．長年その行政府の長は住民の直接選挙では選ばれなかった．

各地でどのように支持されるかを，米軍駐留の評価が異なる保守系候補と革新系候補の得票から分析することで，ロッカンのいう対立軸の地域的傾向がわかる．その傾向が一定期間継続しているなら，それが「場所の政治」の存在を示唆すると認識でき，有権者の民意の地域性とその意味を考察する手掛かりになる．

3）地域の制度化

　文献③は「場所の政治」の分析を更に進めて，中心−周辺関係論における周辺共同体を「辺境」つまり国境地域として捉え直し，辺境におけるナショナリズムの高揚が選挙結果とどう関わるかを分析した．文献には明記されていないが，その理論的視角は政治地理学者パーシが唱えた「地域の制度化」である（Paasi 1996）．パーシは場所が社会的に構築されることに注目し，個人をこえた集合的経験や記憶（典型的には戦争のそれ）と関わる場所を「地域 region」と定義した．教育やメディアによって個人はその帰属する集団の一員として社会化されるが，そうした社会化は国家レベルでもローカルなレベルでも起こりうる．つまり，「地域」が個人をこえた集合的象徴や集団を分類する枠組みとして「制度化」されると彼は主張した．これを中心−周辺関係論と重ねるならば，「地域の制度化」は，周辺共同体が国家に統合される／対抗する過程での集合的アイデンティティの構築と深く関わる．パーシはこうした「地域の制度化」をフィンランドとロシアの国境地帯での政治意識の形成に見出している．

　以上の観点から文献③は「辺境の保守化」に着目する．つまり，2010 年前後からの沖縄県八重山諸島における中学校公民教科書の選定，『八重山日報』の報道，保守系首長の選出，そして自衛隊誘致という一連の社会政治的過程が，尖閣諸島をめぐる中国との緊張関係という地政学的文脈から検討される．文献②で確認された先島諸島（宮古・八重山諸島）での投票行動の特徴から，中学校教育や地域メディアを介して，先島諸島が沖縄県の一部としてよりも，日本の領土の一部として政治的に再制度化されていると判断された．

3 選挙結果の分析方法

1）分析単位としての開票区

　日本における各種選挙の実施は公職選挙法で定められている．公職選挙法は国政・地方選挙の「選挙区」を，候補者が選出される単位区域として詳しく定めてい

る．また「投票区」を「市町村の区域」と定め，必要に応じてそれを複数の区域に分けることができるとしている．同法は「開票区」も市町村の区域としているが，衆議院（小選挙区）選挙や都道府県議会議員選挙において，市町村の区域が複数の選挙区に分かれている場合は，開票区も複数設置されるとしている[2]．現在，地方自治体の選挙管理委員会のホームページなどから入手できる得票数データは基本的に開票区のものであり，それよりも細かく設定される投票区のものではない[3]．

　つまり，選挙結果を地理的に分析する際の基本データは，有権者に個別に調査する場合を除き，開票区（通常は市区町村の区域）ごとの集計数値となる．その利点は，知事選挙のように都道府県一選挙区で一人しか選出しない選挙であっても，都道府県内の市区町村別に開票結果を把握できるので，その地域性を分析できることである．また，この市区町村の区域は国勢調査など住民の社会経済的属性と市区町村の行財政的特徴を把握できる単位でもあるので，それを選挙結果（どの政党・候補に投票したか）と対比することで，投票行動と開票区の特性との関係を地理学的に推計できる[4]．

2) 文献資料調査：選挙制度・政党・政策の把握

　選挙結果を地理学的に分析する場合，まず理解すべきことは，選挙がどのような制度と政局の下で行われている（いた）かである．沖縄県は 1879 年から 1912 年まで，本土とは異なる地方制度の下におかれ，戦後は 1972 年の本土復帰まで米軍統治下にあったので，文献①ではその間の選挙制度，政党の成立と変遷，政党間の関係について調査した．参照した文献資料は，戦前については先行研究（比嘉 1965，大田 1995，沖縄戦後選挙史編集委員会編 1984），戦後については県紙二紙（『沖縄タイムス』と『琉球新報』のマイクロフィルムや縮刷版）の記事や沖縄戦後選挙史編集委員会編（1996）のデータなどであった．そうした資料は琉球大学附属図書館や沖縄県立図書館郷土資料室などで閲覧し，現地の古書店でも購入した．

　文献②は主として復帰後の沖縄県知事選挙を分析対象としているが，一部は文献①のために収集した県紙記事からの情報を用い，2000 年以降の県政についても県

---

2) 政令指定都市では行政区が開票区にもなっている．
3) 近年，選挙管理委員会で投票区ごとに投票した有権者の性別や年齢別のデータを入手できる場合があるが，このデータからは投票内容は把握できない．
4) ただし，こうした集計データは個人の社会経済的属性と投票行動を直接示したものでは決してないので，分析結果を解釈する際には，十分な注意が必要である．

紙（原紙）の記事を沖縄市役所総務部総務課市史編集担当で収集した[5]．同時代的な沖縄県内の政党や県政の動向はやはり地方紙の報道が最も参考になる．また，選挙に関わる政党や立候補者の政見の詳細は，現在であれば関係ホームページに加えFacebookやTwitterなどのSNSからも獲得できる．立会演説会や候補者討論会の様子はYouTubeなどの動画サイトで公開されることがあり，こうした情報も参考になる[6]．

文献③と関わる調査では，先島地域（宮古・八重山諸島）の政治情勢を知る必要があったので，沖縄島（那覇市）に本社を置く県紙のみならず，『宮古毎日新聞』，『八重山毎日新聞』，『八重山日報』といった離島部の新聞も沖縄県公文書館やインターネットで参照した．さらに与那国島を訪れ，町役場などでの聞き取りも行った．

3）計量分析

（1）投票傾向の把握

こうして地方の政治情勢を把握した後，具体的な選挙の分析に移る．文献①は戦後の沖縄県における琉球政府立法院議員，同行政主席，国会議員，知事の各選挙結果を計量分析している．まず，復帰前の政党を，保守政党（系候補）と革新政党（系候補）に区分し，第2回（1954年）から第8回（1968年）までの立法院議員選挙での絶対得票率[7]を算出した．すると第7回（1965年）までは保守政党と革新政党の間で毎回得票率上位が入れ替わる「スイング」が確認された．つまり，復帰前の県全域では浮動票が多く，保革の間で有権者の支持が揺れ動いていた．県紙の報道によると，そうした傾向は全県で一様ではなく，県内各地で異なる投票行動が存在すると理解できた．投票行動を地域分化させる中心的要因は米軍基地の存在である．

そこで米軍基地の占有面積比が大きい市町村を六つ選び，1968年から74年まで実施された国政・地方選挙での革新系候補の得票率を比較した（図1-1）．この期間の選挙では各市町村での得票率は変動しているが，その波形はどの市町村でも似通っている．つまりこの波形は全県的傾向であり，選挙ごとの争点や（全県区の）候補者に左右されていると考えられる．対して，基地の占有面積が大きい市町村のなかでも，この期間一貫して革新支持が高い，平均的な，そして低い自治体が図上

5）最近の県紙の記事は各新聞社の電子版やデータベース（購読は有料）からも入手できる．
6）このほか，筆者は情報収集のために沖縄県内において地方議会（元）議員や選挙立候補者にインタビューし，また関連する政治集会にも参加した．
7）当日有権者数に対する候補者得票率．

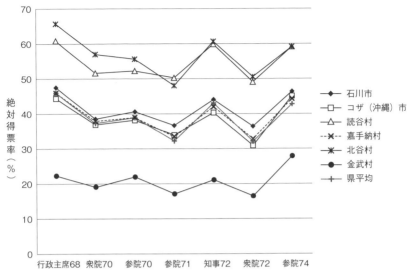

図 1-1　沖縄県内基地所在市町村における革新系候補得票率の推移（1968-74 年）
出典：文献①をもとに筆者作成

の上下に明確に分化している．この図が示唆するのは，米軍基地の存在という同様の構造的条件の下でも，住民の投票行動が場所ごとに分化し継続していること，つまり「場所の政治」の存在である（山﨑 2013: 56–63）．

（2）選挙結果の分析

　文献①では，さらにそうした政治的指向性と関わる社会経済的・地理的条件を推定した．ここで用いたのは重回帰分析と呼ばれる手法である．県内市町村・選挙ごとの保守系・革新系候補の絶対得票率を被説明変数とし，説明変数に開票区自治体の社会経済的条件と地理的条件を示す二つの説明変数群を組み合わせた．変数の候補は，沖縄県内で閲覧した『琉球政府統計年鑑』（琉球政府企画統計局各年），『沖縄県統計書』

【キーワード】重回帰分析

一つの（被説明）変数をそれとは異なった複数の（説明）変数によって予測する統計分析の手法．個人の体重を身長，胸囲，胴囲などから予測する場合，一定数の被験者の測定値を重回帰分析すれば，体重予測のための回帰式を算出できる．この回帰式の予測の精度を示すのが，被説明変数と説明変数との相関の程度を示す相関係数を 2 乗した決定係数である．この重回帰分析を選挙集計結果に用いる際の注意点の一つは，開票区は人間の個体のように他の開票区と独立しておらず，社会経済的に相互作用（空間的に自己相関）しているので，予測に誤差が含まれることである．もう一つは，開票区や統計区ごとの集計データが示すのは個人の投票行動とその社会経済的属性との並存関係にすぎず，両者の直接的なつながりではないことである．

（沖縄県各年），『沖縄の米軍基地および自衛隊』（沖縄県各年）から選び，それらの間
での有意性と多重共線性（市町村間での変動の類似性）を検討した．その結果，社
会経済的条件を示す説明変数として，各市町村の単位人口当たり所得（1982 年以降
のみ），外部財源依存率[8]，産業別就業者比率[9] を，地理的な条件を示す説明変数
として，各市町村の米軍基地占有面積率[10]，開発関連支出率[11]，地域別ダミー変数
[12] を採用した．重回帰分析では有意水準（p<0.05）に達した変数の有効な組み合わ
せを検討した．

　表 1-1 が示すのは，文献①で検討した 1970 年代と 90 年代に実施された四つの全
県一区選挙のうち，重回帰モデルが最も良く適合した 1992 年の参院沖縄県選挙区
選挙の分析結果である．全ての選挙で，「製造業就業者率」と「沖縄島中部」は一貫
して革新系得票率に正の効果を与えており，革新を支持する層や地盤の存在が推定
された．1990 年代の選挙では，保守系候補への得票率に対して「建設業就業者率」
が正，「開発支出率」が正，「商業就業者率」が負の（つまり農業就業者・農村から
の支持）効果をもつ傾向がみられ，保守の支持層も復帰後に形成されていると推定
された．これが示唆するのは，復帰後の沖縄振興開発計画に関わる国庫補助金や基
地関連補助・交付金の長期注入によって，公共事業や財政投資に依存する社会階層
や県内地域が形成されたことである．1992 年の参院選では基地占有面積率が高い，
つまり基地関連補助・交付金収入率も高い市町村ほど保守系候補の得票が伸びる傾
向がある[13]．この傾向は 1970 年代末の選挙から散見され，米軍基地が被害のみな

8）復帰前は，市町村歳入に占める外部歳入源（交付税，琉球政府補助金，および市町村
　　債）の割合，復帰後は，同じく基地関連交付金を除く国庫補助金の割合とした．
9）全就業者に対する建設業・製造業・商業就業者比率．
10）基地占有面積率は，財政的には復帰後の基地関連交付金・補助金と高い相関を有する．
　　したがって，基地の存在は基地被害をもたらすとともに，財源ともなる．また，基地
　　雇用，軍用地料，基地内消費といった点で，基地周辺市町村には経済的な波及効果が
　　ある．
11）開発関連支出率は，各市町村歳出に占める土木，農業，林業，漁業，商業，および製
　　造業計画への支出額の割合とした．
12）投票の地域的な特徴を見出すため，（沖縄島内の）北部，中部，那覇，南部，そして先
　　島の 5 地区について該当する市町村にはダミー変数として 1 を付した．ただし，変数
　　間の完全な自己相関を避けるために沖縄島周辺の島々にはダミー変数が充てられてい
　　ない．
13）これは米軍基地が直接自治体内に立地する市町村の場合で，沖縄島の中部というある
　　程度広い区域では逆に革新系得票率が伸びる傾向がある．

表 1-1　参院議員沖縄県選挙区選挙（1992 年）の重回帰分析

出典：文献①をもとに筆者作成

被説明変数 説明変数	保守系得票率 係数	53 市町村 t 値	革新系得票率 係数	53 市町村 t 値
基地面積率	0.186	3.364		
人口当たり所得				
建設業就業者率	0.583	2.442	-0.5	-2.104
製造業就業者率			1.036	2.851
商業就業者率	-0.969	-6.797		
外部財源率				
開発支出率			-0.283	-2.904
沖縄島北部	-7.245	-2.634	5.037	2.028
沖縄島中部	-10.389	-3.33	7.535	2.965
那覇				
沖縄島南部				
先島				
定数項	46.427	11.15	34.912	6.61
修正済決定係数		0.64		0.38

注：有意水準（$p<0.05$）を超えた変数のみ示している.

らず経済的利益の点からも有権者に評価されてきたことを窺わせる.

　こうした分析結果が示すのは，あくまで変数間の相関関係であり，因果関係ではない. また，市町村区域ごとの集計データは有権者個人の投票行動を直接示すものではない. したがって，こうした分析結果の解釈を補完するための方法として県紙の選挙報道と照合した. 結果，解釈に矛盾はなかった. つまり，選挙で表出される沖縄県民の民意は，米軍基地の存在と関わる複雑な社会経済的，地理的条件の組み合わせから構成されてきたと考えられる.

（3）対立構造の可視化

　筆者は重回帰分析のような数理モデルとは異なった方法で，沖縄県の選挙の保革対立構造を地理的に視覚化（図示）する方法をいくつか考えた. 文献②で用いた図を組み合わせた図 1-2 は，沖縄島内でも米軍基占有面積率が高い 4 市町村において，1972 年から 2010 年までの沖縄県知事選挙での保守系・革新系候補の絶対得票率の

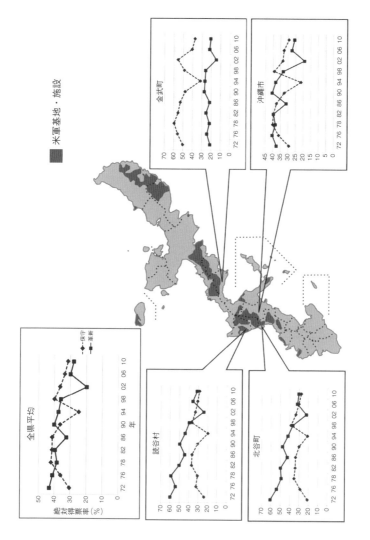

図 1-2　基地所在市町村における知事選挙結果の推移 (1972-2010 年)

出典：文献②と Wikipedia をもとに筆者作成

推移を示している ¹⁴⁾.

　先述したように，県全体の保革の得票率はスイングしているが，市町村別にみる
と必ずしもそうはならず，その特徴は 1990 年代までほぼ一貫している．つまり，革
新優位の北谷町と読谷村，保守優位の金武町，いずれでもない（県全体の傾向に近

い）沖縄市が確認される．つまり，沖縄県の民意はある程度地域的に分化していたのである．そうした「場所の政治」は，文献①で分析したような諸条件や，現地調査に基づく拙稿（山﨑 2008）で論じたような，基地反対運動の強度，自立産業の有無，軍用地料依存といった要素と関わると考えられる．

　その一方で，各自治体に共通した，つまり県全体でも確認できる傾向として，今世紀に入ってから投票率の低下に伴う革新得票率の低下が顕著に現れている．これは沖縄県政が将来的には，地理的に均質化し保守化していくことを予感させた．

　しかしながら，2010 年代から米軍普天間基地の県内移設に反対する政治勢力「オール沖縄」が台頭し，保革のイデオロギー対立を超えた地域的アイデンティティによる政治的連帯を訴えてきた．2014 年の沖縄県知事選挙では保守系政治家であった翁長雄志がその候補として出馬した．文献②で分析したように，翁長は革新支持層のみならず，一部の保守支持層を取り込むことに成功し，保守系の現職候補（仲井眞弘多）に大差で勝利した．この選挙には四人が立候補したが，各市町村の最上位得票者を示したのが図 1-3 である．

　従来の保革対立の構図に終止符を打ったこの選挙では，新たな「場所の政治」が確認された．つまり，都市化が進み，有権者の 8 割以上が集中する沖縄島中南部では翁長への支持が顕著で，沖縄島北部と先島諸島ほか離島部では仲井眞（宮古諸島では地元出身の下地幹郎）が支持を集めたのである．文献②は，こうした島嶼間での投票行動の明瞭な差異が 2014 年以降の選挙でも確認されることを指摘した．そして文献③では『県民意識調査報告書』（沖縄県企画部 2018）をもとにその要因を考察した．

　表 1-2 からわかるように，都市化や人口集中が進む沖縄島（中南部）における住民は「オール沖縄」も唱える「米軍基地問題の解決促進」への期待が高く，先島諸島など県内の周辺地域の住民は，沖縄島中心の米軍基地問題よりも「離島・過疎地域等の振興」を望んでいる．これは沖縄県内にもミクロな中心－周辺関係があり，それに沿った投票行動が現れていることを示唆する．

　文献③はそうした県内島嶼間の社会経済的格差に，尖閣諸島をめぐる日中間の緊張関係という地政学的文脈が加わり，八重山諸島での学校教育や地域メディアの保

---

14) 保革の陣営から複数の候補が出馬した場合は合算し，いずれの陣営にも分類できない候補の得票率は除いてある．絶対得票率は当日有権者に対する各候補の得票率なので，投票率が下がると得票率も下がる傾向がある．

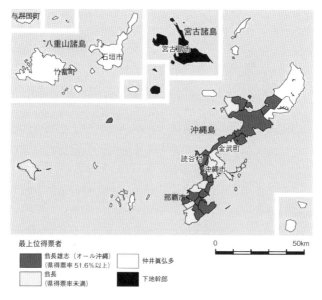

図 1-3　沖縄県知事選挙（2014 年）の結果

出典：文献②，③をもとに筆者作成

表 1-2　沖縄県民による地域別重点施策の優先度（2012，2016 年）

出典：沖縄県企画部『県民意識調査報告書』（第 8，9 回），文献③をもとに筆者作成

地域		米軍基地問題の解決促進		離島・過疎地域等の振興	
		2012 年	2016 年	2012 年	2016 年
沖縄島	北部	10.7	12.6	5.1	0.9
	中部	12.7	13.0	1.2	1.0
	那覇市	11.2	12.5	1.4	2.1
	南部	13.9	13.0	2.8	2.7
宮古		4.9	4.4	7.0	14.0
八重山		5.8	3.9	15.8	18.5
県平均		11.9	12.2	2.8	2.7

注：各スコアは回答者が選んだ上位三つの施策にウェートをかけた平均値.

守化と先島諸島全体の政治的保守化が進み，自衛隊が配備されるに至る経緯を考察している．こうした先島諸島の政治動向は，沖縄島での基地削減を主張する「オール沖縄」の伸長とは対照的である．つまり，戦後県内に形成された主に米軍基地問題をめぐる保革の対立軸は，沖縄島の米軍基地移設問題に異議を唱える勢力と沖縄

島とは異なる政治課題を抱える先島諸島との間の地域的な対立軸に置き換わりつつあると考えられる．

4 選挙結果から民主主義を考える

　本章では地理学において民主主義を考察する方法として，代議制を支える選挙，つまり有権者の投票行動に着目した．前節までは選挙結果の質的・量的分析の手法と分析結果の解釈について解説した．その締めくくりとなる本節では，地理学において民主主義をどう考えるかについて，沖縄県の例から示しておこう．

　文献①のように区域データを用いた重回帰分析は，個人の投票に関わる社会経済的，地理的変数を直接明らかにはしないが，沖縄県（特に沖縄島）の有権者は米軍基地をめぐる利益と不利益を勘案して投票していると考えられる．文献①の分析では特に保守系候補への投票にそうした経済的な利害計算の側面がうかがえる．と同時に革新系候補への投票は非民主的な異民族統治に対する不断の異議申し立てでもあった．つまり，沖縄県民は復帰前から米軍基地の利害をめぐって政治的に分断されており，それが米軍や日本政府への全県的抵抗を抑制してきた側面もある．

　しかし，有権者の民意は時空間的に変化し，その政治的関心も常に高いとは限らない．沖縄県では，米軍駐留問題を抱えるがゆえに，伝統的に投票率は高かったが，近年大幅に低下している．硬直した保革のイデオロギー対立は有権者の政治的関心を弱め，革新勢力の弱体化も進めていたと考えられる．しかし，「オール沖縄」の台頭はそうした沖縄政界を自己変革する動きであったし，米軍や自衛隊の基地をめぐる県民・住民投票実施への若者の取り組みは，実践される民主主義の例である．その一方で，文献②と③が示すように，国境地域の政治的緊張に伴い，沖縄県内には新たな地域的対立軸が形成されつつある．

　本章は，沖縄県という国内地方の民意の地理的構成を，有権者の投票行動を通していかに理解できるかを詳述した．しかし，この理解の延長線上にあるのは，そうした沖縄県民の民意は戦後どのように日本の沖縄政策に反映されてきたかというもっと大きな問いである．それはまた，日本の戦後民主主義が地理的にどこまで均等であったかを問うことに他ならない．

【文　　献】

阿部康久・高木彰彦 2005. 選挙制度の変更に伴う国会議員の対応と政治組織の空間的変化―長崎県を事例にして. 地理学評論 78(4): 228-242. https://doi.org/10.4157/grj.78.228

泉谷洋平 1998. 棄権率からみた国政選挙と地方選挙の関係―コンテクスチュアルな視点からの因果分析. 人文地理 50(5): 507-521. https://doi.org/10.4200/jjhg1948.50.507

大田昌秀 1995.『新版　沖縄の民衆意識』新泉社.

沖縄戦後選挙史編集委員会編 1984.『沖縄戦後選挙史　第2巻』沖縄県町村会.

沖縄戦後選挙史編集委員会編 1996.『沖縄戦後選挙史　第4巻』沖縄戦後選挙史発行委員会.

加藤寛 2005.『入門公共選択―政治の経済学』勁草書房.

小長谷一之 1995. 都市社会における投票行動の近隣効果―1991年京都市議選の分析. 地理学評論 68(2): 93-124. https://doi.org/10.4157/grj1984a.68.2_93

佐藤慎吾 2008. 後援会の空間組織と選挙戦略―衆議院富山県第三区を事例として. 季刊地理学 60(1): 23-39. https://doi.org/10.5190/tga.60.23

佐野洋・中谷友樹 2000. 多党制における小選挙区制の選挙バイアス―1996年度衆議院議員総選挙を基に. 地理学評論 73(7): 559-577. https://doi.org/10.4157/grj1984a.73.7_559

比嘉幹郎 1965.『沖縄―政治と政党』中央公論社.

待鳥聡史 2015.『代議制民主主義―「民意」と「政治家」を問い直す』中央公論社.

山﨑孝史 2008. 軍事優先主義の経験と地域再開発戦略―沖縄「基地の街」三態. 人文研究 59: 71-97. https://dlisv03.media.osaka-cu.ac.jp/il/meta_pub/G0000438repository_KJ00004898087

山﨑孝史 2013.『政治・空間・場所―「政治の地理学」にむけて［改訂版］』ナカニシヤ出版.

Agnew, J. A. 1987. *Place and politics: The geographical mediation of state and society*. Boston: Allen and Unwin.

Paasi, A. 1996. *Territories, boundaries, and consciousness: The changing geographies of the Finnish-Russian border*. Chichester: John Wiley & Sons.

Rokkan, S. and Urwin, D. W. 1983. *Economy, territory, and identity: Politics of West European peripheries*. London: Sage.

第2章

支配と対立
民族紛争の空間構造

今野 泰三

1 民族紛争を地理学で分析する

　本章では，支配と対立という観点から，民族紛争を地理学的に考察する方法論を解説する．その前に，本章で使用する基本用語を定義したい．まず，紛争とは，当事者の立場や目的などが両立しえない関係にあり，その関係が既存の枠組みでは解決できない状態を指す（月村 2013: 7）．民族紛争とは，紛争の当事者がどちらも集団で，かつ，その成員が集団内の**民族的**同質性，及び，争っている集団との民族的相違を前提に問題を認識し，行動しているような紛争である．イデオロギーは，集団や組織などに特徴的な一貫性と論理性をもった意識や観念の体系である．

　民族紛争に関する地理学研究は，特定の領域とその景観が，民族意識の形成と民族間の対立でいかなる役割を果たしているかという点に注目してきた．民族意識の形成と民族紛争における領域とその景観の重要性は次のようにまとめることができる．

　まず，領域は政治的・経済的・文化的・軍事的基盤を提供する．ゆえに，民族の存続と領域の保護が同一視され，紛争の原因ともなる．さらに，国家やナショナリズム運動の指導者たちは，領域的支配の正統性を高める手段として，支配領域内の「われわれのものではない」景観を破壊する一方，景観を改変して「われわれの」記憶や文化をそこに反映させようとする．そうして構築された景観は，人々の民族意識やその領域

【キーワード】民族

日本語ではネイションを意味する場合もあれば，エスニック集団を意味する場合もある．また，ネイションは，日本語の民族と国民の両方の意味を含む概念である．重要なのは，ネイション概念は，民族と国民が一致する国家，すなわち国民国家を世界政治の原理と見なす，またはそうなるべきと考えるナショナリズムのイデオロギーを反映している点である．ゆえに，民族紛争研究では，ネイションの観念と現実が乖離していることに留意する必要がある．

【キーワード】ユダヤ人入植地

一般的には 1967 年戦争でイスラエルが占領した範域（ヨルダン川西岸地区，ガザ地区，ゴラン高原，シナイ半島）において，国際法に違反し，先住者のパレスチナ人から土地を接収して建設されたユダヤ系イスラエル人専用の住宅地を指す．ただし，本章の 2 節で詳しく論じるように，イスラエルという国自体がユダヤ系移民の入植とパレスチナ人の追放を通じて建設された国であるため，1967 年戦争をユダヤ人入植地問題の起点とするのは誤りである．

に対する愛着をさらに刺激する．こうして，一つの民族に属するという人びとの自意識が特定の領域とその景観と結びつく（スミス 1999; Herb and Kaplan 1999）.

ただし，民族は本質主義的に定義できるものでなく，不変的実体でもない．ピーター・テイラーは，国民国家を世界経済という現実を誤って理解させるイデオロギーと捉えた（Flint and Taylor 2018）．同様に，民族概念はナショナリズムのイデオロギーを反映しており，その観念だけで紛争地の現実を本質主義的に見ようとすれば，現実を歪曲して理解することにつながる．ゆえに，紛争地の制度や規範，社会経済関係といった構造的部分にも注意を払い，その形成と変容が当事者の行為やアイデンティティといかに相互作用してきたかという点にも注目する必要がある．

筆者は，以上の問題関心から，第 1 に，シオニスト[1]やイスラエル政府が，死者の記念碑や記念空間の建設を通じて，「ユダヤ民族」が古代の栄光を取り戻すというイスラエルの建国神話とパレスチナ／イスラエルを民族の「祖国 homeland」と見なすシオニズムのイデオロギーを景観に埋め込み，植民地化と領域的支配を正当化する様を考察してきた．第 2 に，パレスチナ／イスラエルの地域構造と当事者たちの行為やアイデンティティの相互連関を分析するための枠組みを検討してきた．特に，紛争の根本原因の一つであるユダヤ人入植地の問題を，紛争の分析スケールの問題と関連付けて分析してきた．

本章では，これまでの筆者による死者の記念と分析スケールの問題に関する研究を紹介し，民族紛争を考察する方法論の一例を紹介する．本章で紹介するのは以下の拙稿である．

文献①：今野泰三 2011. ユダヤ人入植者のアイデンティティと死／死者の表

1）シオニスト Zionist とは，シオニズムの考え方を支持する人々を意味する．シオニズム Zionism は，パレスチナでのユダヤ国家建設を目指す思想・運動の総称として使われる．シオニズムはさらに，「ユダヤ民族」の定義や目標と戦略に対する考え方の違いから，宗教的シオニズム，政治的シオニズム，実践的シオニズム，社会主義シオニズム，修正主義シオニズム，文化的シオニズムなどの潮流に分かれている．

象―ナラティブと墓石・記念碑の分析. 日本中東学会年報 26（2）: 89
–122. https://doi.org/10.24498/ajames.26.2_89
文献②：今野泰三 2017. 入植地問題とオスロ・プロセスを巡る論争―和平交
渉と入植地建設はなぜ同時に進んだのか. 日本中東学会年報 32（2）:
97–120. https://doi.org/10.24498/ajames.32.2_97

2　イスラエルにおける死者の記念と景観の構築

1）研究の目的と理論的視角

　文献①は，1967 年戦争（第三次中東戦争）でイスラエルが占領した範域（以下，
占領地）の一つであるヨルダン川西岸地区（以下，西岸）における，宗教的シオニ
スト[2]のユダヤ系イスラエル人たちの死者の記念を分析している. 西岸の位置は
図 2-1 に示されている. 文献①の目的は，第 1 に，西岸での入植地建設の最前線に
立ってきた宗教的シオニストたちが，入植活動とその基盤となるイデオロギーを正
当化するために景観をいかに利用・改変してきたかを明らかにすることにある. 第
2 に，そうして作られた景観が，彼ら／彼女らの集合的意識や，占領地の土地とそ
こに暮らすパレスチナ人に対する認識といかなる関係にあるかを明らかにすること
にある.

　この観点から筆者は，宗教的シオニストの入植者たちが西岸で殺された親族や友
人を英雄かつ殉教者として語り，入植地建設をメシアによるユダヤ民族救済をもた
らす手段とみなすイデオロギー（活動的メシア主義）と死者とを結び付け，そのナ
ラティブ（語り）を景観上で表象している様を明らかにした. 特に，そのナラティ
ブと記念の内容を五つに分類し，その特徴を考察した.

2）研究方法

　前節のテーマに関する現地調査は，2010 年 2 月から 3 月末までの約 2 カ月間実
施した. 宗教的シオニストの入植者たちは部外者を歓迎する人々ではない. その上，
「死」というセンシティブな問題について調査することは容易なことではなかった.

---

2) 宗教的シオニズムとは，最も簡潔な説明では，「ユダヤ教の価値観を重視し，シオニズム
　運動を展開する人」（齋藤 2016: 70），「シオニズム運動をユダヤ教信仰の立場から推進す
　る立場」（臼杵 2009: 39），または，「ユダヤ教を重視するラビを中心とするシオニズム」
　（鶴見 2012（付録 3 用語解説）: 25）である.

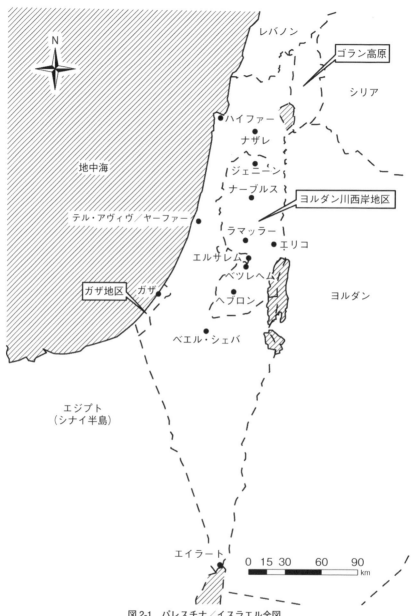

図 2-1　パレスチナ／イスラエル全図
出典：今野（2021b: 70）

また，現地調査のスムーズな実施は，現地情勢に大きく左右される．上記の調査期間中，現地情勢は比較的安定していたが，調査実施前に現地情勢に関する情報の収集は必要不可欠である．

　現地調査では，まず，入植者組織のキーパーソンに渡りをつけ，そこから西岸に暮らし，かつ親族を殺された経験をもつ入植者を探していった．一人に聞き取りし，そこから芋づる式にその知り合いの連絡先を聞いていく方法を取った．ただし，調査期間には週末と祝日が連続する期間があった．そのため，電話でアポイントを取るのに苦労した．何とか隙間の1時間を工面してもらい，約束を取り付けた直後に急いで会いに行くということもしばしばあった．

　筆者はエルサレムに拠点を置いたが，そこから西岸に点在する入植地への移動でも苦労した．レンタカーを借りるのが最も手っ取り早いが，資金不足から，入植地への移動は入植者が使う防弾加工のバスを利用した．しかし，そうしたバスは人口規模の大きい入植地しか回らない．そのため，大きい入植地に到着した後，ユダヤ人の若者たちと並んでヒッチハイクした．時には1時間以上もヒッチハイクする羽目になったが，そうやって乗せてくれた運転手と仲良くなり，知り合いを紹介してもらったり，新たな情報を得られたりすることもあった．小さな入植地からエルサレムに戻るのも容易でなかった．入植地から直接バスが出ているわけでは必ずしもないため，暗いなかを入植地から一人で近くのバス停まで歩き，そこで何時間もバスを待ったり，入植地の出口でヒッチハイクしたりすることもあった．

　そうやって私が立っていたバス停は入植者が殺されたバス停であったりした．そのため，入植者が日常のなかで感じる「恐怖」を追体験する機会となった．恐怖を鍵括弧付きで書いたのは，恐怖はあくまで主観的なもので，差別する側の強者が差別される側の弱者を「得体のしれない存在」として恐怖することがあるからである．よって，入植者が肌で感じる恐怖も軍事占領下に置かれたパレスチナ人が日々感じる恐怖と同じ土壌に置き，かつ相対化して考えざるを得ない．いずれにせよ，調査対象の入植者たちと同じ場所を歩き，同じ景色を見て，同じ場所でバスを待ち，ヒッチハイクをし，対象者たちが感じる「恐怖」を体験したことが，調査対象者にとってのイデオロギーの意味やアイデンティティの在り方を考察する際にも役立った．

　聞き取りの大半は対象者の自宅で行った．事前に質問事項を準備していたが，それ以外にもその場で考えついた質問もしてメモ帳に記録した．聞き取りはヘブライ語で行った．英語が話せる対象者もいるが，ヘブライ語で話すことによってより親近感をもってくれるし，入植者が話す内容にはシオニズムやユダヤ教が関係してく

第I部

第II部

第III部

るため，ヘブライ語でないと表現できないキーワードもあったためである．聞き取りはメモを取るほか，対象者の許可を得た上でICレコーダーでも録音し，宿泊先に戻った後に何度も聞きなおし，和訳したものをマイクロソフトWordのファイルに打ち込んで保存した．

　これは紛争地に限らないが，現地調査では，調査者自身の安全を確保するという点でも，インフォーマントから信頼を得るという点でも，現地言語の習得は不可欠である．著者は，イスラエルの大学に2007年7月から2009年3月までの約1年8カ月間留学し，ヘブライ語能力を身につけた．

　調査では，上述の聞き取りに加え，殺された入植者を記念した記念碑や博物館，遺体を埋葬した墓地も訪問し，その位置や，そこに記された文言や説明文をメモと写真で記録した．図2-2は，入植者の殺害現場に建てられた記念碑の一例である．デジタルカメラで撮影した写真は，その日のうちに撮影場所と撮影時間，補足情報を記して整理し，パソコンと外付けハードディスクに保管した．また，日本に帰国後は，調査ノートは全てコピーして予備を自宅に保管した．電子データも予備の外付けハードディスクに保存するとともに，印刷してハードディスクとともに自宅に保管した．この調査で訪問したユダヤ人入植地と聞き取りに登場した入植地は図2-3のとおりである．約2カ月間の調査で西岸全体を地理的に網羅することができた．

図2-2　入植者の殺害現場に作られた記念碑
出典：西岸のシュヴット・ラヘル入植地付近にて2010年2月24日に筆者撮影

　調査で得た情報の分析は，情報が十分に集まったと判断したところで，先行研究の内容，及び，聞き取り内容や景観に関する記録を整理して類型化し，ナラティブと表象の特徴を明らかにしていく手法を用いた．具体的には，先行研究と聞き取りや墓標・記念碑の内容から，宗教的シオニストのイデオロギーと入植活動に関連して重要と考えられるキーワードやテーマを抽出し，それをもとに類型を作成した．その際には，入植者同士の仲間意識，パレスチナ人に対する認識，イスラエル政府・軍に対する認識など，入植者たちの集団意識やアイデンティティに影響を与えていると考えられる内容も重視した．そして，現地調査で収集した情報と先行研究で紹介された事例のなかでキーワードやテーマが類似するものを，各類型に分類していった．以下では，この五つの類型の概要とその作成手順を説明する．

　一つ目の類型は，「贖いのプロセスの前進を証明する死／死者」である．この類型についてはまず，「贖いのプロセス」という，入植地建設をユダヤ民族救済の手段とみなすイデオロギーに関連する概念をキーワードとし，仮の類型を作成した．その上で，文献とフィールドで，この概念が死／死者の記念とどのように結び付いてい

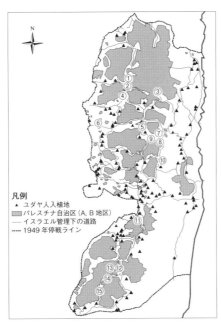

図 2-3　ユダヤ人入植地（調査対象地と聞き取りのなかで登場するもの）
出典：筆者作成

るかを調査し，それに関連する聞き取りや記念碑の内容が多くあったことから一つ
の類型としてそのまま使用した．

　二つ目の類型「新たな生命と建設につながる死／死者」については，ミハエル・
フェイゲなどの先行研究で，宗教的シオニストの入植者たちが仲間や親族が殺害さ
れた現場またはその近辺に死者の名前を冠した入植地を建設し，それによって死者
を記念しているとの言及があった（Feige 2009）．そのため，現地でその実態を調査
し，入植地だけでなく，神学校やコーヒースタンドなども死者を記念して建設され
ていることがわかった．こうしたさまざまな形態の建造物とそこに設置された記念
碑の内容をまとめ，一つの類型とした．図2-4は，上述の神学校の写真である．

　これら二つの類型は，先行研究の内容から筆者が派生させる形で作成した類型で
ある．一方，三つ目の類型「生者に新たな力を与える死／死者」は，現地調査に基
づき筆者が独自に作成した類型である．まず，現地での聞き取りで，仲間や親族の
死が残った者たちに力と結束を与えたとの言及が幾度もあった．そのため，この類
型に関連する文言が記念碑や墓碑でも言及されているか調査した．結果，死／死者
が生者に新たな力を与え，神が敵に報復するという内容が多く観察された．そのた
め，これらの内容を一つの類型として分類した．先に示した図2-2は，そうした記
念碑の一つである．この記念碑では，「ここで私たちの友人が殺された」との一文と
ともに，「（主は）その僕らの血に報復し，敵するものに仇を返し，己れの民の土地

図2-4　殺害された入植者を記念して建設された神学校
出典：西岸のヘブロンにて 2010 年 2 月 24 日に筆者撮影

を贖われる」という聖書の一節（申命記32章43節）が書かれている.

　四つ目の類型は,「アラブ人の「残虐性」と「反ユダヤ主義」を証明する死／死者」である. これは, 宗教的シオニストたちが, 入植者の死とパレスチナ人をどのように関連付けて語り, 空間上で表象しているかについてまとめた類型である. 聞き取りと記念碑や墓碑の調査でこの点に注目した結果, 入植者の死がパレスチナ人の「残虐性」と「反ユダヤ主義」を証明するものとして語られ, 表象されていることが多かったことから, このような類型を作成した. しかし, この類型では, パレスチナ人がどのように語られているかという点だけでなく, 入植者たちがパレスチナ人に対して一方的な意味づけを行い, そこに暴力性が内在されていることも明らかにした.

　五つ目の類型「活動的メシア主義の問い直しにつながる死／死者」は, 他の類型ほどには現地調査では観察されなかった類型である. しかし, 先行研究では, 入植者の死が活動的メシア主義というイデオロギーや入植活動の問い直しにつながる事例が紹介されており, 死者の記念がいかに植民地化と紛争の激化または緩和につながるのかという問いも重要であることから, 一つの独立した類型とした. そして, 仲間や親族の死を契機として宗教的シオニストのイデオロギーや入植活動に疑問をもつに至った人々からの聞き取りや, 先行研究で紹介されていた事例をこれに分類した. ただし, この類型については, 記念碑や墓標でその内容が観察されることはなかった.

　訪問した入植地と聞き取り対象者の選択は, 前述の通り, 筆者の人脈と情報網に依存しており, 上記五つの類型も, 全ての入植地と入植者からランダム抽出したサンプルに基づく結果ではない. 特に, 西岸の都市ヘブロンに建設された入植地は他の入植地に比べて死亡率が高いため, そこでの調査を重点的に行ったこともあり, 分析にはサンプル面で偏りがあった. にもかかわらず, 西岸での現地調査と聞き取りを通じて入植者たちの死／死者を巡るナラティブと記念の在り方を詳細に分析した研究がそれまでなかったことを考えると, いくつかの制約があってもこの研究は十分に価値を有していると判断した.

3　分析スケールとユダヤ人入植地

1) 研究の目的と理論的視角

　文献②は, 入植地問題に関する研究の展望論文である. つまり, 現地調査ではなく, 先行研究の視角やアプローチを現地の実態に即して批判的に分類, 整理したも

のである．その目的は，1993 年にイスラエル政府とパレスチナ解放機構の間でパレスチナ暫定自治合意（以下，オスロ合意）が結ばれ，その後和平交渉が行われたにもかかわらず，なぜ対立悪化の原因となる占領地のユダヤ人入植地が拡大され続けていったかを明らかにすることにある．

　特にこの文献では，地理学で重視される分析のスケールに注目している．なぜなら，争われる領域の境界線をどこに引くかによって，問題の全体像の見え方が異なってくるからである．言い換えると，採用される分析スケールそのものが紛争の一部を為しているということである．

　ユダヤ人入植地は，「1967 年以降の問題」という時間軸と「西岸での問題」という空間軸に限定した事象として捉えられ，分析されることが多い．オスロ合意との関係でユダヤ人入植地を問題と見なす思考も，基本的にはこの枠組みに基づく．文献②では，こうした分析視角を採用する先行研究を批判的に検討し，入植地問題を，イスラエル建国前に始まったパレスチナへのシオニストの流入とパレスチナ人への追放・差別の上に成立したパレスチナ／イスラエル地域全体の構造のなかで捉え，分析することを提唱している．

2) 研究方法

　文献②では，先行研究を，それが採用する分析スケールの違いに基づき，①狭義の入植地問題，②広義の入植地問題．③第 3 の立場に分類した．

　それぞれの分析視角を詳しく説明すると，まず，狭義の入植地問題の研究は，考察対象の領域を 1967 年戦争以降の占領地に限定する．一方，広義の入植地問題の研究は，それを越えた広い範域を考察対象とし，その範域の政治・経済・社会構造を一元的に把握し，入植地問題の一貫性と連続性を説明することに特徴がある．広い範域とは，パレスチナ／イスラエル全体だけでなく，中東・北アフリカ全域，さらには，ヨーロッパと中東・北アフリカが連関する地中海を中心とする範域や，大英帝国などのヨーロッパ帝国主義勢力が植民地化した範域全体を見通す世界規模の範域などがある．文献②では，特にパレスチナ／イスラエル全体を対象とする研究を広義の入植地問題と定義した．そして，第 3 の立場に分類される研究群は，狭義の入植地問題の視角の問題点を踏まえ，狭義と広義の入植地問題という二つの分析視角を統合し，入植地問題の連続性と変化について，より緻密な説明を試みるものである．

　文献②ではさらに，上記三つに分類した研究群がそれぞれ，オスロ合意後の入植

地建設をどのように説明しているかを考察した．結果，狭義の入植地問題に基づく議論は，パレスチナ問題を生んだ当事者であり，イスラエルの主流派として利権を保持してきた社会主義シオニストの立場と発想を反映しており，1967年以降の占領地にパレスチナ問題を押し込めて過去の不正をも一気に解決しようとする思考と政治的立場をもつことを明らかにした．そして，そうした議論は，シオニス

トによる植民地化の被害者となってきたパレスチナ人等の主張や立場を軽視するものであると論じた．他方で，第3の立場のように狭義と広義の入植地問題を結びつけ，両者の隔たりを埋めようと試みる研究群も，イスラエル建国の歴史的正当性とオスロ合意以降の政治プロセスを脱植民地化と見なす神話を問い直そうとしない限り，狭義の入植地問題の視点に回収され，自らの提示した分析枠組みとの矛盾を抱えざるを得ないことを明らかにした．

　そして，文献②で明らかにした先行研究の分析視角の問題点を踏まえ，今野（2021a）では，歴史資料を用い，宗教的シオニストの組織的変遷をその起源まで遡り，宗教的シオニストの権力基盤の形成過程とその歴史的・地理的変遷を考察している．地理的変遷については特に，東欧とパレスチナという地域の文脈の違いが，宗教的シオニストの組織の多元的性格に大きな影響を与えたことを明らかにしている．この研究は，宗教的シオニストたちが入植地を建設していったパレスチナ各地の経済的・社会的文脈，及び，パレスチナ人との関係性の違いが，どのようにその権力基盤の形成と1967年以降の占領地での入植活動に影響を与えたかを明らかにするための基礎調査という側面をもっている．

4　中東地域から民族紛争を考える

　本章では地理学的に民族紛争を考察する方法として，死者の記念を通じた民族とその祖国という観念の物質化と，分析スケールの問題に着目し，それらを分析する手法を解説した．このように植民地主義の問題が絡む民族紛争について地理学は，争われる領域はどこかという問題と，分析対象となる範囲の設定という問題に取り組む必要があり，そのための理論的ツールをもっている．最後に，地理学で民族紛

争をどう考え，研究していくべきかという点について展望を示したい．

　第1に，民族紛争に関する研究は，テイラーの世界システム論を応用した政治地理学の分析視角などを導入し，民族紛争が，ヨーロッパ資本主義の非ヨーロッパ世界への浸透とヨーロッパ帝国主義諸国による世界の植民地化，及び，それによる各地域の文化，制度，社会経済関係の変容といかに連関しながら形成され，図式化されていったかを考察する必要がある（Flint and Taylor 2018）．しかし，パレスチナを含む旧オスマン帝国領内に限ってみても，ヨーロッパ資本主義の影響には地理的差異があり，それが多様な人の移動とアイデンティティの変容を生んできた．そこで生じたさまざまな変化や矛盾は，本来は，民族問題の一要因として，言い換えれば独立変数として扱われるべきものである．しかし多くの場合，そうした要素は，領域国家とナショナリズムのイデオロギーによって「民族」や「民族紛争」といった構図から演繹的に説明され，独立変数としては扱われない．地理学は，場所の形成と変容，及び，場所間の関係性の変化や，そこから生じた人の移動やアイデンティティの変容についての分析を得意とする．民族紛争の研究でも，この点において地理学の真価が発揮されるだろう．

　第2に，地理学は，各地の住民が，上記のような構造的変容のなかでいかに主体的に自らを変容させながら対応してきたかという点に，重層的なスケール論と戦略論の観点から接近していくことも可能である．民族紛争に関わるいかなる運動や思想も，特定の場所や時代の文脈のなかで作られる．しかし，こうした運動やそれに関わるアクターは，領域国家内のミクロなスケールで活動しながら同時に国家の領域を超えるスケールでも活動し，ネットワークを構築していくことによって力を得る．場合によっては，その過程で自らのアイデンティティや社会関係を戦略的に選び取り，変容させていく．例えば，パレスチナ人は，パレスチナ／イスラエルというスケールを超え，アラブ世界及び国際社会のなかで，人間の平等と平和共生という理想を掲げてヨーロッパ帝国主義とシオニズムの植民地主義の協調体制に対抗してきた．さらにホスト国のアイデンティティとパレスチナ人としてのアイデンティティの間に折り合いをつけながら，民族としての尊厳と権利を守ってきたのである．

　以上をまとめると，民族紛争について地理学は，世界システム，領域，スケール，ネットワークといった空間の多様な性質と，紛争に関わる場所やアイデンティティの変容との相互関係を動態的に把握し，それを体系的に分析していくツールを持ち合わせているといえる．ただし，紛争とは，当事者の立場や目的などが両立しえない関係にあり，その関係が既存の枠組みでは解決できない状態である．そのた

め，支配と対立に関する地理学の研究も，問題解決に資するためには，既存の思考の枠組みを越えていくことが常に要請される．

【文　　献】

今野泰三 2021a. 宗教的シオニズムの構造的基盤に関する歴史的考察—ハ・ミズラヒとハ・ポエル・ハ・ミズラヒの多元的・状況対応的性格．ユダヤ・イスラエル研究 34: 16-30.

今野泰三 2021b.『ナショナリズムの空間—イスラエルにおける死者の記念と表象』春風社．

臼杵陽 2009.『イスラエル』岩波書店．

齋藤真言 2016. 宗教的シオニズムとは．みるとす 145: 70-75.

スミス, D. A. 著，巣山靖司ほか訳 1999.『ネイションとエスニシティ—歴史社会学的考察』名古屋大学出版会．

月村太郎 2013.『民族紛争』岩波書店．

鶴見太郎 2012.『ロシア・シオニズムの想像力—ユダヤ人・帝国・パレスチナ』東京大学出版会．

Feige, M. 2009. *Settling in the hearts: Jewish fundamentalism in the occupied territories.* Detroit: Wayne State University Press.

Flint, C., and P. J. Taylor, 2018. *Political geography: World-economy, nation-state and locality 7th edition.* Oxon: Routledge.

Herb, G., and D. Kaplan. eds. 1999. *Nested identities: Nationalism, territory, and scale.* Lanham, MD: Rowman and Littlefield Publishers, Inc.

第Ⅰ部

第Ⅱ部

第Ⅲ部

第3章

地方自治
行政サービスの空間性

畠山 輝雄

1 地方自治を地理学で分析する

　本章では，日本における地方自治について，主に行政サービスの空間性を地理学的に考察する方法論について解説する．地方自治とは，国の領域を一定の地方団体に区分し，各地方団体が一定の範囲内でそれぞれの地域を統治する権限を付与されている政治形態をいう（新藤・阿部 2006）．つまり，都道府県や市区町村などの地方公共団体（以下，引用部分以外は特段の断りがない限り地方自治体と示す）における政治を主に指す．地方自治体の役割については，地方自治法第 1 条の 2 では，「地方公共団体は，住民の福祉の増進を図ることを基本として，地域における行政を自主的かつ総合的に実施する役割を広く担うものとする」とあり，当該地方自治体が管轄する領域内の住民が安心して生活できるようにさまざまなサービスを提供することが大きな割合を占めている．

　行政が提供するサービスにおいては，各地方自治体の面積や人口，財政力，領域内の資源（公共施設など）などの状況が異なることから，地域差が生じる．また，地方自治体内でも，居住する住民の分布やサービス提供の起点となる資源の分布が等質ではないことから，同様に地域差が生じる．このように，行政サービスにおいては，ヒトやモノの移動が生じることから空間的視点による検討が重要となる．また，地域差が生じることを前提として，地域特性を考慮したサービスの提供も望まれている．

　他方日本では，新自由主義的行政改革の流れのなかで，行政が提供してきたサービスを民間団体等にアウトソーシングする動きが 1990 年代以降活発化してきた．その結果，地方自治としての地域の統治について，行政だけではなく企業や住民も

含めたさまざまな主体が関わることとなった．このように複雑化する地方自治において，空間的視点，地域差や地域特性の解明という地理学でこれまで行われてきた分析視角を活かすことが重要となる．

本章では，上記の行政サービスの特徴が最も現れる福祉・介護分野のサービスを中心とした地理学的分析から，地方自治の意味を問い直す方法論を解説する．本章で紹介するのは，さまざまな空間的単位で福祉・介護分野のサービスを分析した以下の三つの拙稿である．

文献①：畠山輝雄 2006. 高齢化山間地域における介護保険サービス供給の現状と課題―群馬県利根沼田地域の事例. 日本地域政策研究 4: 135-142.

文献②：畠山輝雄 2012. 介護保険地域密着型サービスの地域差とその要因. 地理学評論 85(1): 22-39. https://doi.org/10.4157/grj.85.22

文献③：畠山輝雄・中村努・宮澤仁 2018. 地域包括ケアシステムの圏域構造とローカル・ガバナンス. E-journal GEO 13: 486-510. https://doi.org/10.4157/ejgeo.13.486

2 研究の目的と理論的視角

1) 地域的公正

文献①と②は，いずれも介護サービスの需給関係について，地域的公正の観点から分析している．地域的公正（Territorial Justice）とは，ピンチ（1990）によると広義には二つの解釈があるとされている．第1に，競合する集団間の領域の配分に関するもので，従来政治地理学者によって境界論争や政治移民分析において考察されてきたタイプの対立を意味している．第2に，ある何らかの基準に従い，政治区域ないし行政域間に資源を公正に配分する問題である．文献①と②は，後者の解釈による地域的公正の観点から分析している．

つまり行政サービスの地域的公正とは，サービスを利用する属性を踏まえた各地域の人口数に比例するサービスが供給されることを意味し，サービス資源の地域差が生じることを前提とした概念である．日本の地理学では，杉浦（1997）が広島県の高齢者福祉サービスに関して市町村間の地域的公正をサービス供給とニーズ（客観的ニーズと主観的ニーズ）との関係から論じている．

　日本では 2000 年に**介護保険制度**が導入され，介護サービスの供給や利用の方法，さらには財源が大きく変更された．文献①と②は，この制度変更を踏まえて介護保険サービスの需給関係を地域的公正から検討したものである．特に文献①は，群馬県北部の利根沼田地域を事例に，行政域間のサービス配分に関する議論を，行政域内のサービス配分の検討に応用したものである．文献①で対象とした通所型サービス[1]は，日常的に自宅から施設への通所を施設の送迎車

【キーワード】介護保険制度

2000 年 4 月に，それまでの行政による措置としてのサービス提供から，住民の選択によるサービス利用という，「措置から選択へ」とサービス提供の形態が変化した．また，サービス事業者についても株式会社や NPO 法人など民間事業者の拡充が図られ，利用者は市町村外も含め，より多様なサービス事業者のなかから選択することが可能となった．さらに，社会保険方式の制度となったことにより，40 歳以上が納める介護保険料と国や地方自治体などの公費が財源となり，利用者はサービスの 1 割（所得によっては 2 割）の支払いのみでサービスを受けることが可能となった．

で行っているため，サービスの地理的な範囲には限界がある．このため，市町村内におけるサービス供給（施設の配置）と主観的ニーズ（利用者分布）との関係から，地域的公正を検討した．また，文献②は，2006 年に新設された地域密着型サービス[2]の需給関係について，客観的ニーズ（行政の計画，定員の対人口比）の観点から，行政域間のサービス配分の議論を介護保険者[3]別に検討した．

2）ローカル・ガバナンス

　文献③は，地域包括ケアシステムの地域差に関して，ローカル・ガバナンスの観点から分析している．厚生労働省は，急速に進展する高齢化に対応すべく，要介護状態になっても住み慣れた地域で自分らしい暮らしを続けられるよう，住まい・医療・介護・予防・生活支援が一体的に提供される「地域包括ケアシステム」の構築が急がれているとしている．

　地域包括ケアシステムでは，医療・保健・福祉などの専門職によるサービス資源のネットワーク化，また地域住民を見守るためのインフォーマルサービスやボラン

1）通所介護と通所リハビリの 2 種類のサービスを取り上げている．
2）認知症高齢者を中心とした要支援・介護高齢者の住み慣れた地域での生活を支えるために創設されたサービスの総称である．2020 年度時点で 10 種類のサービスがある．同サービスの特徴は，従来の介護保険サービスでは事業者の指定・指導監督権限が都道府県もしくは政令指定都市にあったものが，市区町村などの介護保険者に移行されたことである．つまり，市区町村の計画のもとにサービス量を調整することが可能である．
3）介護保険を運用する介護保険者は市区町村であることが一般的だが，一部複数市町村により広域連合を形成し，担っている場合がある．

ティア組織，地域団体などのネットワーク化という，地域社会におけるネットワークが重要視されている．それまでの介護サービスに関する地理学的研究では，前述した定量的な研究が中心であったが，同システムでは多職種の連携や地域におけるネットワーク機能などが重視されるため，定性的に分析する必要が出てきた．

ローカル・ガバナンスについては，元々1970年代以降の欧米諸国において，新自由主義の浸透による福祉国家の後退，価値観やライフコースの多様化およびそれに伴う福祉ニーズや社会の複雑化，分権化などを背景とした統治のあり方として「ガバナンス」という考え方が普及したことが背景にある（佐藤・前田 2017）．また，このガバナンスという概念は，主に国家や政府を対象として論じられてきたが，その後国家よりも狭域な地理的範囲を対象として「ローカル・ガバナンス」に関する議論が行われてきている．

佐藤・前田（2017）では，ローカル・ガバナンスの定義を，「国家より狭域の地理的範囲を対象とした，政府を含めた多元的なアクターが参加し，交渉や合意形成等の相互関係を通じた，地方自治での意思決定およびその運営にかかる統治様式」としている．また，地理学的観点からローカル・ガバナンスについて捉える場合には，政策過程で形成されるネットワークにおいて参加するアクターの資源賦存状況や資源行使にかかる地理的条件との関わりの解明および，ガバナンスを構成するネットワークが形成・作用する地理的範囲にかかる議論が必要になるとしている．さらに，ローカル・ガバナンスに関わるアクターのネットワークへの参加状況および，資源賦存状況やアクターによる行使状況には地域差が生じることも指摘している．

3) スケール

スケールについては，山﨑（2013）がSmith による解釈を用いてその概念および種類を説明している．まず第1に，地図の縮尺や解像度を示す地図学的スケール，第2にミクロやマクロにみるといった研究者の視角としての方法論的スケールがある．第3に，空間的広がりとそうした広がりをつくりだす現実の社会的プロセス（変化の過程）としての地理的スケールがある．地理的スケールは，特定の社会的プロセスを通して形成される空間の単位や規模を意味する．また山﨑（2013）では，テイラーの指摘を踏まえ，地理的スケールの観点から考察すると，世界経済（グローバル）・国民国家（ナショナル）・地方（ローカル）など，特定の事象が重層的な関係性から機能していることを理解できるとしている．

文献③は，地域包括ケアシステムのローカル・ガバナンスについて，地理的ス

ケールの観点から考察を加えている．具体的には，市区町村よりも狭域な日常生活
圏域（合併以前の旧市町村域や町内会域，小中学校区域など），市区町村域，広域市
町村域（定住自立圏や連携中枢都市圏，広域連合など），都道府県域などの，それぞ
れのスケールにおけるネットワークが重層的に構築される過程や構造を考察してい
る．

　文献①と文献②は，それぞれ市町村内部と介護保険者間の地域的公正を検討して
いるが，サービス供給量やサービス利用者を捉える空間的範囲（市町村，住所地単
位など）など，いずれも方法論的スケールを援用して分析している．

3 福祉・介護分野のサービスの分析方法

1）文献・資料調査：制度・政策・サービス内容，地域特性の把握

　福祉・介護分野を地理学的に分析する場合，まず理解すべきことは，福祉・介護
サービスが関わる制度と，サービス量を規定する権限（計画策定，事業者の認可な
ど）をもつ主体の所在である．また，文献①から③の内容すべてに関わる介護保険
サービスの種類と性格も理解する必要がある．

　文献①から③で前提となる制度は，介護保険制度である．同制度は，3 年を 1 期
として，各期が始まる時点で大幅な制度改正が行われている．文献②で対象とする
地域密着型サービスと文献③で分析指標とした地域包括支援センター[4] は 2006 年
に新設され，文献③で分析指標とした地域ケア会議[5] は 2015 年の制度改正で法定
化された．このように度重なる制度改正に伴い，サービスが対象とする地理的範囲
や地域差の状況，関わる主体の分布が大きく変化する．これらを分析・検討するた
め，複雑な法・制度について，度重なる改正が行われるたびに，文献・資料を使用
して理解する必要がある．

　介護保険制度については，厚生労働省が管轄となることから，同省のウェブサイ

4）地域包括ケアシステムの中核施設として市区町村に設置が義務づけられている．主な業
　務は，認知症対策，高齢者見守り，予防ケアマネジメント，介護サービス利用に関わる
　相談，地域ケア会議の総括などである．
5）地域住民の困難事例（虐待や引きこもりなどの解決困難な課題）等の解決を目的として
　設置されている．地方自治体によっては，地域の高齢者の見守りに関わるネットワーク
　構築にも活用されている．会議のテーマに合った地域団体や住民や専門職などを招集
　するケースが多い．

トに地方自治体や事業者向けの解説がその都度掲載される[6]．また，制度改正に関わる解説書が多く出版されておりこれらも参考となる[7]．他方，市区町村が独自に行う政策等については，市区町村のウェブサイトや，介護保険事業計画などで情報を収集できる．

　さらに，事例地域で現地調査を行う前提として，各地域の地域特性を把握する必要がある．人口や高齢化の状況，産業などは統計により定量的に把握できるが，その人口構成の背景となる産業が形成されてきた過程，コミュニティの結束度の背景となる歴史などは統計などから定量的に把握することはできない．これらの把握には，市町村史が参考になる．

2）定量的分析

（1）サービスの需給関係の把握

　地域的公正の観点で分析するにあたり，サービスの需給関係を定量的に把握する必要がある．文献①では，利根沼田地域に立地する通所型施設の利用者数の分布を大字単位で集計して主観的ニーズを把握し，施設の分布との関係からサービスの需給関係を分析した．なお，各施設の利用者については，よりミクロな方法論的スケールで把握することで，詳細に分析できる．しかし，これらの施設利用者の居住地は，統計では公表されておらず，行政でも把握していないことから各施設への聞き取り調査によって情報を得る必要がある．しかし昨今，個人情報保護が厳しくなるなかで，住所データとしてポイントで利用者を地図上に落とすことは望ましくなく，施設側もデータの提供をためらう状況にある．そこで，大字単位による利用者数データの提供を施設側に依頼することで情報を把握した．ただし，このような手法ゆえ，聞き取り調査が許可されなかった施設もあり，利根沼田地域におけるすべての通所型施設利用者の把握は困難であることに留意する必要がある．

　図3-1は，大字別の65歳以上人口100人当たりの利用者数と通所型施設の分布を示したものである．この図をみると，利根沼田地域のなかでも利用者の多少による地域差があることがわかる．また，利根村の南西部で利用者がいない大字が集中する地域もあることがわかる．

6）厚生労働省ウェブサイト「介護保険制度の概要」〈https://www.mhlw.go.jp/stf/ seisakunitsuite/bunya/hukushi_kaigo/kaigo_koureisha/gaiyo/index.html（最終閲覧日：2021年2月12日）〉．

7）例えば，井戸（2017）などがある．

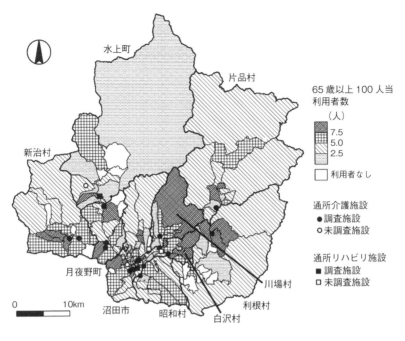

図 3-1　利根沼田地域における通所型施設の分布と大字別の 65 歳以上人口 100 人当た
りの利用者数（2004 年 6 月）出典：文献①をもとに筆者作成
注：図に示した以外に，28 人の住所不明者がいる．

　　文献②では，地域密着型サービスの需給関係の介護保険者間の地域差を測定する
ために，要支援・介護者 100 人当たりの定
員[8] 数のジニ係数を算出し，比較した．介護
保険サービスの対象となる要支援・介護者数
は，厚生労働省「介護保険事業状況報告」の
介護保険者別集計を使用した．サービスの定
員は，独立行政法人福祉医療機構が運営する
事業者データを介護保険者別に集計して使用
した．
　　なお，サービス定員情報については，2012

> **【キーワード】ジニ係数**
>
> ある分布の均等度（もしくは不均等度）の測
> 定に用いるローレンツ曲線を数値化するため
> に，ローレンツ曲線と均等分配線との間の領
> 域の面積を測定し，2 倍した数値をジニ係数
> とした．ジニ係数は，0 から 1 の間で推移し，
> 数値が大きければ大きいほど格差が大きいと
> される．元々経済格差などを測定するために
> 経済学などで用いられていたが，地理学でも
> 杉浦（1997）など，地域差を測定する指標と
> して用いられるようになった．

8）訪問型サービスは定員が設定されていないため，施設数で算出した．

年以前は上記機構が運営するインターネットサイト「WAM NET」において取得することができた．この情報は，各サービス事業者がインターネット上で住所やサービス種類，定員などの情報を入力し，それらが公表されたものである．しかし，入手できる情報は事業者単位であり，約16,000件もの事業者データを同一時期に入手するのは困難である．このため，同機構にデータ提供を依頼し，Excelデータとして入手し，集計した．なお，2012年以降は厚生労働省が主導し，各都道府県で「介護サービス情報公表システム」が整備され，同様に情報を入手できる．しかし，同サイトは事業者の集約データを提供してはおらず，各種データベース作成業者から購入する必要がある．

　表3-1は，上記の手順により算出した2009年時の主な地域密着型サービス別のジニ係数を示したものである．これをみると，認知症対応型共同生活介護を除いてジニ係数が0.5を超えており，地域差が大きいことがわかる．特に，表3-1の下半分の3サービスにおいて0.9を超え，地域差が極めて大きいことがわかる．

（2）サービス供給側の論理

　サービスの需給関係を把握した後に，それらのサービス供給側が供給した論理，あるいは需要（利用者）側が利用（選択）した論理を明らかにすることで，サービス需給関係が形成された要因を理解できる．まずは，サービス供給側の論理について述べる．

　文献②では，前述した3サービスでジニ係数が特に高く，地域差が顕著であることが明らかとなった．この要因には，これらのサービスが提供されていない介護保険者の多さが挙げられる．しかし，これらのサービスにおいて提供されていない保険者が多い理由を明らかにするためには，既存の統計分析では困難である．

表3-1　地域密着型サービスにおけるジニ係数の変化

出典：文献②をもとに筆者作成

小規模多機能型居宅介護	0.771
認知症対応型共同生活介護	0.473
認知症対応型通所介護	0.721
夜間対応型訪問介護	0.978
地域密着型介護老人福祉施設	0.977
地域密着型特定施設入居者生活介護	0.965

そこで文献②では，全国の市区町村に対してアンケート調査を実施し，地域密着型サービス供給の根拠となる介護保険事業計画における施設整備目標やその算出根拠などを質問した．アンケート調査の方法は，市区町村を対象とした郵送による紙媒体の調査票の配布・回収である．ただし，調査票の回収では，市区町村からの依頼に応じて，デジタル媒体の調査票のメールによる送信・返信の方法も用意した[9]．この方法は，アンケート回答者

> **【キーワード】アンケート調査**
>
> 従来は，紙媒体において対面や郵送による実施が一般的であったが，昨今は Google Forms（パーソナル版であれば無料）や Microsoft Forms（Office365 の有料契約が必要）など，オンライン上で手軽にアンケート調査をすることも可能となった．また，マーケティングリサーチ会社などに依頼し，その会社が抱えるモニターなどを対象としたアンケート調査もできる（多くの場合が有料）．このように，アンケート調査の対象者や内容，予算に応じて，多様な方法から選択できるようになった．

の手間を省けるだけでなく，返信郵送費を削減できる効果もある．なお，アンケート調査の回収率は 48.8% であった．

表3-2 は，前述のアンケートをもとに，地域差が大きかった地域密着型特定施設入居者生活介護を事例として，介護保険事業計画で施設整備目標が立てられていない市町村の割合を示したものである．この表をみると，サービス未実施市町村で

表3-2　地域密着型特定施設入居者生活介護における第3期介護保険事業計画の施設整備目標が立てられていない市町村の割合

出典：文献②をもとに筆者作成

地域区分	未実施市町村		充足市町村	
	目標無（%）	市町村数	目標無（%）	市町村数
三大都市圏の中核都市	82.6	23	0.0	0
地方中枢都市	86.2	29	0.0	1
三大都市圏の郊外都市	90.8	130	16.7	6
三大都市圏以外の都市	96.7	121	0.0	7
中規模町村	98.8	326	0.0	8
小規模町村	100.0	185	0.0	2
合計	96.6	814	4.2	24

注：中規模町村は人口1万～5万人，小規模町村は人口1万人未満の町村である．

---

9) 文献③でも，全国の市区町村の地域包括ケアシステムを把握するためにアンケート調査を実施したが，この際にはメールにて市区町村にデジタル媒体の調査票を送る手間を省くため，特設したウェブサイトから調査票をダウンロードできるようにした．

は，96.6％の市町村でそもそも整備目標を立てていないことがわかる．これについては，地方圏または小規模町村で顕著な傾向にある．この傾向は，他の地域密着型サービスでも同様である．つまり，サービス未実施市町村では，そもそも行政としてもサービスを供給する計画がないといえる．

(3) サービス利用者側のサービス選択論理

介護保険制度導入により，それ以前は居住地により利用施設が決められていたものが，サービス利用者が利用する介護サービス事業者を選択できるようになった．これらを踏まえ，介護サービス需給の地域差を利用者側のサービス選択論理から検討する必要が生じる．

文献①では，図3-1で示された利根沼田地域における通所型施設利用の地域差の要因を利用者側のサービス選択論理から明らかにするために，アンケート調査により施設選択時における決定条件を分析した（表3-3）．アンケート調査については，サービスの性格上，利用者本人による回答が困難であるため，施設を通して利用者の家族に紙媒体の調査票への回答を依頼した．なお，アンケート調査の回収率は57.8％である．

表3-3では，前述のアンケートのうち，沼田市と利根村の施設利用者の回答結果のみを示している．これをみると，利根村では「自宅からの近接性」が53.1％と最も多いのに対し，沼田市では「ケアマネジャーの紹介」が42.3％と最も多いことがわかる．この理由としては，沼田市では市街地を中心に施設数が多く施設の選択性が高いため（図3-1），ケアマネジャーから利用者の特性に合った施設の紹介を受けることが挙げられる．また，利用者本人や家族に事業者を探せる知識や時間的余裕がある場合には，「サービス内容や設備」（39.6％）により施設を選択しているケースも多くみられる．一方で利根村は，村内に1施設のみであり，東隣の白沢村へは峠を越える必要があるほか，白沢村の施設は社会福祉協議会[10]が運営しているため，利用ができなかった．同様に，北隣に片品村の施設があるものの，利根村の南部地域からは遠距離のため利用が困難である．このように，利根村では施設の選択性が

---

10) 行政関与によって1950年代に設立された地域福祉の推進を図ることを目的とする民間団体である．全国，都道府県，市区町村，地区単位で組織化されている．市区町村単位の同会は，当該市区町村からの補助金や委託事業による収入が大半を占めているケースが多く，その場合には提供されるサービスが当該市区町村民に限定されるケースが多い．

表 3-3　利根沼田地域における通所型施設の選択時における決定条件

出典：文献①をもとに筆者作成

	沼田市 (n=111)	利根村 (n=32)	利根沼田地域 (n=394)
自宅からの近接性	24.3	53.1	49.2
サービス内容や設備	39.6	25.0	38.1
利用量の増加	3.6	3.1	3.3
安価な利用料	3.6	9.4	4.8
ケアマネジャーの紹介	42.3	34.4	32.5
友人の誘い	15.3	9.4	17.5
医師の紹介	3.6	0.0	1.5
役所の紹介	9.9	46.9	18.3
その他	9.9	15.6	10.9
無回答	3.6	6.3	2.8

単位：%　注：複数回答を可としている.

低い地域が多いため，「自宅からの近接性」や「役所の紹介」（46.9％）が多くなった．なお，沼田市のように施設の選択性が高い地域では，役所が施設を紹介することは利益誘導につながるため一般的にはしないという．このため，「役所の紹介」が9.9％と低い.

3）聞き取り調査：政策判断・主体間の関係性の把握

　文献③において地域包括ケアシステムをローカル・ガバナンスから分析する場合，これまで述べてきた定量的分析では，アクター間の関係性やそれらが関係する地理的スケールを明らかにするには限界がある．そこで，同システムに関わる諸アクターに対して，それぞれの取り組みや他のアクターとの連携状況，活動の空間的範囲などについて定性的に分析するために聞き取り調査を行った．また，同システムを構築するための政策判断については，行政に聞き取り調査を行った.

　図3-2は，神奈川県藤沢市における地域包括ケアシステムの構造について，地域ケア会議を中心に示したものである．この図をみると，全市域を対象とした「藤沢型地域包括ケアシステム推進会議」や「テーマ別地域ケア会議」と，日常生活圏域を対象とした「小地域ケア会議」という三つの会議が，重層的な地理的スケールのなかで行われており，それぞれの会議で多様なアクターが関わっていることがわかる.

56

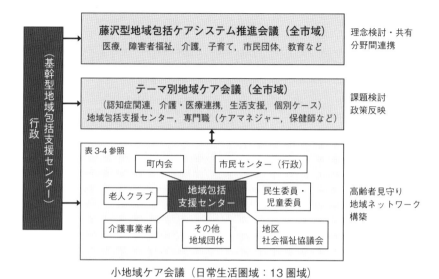

図 3-2　藤沢市の地域ケア会議を中心にみた地域包括ケアシステム
出典：文献③をもとに筆者作成

　また表3-4は，各圏域の「小地域ケア会議」の構成員を示している．これをみると，圏域によって関わるアクターが異なることがわかる．これらの構成員は，各圏域の地域包括支援センターが，地域の特性を踏まえて決定しているケースが大半である．各「小地域ケア会議」では，これらのアクターの連携により，各圏域の地域特性に応じた課題の解決を図っており，同会議で蓄積された情報が上位スケールの会議で取り上げられ（図3-2），行政において政策化される構造になっている．

4　地方自治を地理学的に考える

　地理学では，福祉・介護サービスにかかわらず，サービスの需給関係について空間的な分析・考察を定量的に行うことが中心である．また近年，新自由主義の流れのなかで，行政サービスの提供に関して営利企業やNPO法人などのさまざまな民間事業者が関わるようになってきた．このようななか，ローカル・ガバナンスという定性的な分析の枠組みにより研究する必要性も生じてきている．地理学では，これらの分析結果を各事例地域の特性と合わせて考察することも学問的特徴である．

表 3-4 藤沢市の小地域ケア会議の構成員　出典：文献③をもとに筆者作成

圏域	町内会連合会	民生委員・児童委員	社会福祉協議会 市	社会福祉協議会 地区	老人クラブ連合会	福祉ボランティア	介護事業者	行政（市民センター，高齢支援課）	地域包括支援センター	その他
a	○	○	○	○	○	○	○	○	○	
b	○	○	○	○	○		○	○	○	
c		○	○					○	○	
d	○	○	○	○	○	○	○	○	○	
e	○	○	○						○	
f	○	○	○	○	○	○	○	○，老人福祉センター	○	地域交流サロン
g	○	○	○	○	○	○	○	○	○	障害者福祉事業者，商業者
h	○	○	○	○	○		○	○	○	郷土づくり推進会議福祉部会
i	○	○	○	○	○		○	○	○	地域交流サロン

　地方自治では，各地方自治体が地域の特性に応じて自主的に政策決定し，サービスを提供することが重要である．近年，エビデンスをもった政策展開の重要性が指摘されているなかで，既述した地理学的な分析手法の上で政策展開が行われることが望ましいといえる．

　最後に，研究課題を指摘する．まず，定量的な手法について，昨今個人情報保護が重視されるなかで，サービス利用者の地理的情報の取得が困難な状況にある．既存統計では都道府県単位，もしくは市区町村単位による取得は可能であるが，それよりもミクロな単位では多くの場合で公開されていない．このため，聞き取り調査等で情報を取得することとなるが，それらも文献①のように完全に取得することは難しい状況にある．また，アンケート調査でも，回収率を高めることは困難な状況にある．地方自治体では，業務が複雑化・多忙化するなかで，アンケート調査の依頼が増えており，拒否するケースも生じている．個人向けのアンケート調査でも，個人情報保護の観点や生活時間帯の多様性から未回収が増加する状況にある．このような課題を解決するために，ICT も活用しながら多様な方法により地理的情報の収集にあたる必要がある．

　また，ローカル・ガバナンスによる定性的な分析に関しては，文献③では聞き取り調査に基づき，アクター間の関係性を地理的スケールの観点から考察することを中心とした．しかし，各ネットワークの強度についての分析には至っておらず，各アクターが関係をもつ回数などの定量的な指標に基づき，ネットワークの強度についても明らかにすることを今後の課題としたい．

【文　　献】

井戸美枝 2017.『図解　2018 年度介護保険の改正早わかりガイド』日本実業出版社.
佐藤正志・前田洋介 2017.『ローカル・ガバナンスと地域』ナカニシヤ出版.
新藤宗幸・阿部斉 2006.『概説 日本の地方自治 ［第 2 版］』東京大学出版会.
杉浦真一郎 1997. 広島県における高齢者福祉サービスと地域的公正. 地理学評論 70(7): 418–432. https://doi.org/10.4157/grj1984a.70.7_418
ピンチ, S. 著，神谷浩夫訳 1990.『都市問題と公共サービス』古今書院.
山﨑孝史 2013.『政治・空間・場所—「政治の地理学」にむけて ［改訂版］』ナカニシヤ出版.

第4章

外交・安全保障

地政学の歴史と再考

高木 彰彦

1 地政学の歴史を解明する

　本章では外交・安全保障を扱う分野として地政学を取り上げる.『広辞苑』(第七版)の「地政学」の項目を見ると,「政治現象と地理的条件との関係を研究する学問. スウェーデンのチェレーン[1] (R. Kjellén 1864–1922) が首唱. 主にドイツにおいて第一次大戦後の政治的関心と結びつき, ハウスホーファー (K. Haushofer 1869–1946) によって発展, 民族の生存圏の主張がナチスに利用された. 地政治学」(新村 2018: 1869) と記されており, 地政学は国の対外政策に利用されたことがわかる. 日本でもアジア・太平洋戦争中に地理学者を中心として地政学運動が展開され, 敗戦後は多くの地理学者が公職追放された. このため, 地政学は長らくタブー視され, 戦時期に展開された地政学の実態解明は進まなかった.

　この時期の地政学の実態解明が本格化するのは竹内 (1974) を嚆矢とする. 竹内はこの時期に刊行された文献を読み込むことにより, 当時の地政学には, 皇道主義に依拠して「日本地政学」を唱道した, 京都帝国大学文学部地理学講座の小牧実繁教授を中心とするグループ (京都学派) と,「日本地政学協会」を中心とした東京の地理学者グループの二つの流れがあったことを明らかにし, それぞれの主張の特徴を述べた. その後, 竹内自身も含めて多くの研究[2] が行われたものの, 地理学者たちがなぜ地政学運動に関わるに至ったのかについては, 解明されなかった.

---

1) 広辞苑の原文では「チェレン」と表記されているが, 日本語の表記では「チェレーン」と表記することが多いため, 本章では「チェレーン」で統一した.
2) これらの研究は柴田 (2016) および文献①で紹介されている.

【キーワード】書誌学

図書の形式，内容，成立事情などを対象とする学問で，このうち，特定の文献の解釈や成立史などを研究する分野を文献学という．いずれも，実証研究中心の地理学ではあまり馴染みがないが，古典を重視する人文学や地理思想史研究では一般的な方法である．マッキンダーやハウスホーファーなどの伝統地政学を再解釈した批判地政学の手法には，書誌学や文献学に通じる側面もある（Ó Tuathail 1996）．

この問題を解明したのが柴田（2007）[3]で，陸軍参謀本部で思想戦を画策していた高嶋辰彦中佐（1938年当時）が遺した日記の記載から，高嶋から小牧に地政学への依頼があったことを明らかにした．柴田は書誌学的な手法で小牧の業績を丹念に読み込んで，京都学派の地政学活動の総体を明らかにした．彼の研究は柴田（2016）に結実している．同書では，小牧らの地政学が思想戦としての性格をもっていたことも指摘している．

上記のような先行研究を踏まえて，本章では戦時期における地政学の実態を解明しようと試みるとともに，今世紀における外交方針や世界認識についても言及する．本章で扱う文献は以下の3点である．

文献①：高木彰彦 2020. 日本における地政学の受容.『日本における地政学の受容と展開』45-73, 九州大学出版会.

文献②：高木彰彦 2020. 戦時期における地政学の展開.『日本における地政学の受容と展開』75-212, 九州大学出版会.

文献③：高木彰彦 2005. 地政学と言説. 水内俊雄編『空間の政治地理』1-23, 朝倉書店.

2 研究の目的と理論的視角

1）研究の目的

文献①は日本における地政学の受容について，地理学だけでなく政治学にも幅を拡げて明らかにすることを目的としている．また，文献②は拙著の主要部分を成し，戦時下の日本における地政学運動の実態について，未解明だった部分を明らかにするとともに既存の研究成果を再考することを目的としている．さらに，文献③は批判地政学的手法を紹介する文献で，言説分析による外交政策の分析例と，マスメディアによる世界の地域の表象の分析例を示すことを目的としている．

3）柴田（2007）は修正が加えられ，柴田（2016）の第3章として所収されている．

2) 批判地政学とその研究視角・方法

　文献①から③は，いずれも批判地政学の枠組とアプローチに依拠している．フリント（2014: 4-8）によれば，地政学のアプローチは，伝統・批判・フェミニストの三つに大別される．伝統地政学ないしは古典地政学は地理的条件を重視して国家の外交・軍事政策の方向性を述べるもので，帝国主義の時代の産物といえる．これに対して，批判地政学は伝統地政学を批判するアプローチで，言説分析を用いて伝統地政学の代表的論者，政治家の地政学的主張，あるいは外交政策の背後にある地理認識や世界観を読み解こうとする．分析に使われる資料は政治家の演説や雑誌・映画などのマスメディアである．さらに，フェミニスト地政学は，伝統地政学，批判地政学のいずれにも国家中心的・男性中心的な偏りがみられるとして，地政学における場所との結びつきや身体性を強調する．通常，戦争は国家間の争いとして捉えられるが，女性の多くは，自らが住み続けてきた場所が戦場と化して男性兵士によるレイプの被害を受けたり，大切な肉親を奪われたりするなど，個人の身体に根ざしたスケールにおいて戦争を体験する．このように，フェミニスト地政学者が強調するのは個人や世帯という日常生活と結びついた身体スケールの問題である．

　文献②と③では研究全体の枠組としてÓ Tuathail（2006）が示した批判地政学の概念図式を用いる（図 4-1）．地理的条件の重要性を強調する地政学は，政治思想的には政治的リアリズム[4]の系譜と関連づけられてきた．しかし，批判地政学では地理的条件は政治的実践を絶対的に決定するものではなく，人間は文化，場所，歴史などに埋め込まれた相対的な存在であり，そうした文化を通して対外認識・政策が形成されるとみなす．図 4-1 の右欄に示すように，世界の国々の対外政策の様式は，地政的国家システムを土台として，その上に形成される地政文化によって形成され，地政言説となって現れる．もう少し具体的にいえば，世界の国々が国際社会においてどのように振る舞うのかという様式は，歴史，地理，国民的アイデンティティ，国家の組織形態などを土台として形成されるのである．

　こうした様式は「地政的想像力 geopolitical imaginations」と呼ばれ，対外政策

4）国際政治学や国際関係論では，国際政治の見方として，国家間は対立関係にあるとするリアリズム（現実主義）と，国家間の対立構造は協調可能だとするリベラリズム（自由主義）とに大別されてきた．これに対して，国際政治の行為主体を取り巻く社会的構成に注目するコンストラクティヴィズム（構成主義）という新しい見方が 1990 年代に登場した．伝統地政学がリアリズムに関連づけられるのに対して，批判地政学やフェミニスト地政学はコンストラクティヴィズムに関連づけられる．

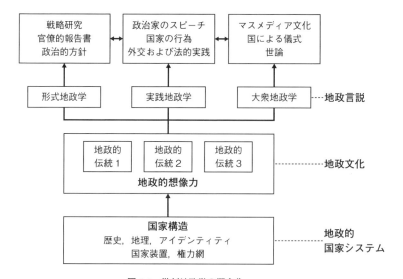

図 4-1　批判地政学の概念化
出典：Ó Tuathail (2006)，p.8 の図 1 より筆者作成

に関するいくつかの学派である「地政的伝統 geopolitical traditions」によって特徴づけられる．地政的想像力に依拠して実際の外交方針として現れるのが「地政言説 geopolitical discourses」である．地政言説は，地政学の専門家や対外政策の理論家によって立案される「形式地政学 formal geopolitics」，実際に対外政策を決定・実施する政治家・官僚などが用いる「実践地政学 practical geopolitics」，そして，映画・雑誌などの大衆メディアに見られる「大衆地政学 popular geopolitics」の三つに区分される．このように，批判地政学では，地理的条件が対外政策に絶対的なものとして作用するのではなく，国家構造を土台として共有される地政的想像力を通じて形成され，形式・実践・大衆の三つの地政学として現出すると考えられている．

　次に，文献③は，人文地理学の概説書の一章として書かれたもので，批判地政学の手法をわかりやすく説明しながら地政学と外交政策について述べたものである．米国大統領の演説を取り上げ，その演説内容に見られる地政的想像力を読み解くとともに，日本における地政的想像力を形成するマスメディアの役割についても言及している．

3）内容分析と言説分析

　内容分析 content analysis はテキスト分析とも呼ばれ，小説・雑誌・新聞記事等の媒体に含まれる文章の内容を統計的ないしは客観的に分析する方法である．これに対して，文章中に含まれる言説に着目して，社会構築主義的な観点から内容の質的ないしは主観的な側面に着目した方法を談話分析ないしは言説分析 discourse analysis という．文献③では，朝日新聞の国際面に記載された記事の内容分析を行うことで，日本のマスメディアがどの国や地域への関心が高いのかを解明しようとする．　一方，文献①と③では，それぞれの文献がどのような社会情勢のもとで書かれたのかを意識しながら，言説分析的な手法で文献を読み込んでみる．また，文献③でも，言説分析を用いて米国大統領の一般教書演説を読み解くことにする．

3　調査・分析の手順と結果

1）地政学の受容に関する分析

　文献②で明らかにする戦時期の地政学の実情を解明するためには，その前提として，日本における地政学受容の実情を明らかにしておく必要がある．文献①はそのための作業であり，地理学と政治学における地政学の受容過程を分析した．

　まず，地理学については，小川琢治や飯本信之など，早くから地政学に関心をもっていた地理学者の書いた文献を渉猟し読み込んだ．その結果，ドイツで 1924 年に創刊された『地政学雑誌 *Zeitschrift für Geopolitik*』への関心が高かったことが地政学受容の契機となっており，創刊されたばかりの『地理学評論』などの学術誌において，新興の地政学を地理学に含めるべきか否かの議論が行われるとともに，経済地理学者からはマルクス主義的な観点による批判も行われていたことを明らかにした．次いで，政治学においては，春名（2015）などに依拠しつつ，当時の日本の政治学者たちが，地理学者よりも早い時期に，地政学そのものではなくチェレーンの国家体系論や国家を強国（パワー）と見なす考え方に関心を高めていたことを明らかにした．この時期には，国家の諸機能を体系づける議論や，国家を強国と見なしてその対立を論じる国際政治学は未発達であり，チェレーンは今日的な意味での国際政治学の先駆者であった．また，地理学と政治学のいずれにおいても，1920年代から 30 年代半ばまでは，地政学に関して，実践的というより学問的な議論が行われていたのが特徴である．

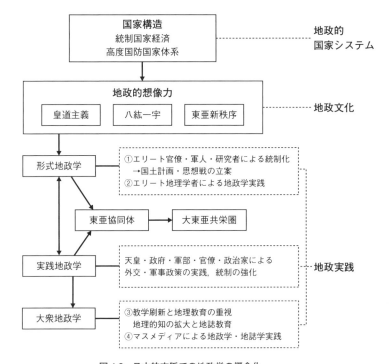

図 4-2　日本的文脈での地政学の概念化
出典：高木（2020）の p.292 の図終 -1 を筆者修正

2) 戦時期の地政学を分析する枠組

　次に，文献②により，戦時期の地政学を分析する枠組を考えてみた．先に批判地
政学の分析枠組を紹介したが（図4-1），この枠組は個人主義を土台としてその上に
国家構造が形成されると考える英米系の地政学思考を反映したものである．これに
対して，戦時期の日本やドイツでは，個人よりも国家を重視する全体主義的な地政
学思考が重視された．したがって，それを反映させる図式として，図4-1を上下逆
にした枠組を考えてみた．それが図4-2である．そして，図4-1の「地政言説」に相
当する部分は，国策貢献的な運動を示す概念として「地政実践」を用いた．さらに，
「形式地政学」「実践地政学」「大衆地政学」それぞれの「地政実践」に相当する部分
として，「形式地政学」については①エリート官僚・軍人・研究者による統制化（国
土計画・思想戦の立案），および②エリート地理学者による地政学実践を，「大衆地
政学」については③教学刷新と地理教育の重視，および④マスメディアによる地政

学・地誌学の実践を想定してみた[5]．以下で
は，①から④の順に述べていきたい．

3）国土計画と地政学

　日本では 1930 年代後半からしだいに国家
統制が強化され，国家の諸活動を統制して国
家防衛を最優先する国防国家体制や思想統
制が進められていった．こうした国家統制を
進めたエリート官僚や学者のなかには，地政
学の役割に注目した人物もいた．そこで，ま
ずは国土計画と地政学について検討してみた.

【キーワード】国土計画

一国の国土全体を長期的に開発・整備する計画のこと．日本で戦時期に行われた国土計画はドイツの空間整備計画 Raumordnung を模倣したもので，「日満支」すなわち，今日の中国北部・朝鮮半島・日本列島を対象とする計画であった．敗戦後の日本では，荒廃した国土の復興・整備のために，全国総合開発計画という名称の国土計画が数次にわたり実施されたが，こちらは米国の総合開発を模倣したものである．ちなみに，戦時中の日本で国策貢献的なイデオロギーとして機能した地政学が戦後にタブー視されたのとは対照的に，国策貢献のツールであった国土計画は戦後も手法を変えて存続した．

国土計画は，1940 年 7 月に成立した第二次近衛内閣が打ち出した「基本国策要綱」
のなかで謳われ，同年 9 月に国土計画設定要綱により策定が開始された．ドイツの
それを模倣する形で，国の統制機関である企画院において，エリート官僚・学者ら
によって策定されたが，1943 年に企画院が廃止されたため，実施に移されることは
なかった．国土計画は戦後に総合開発計画と形を変えて荒廃した国土の復興のため
に数次にわたり実施された．文献②では，国土計画に関わった西水孜郎の文献（西
水 1975a, b）を資料として用い，未完に終わった戦時中の国土計画策定の方法論の
一つとして地政学が謳われていたことを明らかにした（図 4-2 の①）．

4）京都学派の地政学：エリート学者による思想戦としての地政学

　冒頭で述べたように，京都学派の地政学については柴田（2016）が詳細に分析
している．しかし，筆者は，高嶋が思想戦に関して造詣が深かったことから，高嶋
が小牧らに大衆啓蒙のための思想戦に取り組むよう依頼したのではないかと考えた．
そこで，文献②では，小牧による最初の地政学書である『日本地政学宣言』（小牧
1940）を読み込み，思想戦としての特徴を見出そうとした．同書は小牧がそれまで
に書き溜めた論考を一冊にまとめたものだが，各章の末尾には執筆の年月日が記さ
れている．

5）「実践地政学」の部分に番号を付していないのは，この部分の地政的実践に関しては，近
　代史研究の数多くの研究がこれまでに取組んできており，筆者が分析の対象としなかった
　ためである．

幸いなことに,「総合地理研究会」と呼ばれた小牧を中心とする研究グループが作成したと思われる史料の一部が古書店で見つかり,その内容が「通称「吉田の会」による地政学関連史料—解題」[6]として『空間・社会・地理思想』第6号に掲載されている(水内 2001).そこで,両者を付き合わせたところ,小牧(1940)の「日本当来の地理学—同志の言葉」という章で,初めて「皇戦地誌」という用語が出現し,「吉田の会」の史料に含まれる「皇戦地誌について」と日付が一致することが判明した.つまり,小牧らが高嶋からの依頼を受けて「皇戦地誌」に取り組んでいたこと,「吉田の会」の史料はその作業の一部であること,こうした作業の結果が小牧の書の一部として結実したことを,文献②で明らかにした(図4-2の②).こうして,小牧らの取組を思想戦として位置づけることができた.

5) 日本地政学協会:地理教師による下からの地政学運動

次に,地政学のもう一つの拠点となっていた「日本地政学協会」について検討してみたい.同協会は太平洋戦争開戦直前の1941年11月に設立され,その機関誌『地政学』を1942年1月から1944年の8・9月合併号まで,合計29冊刊行した.まずは『地政学』に掲載された論文その他の記事を全て読むことから作業を開始した.分析結果の概要は文献②の4節「日本地政学協会と機関紙『地政学』—地理教師による下からの地政学運動」に示してある.『地政学』を一通り読んでも,協会設立の経緯についてはわからなかったが,協会の中心的役割を果たしていた飯本信之のインタビュー記事などを読み進めていくうちに,帝国書院が協会と関わっていたことがわかってきた(佐藤 1989).

そこで帝国書院の本社を訪ねてみた.本社ビルの資料室には同社のさまざまな刊行物が保存されており,そのなかに『地理歴史研究』という小雑誌を見つけた.その最終号となった第18巻10号(1940年10月発行)の表紙には当時の本社ビルの写真が載っており,そのキャプションには「日本地政学協会の事務所 今回本会長守屋美智雄先生は日本地政学協会の事務所として株式会社帝国書院の五階一部を提供されました」と記されていた.中身を読み進めていくと,「地理歴史研究会」を発展的に解消して「日本地政学協会」とし,機関誌『地理歴史研究』も『地政学』

---

6)「総合地理研究会」の会合は京都市左京区の吉田神社付近にある民家で行われていたため,メンバーからは「吉田の会」と呼ばれていた.この会の正式名称が「総合地理研究会」であることは柴田(2007)で明らかになったため,水内(2001)では通称「吉田の会」という名称となっている.

へと発展的に解消するという内容の記事が書かれていた．長年の謎が解けた瞬間であった．『地政学』を読み始めたとき，その裏表紙に「大正十三年五月一日第三種郵便物認可（毎月一回十五日発行）」と細かな字で記載されていて，創刊の時期と一致しないことが気にはなっていたが，前身誌を見つけたことでこの謎も解けた．

　詳細は文献②に譲るが，『地理歴史研究』は帝国書院の創業者守屋荒美雄が創刊したもので[7]，いわゆる文検[8]雑誌の一つであった．文検について詳しく分析した佐藤（1988）によれば，文検の受験生たちは，受験勉強の際に5名の出題者の専門分野を熟知する必要があった．そして飯本はこの文検の出題者の一人であった．他方で，地理歴史研究会を主催した守屋らは受験生のための講習会を毎年開催し，その講師として飯本らは何度も受験生向けの講習を行っていた．両者にはこのようなつながりがあったのである．こうして『地理歴史研究』や『地政学』を読み込むことにより，地理教師と飯本ら文検出題者との関係を確認することができたため，文献②では両者の関係を大衆・エリート的な関係として捉えた（図4-2の③）．

　また，1930年代後半になると，教学における統制が強化されるとともに，日本的伝統に基づく教育が指向されるようになっていく．さらに，満州国の建国や日中戦争の開始など日本の影響圏が大陸に拡大するにつれて，地理・地誌教育の重要性は増していった．こうして地理教師は自らの職務において新たな地誌的知識や地政学的知識を得る必要が出てきたのである．文献②では，国民学校で1943年から使用された国定教科書『初等科地理』の構成や扱われている地域に着目して言説分析を行い，この教科書が皇国を主体とした大東亜共栄圏建設のための地理的知識を把握させる内容となっていて，地政学との関わりも認められることから，当時の地理教師が地政学的知を必要としていたことを確認できた．

6) マスメディアによる大衆向けの地誌・地政学運動

　地誌的・地政的知識を必要としていたのは地理教師だけではなかった．戦争開始後，日本は緒戦で勝利を収め，日本の占領地域が拡大した．とりわけ，南方へと日本の影響圏が拡大した結果，こうした地域の地誌的情報を国民に普及させる必

7）1924年の創刊時には『地理学研究』という誌名だったが，1937年の日中戦争開始を機に『地理歴史研究』に改名した．

8）文検とは，戦前に文部省が実施していた「師範学校，中学校，高等女学校の教員免許取得のための検定試験」の略称で，文検の合格を目指す受験生に情報を提供し，さまざまな便宜を図っていた媒体が文検雑誌であった．

要性が高まったのである．文献②では，ダイヤモンド社が発行した『南洋地理大系』などの地誌書を取り上げて，こうした地域に対する地誌熱の高まりについて述べた（図4-2の④）．それと同時に国民の地政学に対する関心も高まり，地政学は「ジャーナリズムの寵児」（渡辺 1942）となった．文献②では，総合雑誌『改造』に掲載された地政学の記事の内容分析を行った．同誌の地政学記事の多くは地理学者によって執筆されたものであった．

　以上のように，文献②では，戦時期に展開した地政学運動を，①エリート官僚・学者による国土計画の策定，②エリート学者による思想戦としての地政学（京都学派），③国策に寄与するために地政学的知識を必要とした地理教師による地政学，④マスメディアによる大衆啓蒙的な地誌・地政学的知識の提供の四つに分類することにより，これまでの地政学研究に新たな知見を加えることができた．

7）安全保障政策と外交政策，地理認識

　フリント（2014）にみられるように，英語圏の地政学では外交・安全保障政策を扱った地政学研究は多い．対して，日本の地政学研究ではそうした研究は極めて少ない．そこで文献③では，批判地政学の言説分析の事例として，2002年1月に行われたブッシュ大統領の「一般教書演説」を取り上げた．この演説は，2001年9月の同時多発テロを受けて実施された米軍によるアフガニスタン侵攻の終了時に行われた．そこで大統領は，テロリストの基地を壊滅させるとともに，化学兵器・生物兵器・核兵器など大量破壊兵器の脅威から米国を守る決意を示した．大量破壊兵器で武装する北朝鮮・イラン・イラクを「悪の枢軸」と名指して非難し，脅威を取り除いて自由が勝利を収めると主張した．この演説には，批判地政学研究で指摘されるように，善悪や彼我の二分法そして自由を妨げる者に対して敢然と立ち向かう「明白な運命」[9]といった特徴を確認することができた．

　こうした対外認識の形成に関わる地政言説は，図4-1で指摘したように，国家構造を土台として地政文化レベルの地政的想像力によって育まれる．つまり，同一の国民であれば地政言説は共有される傾向がある．この地政言説の共有に大きな役割を果たすのがマスメディアである．文献③では，朝日新聞の国際欄に掲載され

9）「明白な運命 Manifest destiny」とは，米国の拡大が天命によって賦与されているとみなす考え方で，19世紀における西部開拓の正当化に用いられた．開拓前線が太平洋岸に到達すると，今度は太平洋ないしは西半球に対して拡大された．

た記事の面積を，記事が対象としている国
や地域ごとに積算することにより，日本に
とってどの国が重要かを確認しようとした．
これは一種の内容分析である．ここでは，
1972年，1982年，1992年，2002年の7月
1ヶ月間の面積を計算した．その結果，アジ
アの割合が最も高く，どの年も総記事面積
の4割以上を占めていた．以下，北米，ヨー
ロッパ，アフリカ，旧ソ連・ロシア……と
続いた．国別に見ると，中東での紛争が見
られた1982年を除いて，米国が常に第1位
で2割前後だった．米国以外にも割合が高
い国は中国，韓国，北朝鮮といった隣接国である．

> **【キーワード】地政的コード**
>
> 英語では geopolitical code. 「ある国が世界
> に対して自らを方向付けするやり方」（フリ
> ント2014）のことで，以下の五つの要素を
> もつ．①目下の同盟国および潜在的な同盟国
> はどの国か，②目下の敵国および潜在的な敵
> 国はどの国か，③どのようにして同盟関係を
> 維持し，潜在的な同盟関係を促進するのか，
> ④目下の敵国にどうやって対処し，脅威の出
> 現にどう対処するのか，⑤以上の四つの想定
> を国民とグローバル社会に対してどのように
> 正当化するのか．各国はそれぞれ異なる地政
> 的コードをもつが，国際情勢の影響を受けて
> 共通する部分もみられる．また，同じ国でも
> 空間スケールによって地政的コードは異なる．

　文献③は外交・安全保障政策を取り扱ったが，人文地理学の概説書に寄稿したも
ので，わかりやすさを念頭においたため，分析内容は詳細を欠いていた．その意味
では，日本における安全保障政策や外交政策に関する地政学的研究は未開拓である．
しかし，まったく研究がないわけでもない．筆者の研究ではないが，その一例とし
て Yamazaki（2018）を指摘しておきたい．この論文は，日本の『防衛白書』（各
年）に記された「シーレーン」と「インド洋」をキーワードに，日本のインド洋に
関する地政的コードを分析している．分析の結果，インド洋が日本の海運にとって
重要な交通路としてコード化されるとともに，米国との同盟を正当化しながら，日
本の自衛隊の活動空間としても位置づけられつつあることが指摘されている．これ
までの地政学研究では，安全保障政策に関する本格的な研究は管見の限り見当たら
ないため，画期的な研究といえる．

4　今日の地政学ブームと今後の課題

　本章では地政学研究における外交・安全保障政策や，日本の地政学の戦時中の実
態解明の取組を紹介してきた．以下では，今後の課題について簡単に述べることに
したい．

　本章で解説したように，地政学の個々の事象に関する実態解明は進んでも，それ
らが地理学のみならず国民全体を巻き込む形で展開したことの意味，さらには今日

との比較については，あまり解明が進んでいない．例えば，「自由で開かれたインド太平洋」戦略は今日の日本政府の外交方針であるが，戦時中にも「インド太平洋」というタームは地政学に関与した地理学者たちが用いていたし，豪亜地中海などというタームもこの時期に創り出された．戦時中の時期との類似性をどう研究につなげていくのかも今後の検討課題となろう．

その一方で，今日の日本では地政学ブームが見られ，書店の書棚には「地政学」を冠した書籍が数多く並んでいる．その多くは一般向けの概説書で専門書は少ないが，こうした概説書では，外交・軍事政策に関わる大陸や海洋という地理的条件の重要性だけが繰り返し主張されている．要は，こうした概念を用いて国際情勢を説明すると，実際には極めて複雑で多様な過程が単純化され，わかりやすくなるのである．つまり，一般向けの概説書の著者たちは，国際情勢や日本の将来に関する自説を地政学のタームを用いてわかりやすく解説しようとしているにすぎない．一般向け概説書では，地形・気候といった地理的条件は不変ゆえに絶対的重要性をもつと語られるが，地理学を専門とする以上，地理的条件が重要なのは前提条件で当たり前の話である．今後地政学研究を進めるにあたって，一般向けの概説書の内容が地政学だと誤解することなく，客観性と信頼性のある資料や論考を用いて外交・安全保障政策を把握することが大切である．

こうした地政学ブームを踏まえて，国際政治学・国際関係論や戦略学においても地政学が注目されつつある．例えば，日本では軍事戦略や戦略論的な出版物は学術的な出版物のなかには少なかったが，今世紀に入って「戦略研究学会」が設立され，機関誌『年報戦略研究』が2003年以来毎年刊行されている．このように，今後は国際関係論や戦略論の分野で地政学研究が活性化していくと思われる．これまで述べてきたように，戦時期の地政学運動への反省からか，日本の地理学は安全保障政策のような応用的な側面には禁欲的であった．今後は地政学への関心を高めるだけでなく，応用的な側面に対する関心を高めていくことも必要となろう．

【文　　献】

小牧実繁 1940.『日本地政学宣言』弘文堂.
佐藤由子 1988.『戦前の地理教師―文検地理を探る』古今書院.
佐藤由子 1989. 飯本信之が語った地政学. 地理 34(10): 105-107.
柴田陽一 2007. アジア・太平洋戦争期の戦略研究における地理学者の役割―綜合地理研究

会と陸軍参謀本部. 歴史地理学 49(5): 1–31. http://hist-geo.jp/img/archive/236_001.
pdf

柴田陽一 2016.『帝国日本と地政学―アジア・太平洋戦争期における地理学者の思想と実
践』清文堂出版.

新村出編 2018.『広辞苑［第七版］』岩波書店.

西水孜郎 1975a.『国土計画の経過と課題』大明堂.

西水孜郎 1975b.『資料・国土計画』大明堂.

竹内啓一 1974. 日本におけるゲオポリティクと地理学. 一橋論叢 72(2): 13–35. https://
hermes-ir.lib.hit-u.ac.jp/hermes/ir/re/1881/ronso0720200130.pdf

春名展生 2015.『人口・資源・領土―近代日本の外交思想と国際政治学』千倉書房.

フリント, C. 著, 高木彰彦編訳 2014. 『現代地政学―グローバル時代の新しいアプロー
チ』原書房.

水内俊雄 2001. 通称「吉田の会」による地政学関連史料―解題. 空間・社会・地理思想 6:
59–63. http://www.lit.osaka-cu.ac.jp/geo/pdf/space06/04yoshida.pdf

渡辺光 1942. 地政学の内容に就いて. 地理学研究 1: 1167–1180.

Ó Tuathail, G. 1996. *Critical geopolitics*. Minneapolis: University of Minnesota Press.

Ó Tuathail, G. 2006. General introduction. In *The geopolitics reader, 2nd ed.* ed. G. Ó
Tuathail, S. Dalby, and P. Routledge, 1–14, London: Routledge.

Yamazaki, T. 2018. Maritime trade and geopolitics: the Indian Ocean as Japan's sea
lane. In *Handbook on the geographies of globalization*. eds. R. C. Kloosterman, V.
Mamadouh and P. Terhorst, 388–401. Cheltenham: Edward Elger.

第5章

環境をめぐる政治
環境運動の役割

香川 雄一

1 環境運動を地理学で分析する

　21世紀に入って環境問題はますます国際政治の関心を集めるようになってきている．気候変動や越境汚染，資源管理など地球規模での課題に直面している．国連をはじめとした国際機関や各国政府はいかにして持続可能な社会を達成できるかという点でさまざまな取組を進めてきた．日本においては高度経済成長期における公害問題を代表として，生活環境における地域住民の健康被害が，環境をめぐる政治と行政に課題の解決を求めてきた．

　現在の日本では，法制度の制定や実行計画の実施による環境行政が整備されてきている．かつては四大公害病を代表例とする公害裁判や大気汚染や水質汚濁による健康被害において，全国各地で住民運動が結成されていた（松原・似田貝1976）．住民運動を含む社会運動については，社会学者を中心として，理論的検討を踏まえつつ，実証研究を加えて研究領域として確立されている（片桐1995）．政治学においても社会運動を対象として組織化の理論的分析という側面から，森脇（2000）や小野（2001）のように，研究アプローチに関する議論が蓄積されている．

　20世紀末まで日本の地理学で，社会運動がテーマとされることはほとんどなかった．公害問題のように政治が絡むと思われる問題は地理学で回避される傾向があり，戦後の政治地理学の低調さもあって，社会運動論の展開を踏まえた，社会運動を研究対象とする政治地理学の系譜を日本でさかのぼることは困難である．

　しかしながら欧米の地理学においては都市社会運動の研究が蓄積されていた（香川2004）．社会運動を地理学的に分析する包括的な研究も登場している（Miller 2000）．日本においては環境運動を研究対象として，その空間的広がり（淺野1990）

【キーワード】社会運動論

日本の地理学ではそれほど研究が多いテーマではないが，環境問題に限らず，都市社会問題，社会福祉問題，人権やジェンダーの問題など，地理学的研究の幅が広がるにつれ，言及されることが増えつつある．特に政治現象が扱われる際，選挙での投票行動と並んで，社会運動は直接行動の例として紹介される．従来は，マルクス主義など特定のイデオロギー的観点からの社会運動研究が主流であると見なされていたが，合理的選択論に基づく集合行為や，運動におけるフレーミング（言語行為），地域政治史における政党や住民運動の役割など，多角的な観点からの地理学的研究が増えていくと期待される．

や運動の地域性（淺野 1997）という観点から，地理学的研究が展開していくことになる．

本章では，人文地理学における社会運動研究の分析方法を模索しつつ，実証研究を進めてきた，筆者による環境運動の地理学的分析から，社会運動を研究対象とした政治地理学的研究の一方法論について紹介していきたい．本章で紹介するのは日本の環境問題発生地で調査してきた公害反対運動の事例であり，場所を固定した上での環境運動の変容と，環境運動が結成されないまでも生業環境を維持してきた活動を分析した以下の三つの拙稿である．

文献①：香川雄一 1998. 近代期川崎の公害問題をめぐる地域住民による社会運動. 地理学評論 71（10）: 711–729. https://doi.org/10.4157/grj1984a.71.10_711

文献②：香川雄一 2003. 和歌山における公害反対運動の地域的展開. 人文地理 55（1）: 43–57. https://doi.org/10.4200/jjhg1948.55.43

文献③：香川雄一 2010. 環境運動の目的と参加者の変遷. 山本佳世子編『身近な地域の環境学』古今書院 15–32.

2 研究の目的と理論的視角

1）社会運動論と地理学

文献①は日本の公害問題発生地における公害反対運動の組織化や展開を明らかにした実証研究である．学部生の頃に筆者は，恩師の勧めもあって反原発運動に関心をもっており，岩波書店の「思想」737 号[1]を渡されつつ，新しい社会運動論の旗

1）「新しい社会運動―その理論的射程」と題された特集号であり，社会運動を研究する社会学者によって執筆された論考が並んでおり，社会運動の分析方法を学ぶ上では教科書的価値があった．

手であったトゥレーヌによる反原発運動の文献を読んでいた．いざ卒論の調査となると，なかなか社会運動の実態はつかめないため，調査対象の地理学的分析をどうするかという壁に阻まれてしまった．

そこでまずは詳細な運動参加者のデータを入手するため，歴史的な近代の公害問題に着目した．日本の公害問題は高度経済成長期に有名になったが，工業化や都市化はすでに明治時代から始まっており，大都市圏の周辺部では工場からの環境汚染が問題化し始めていた．元々は臨海部の農漁村であった地域に近代的な大規模工場が立地することによって，地域住民が環境汚染による被害対策に悩まされることになり，公害反対運動が結成されるようになった．

社会運動研究における「新しい社会運動論」や「資源動員論」に依拠しつつ，日本における工場公害問題が発生した初期に，どのような人々がどのような関係性でどのように公害反対運動を結成したのかを明らかにしようとした．「資源動員論」における集合行動論に基づく社会運動への参加の考え方として，合理的な個人は何らかの理由や利益がないと運動には参加しないはずであるというものがあり，運動への参加プロセスを空間的に明らかにしていくことが地理学的な分析になると考えた．社会運動を結成する集団であっても最初から公害反対で結びつくわけではなく，集団化においては既存の組織が用いられるという考え方[2]も参考になった．

近代の川崎において発生した公害反対運動を概観していくと汚染地域における有力者は近世以来の権力構造を引き継いでおり，農業や漁業における産業組織が生業における利害関係から運動団体の母体となっていた．さらに近代の都市住民の増加によって町内会組織規模の地域団体も運動結成の基盤となりつつあることを示すことができた．

2) 新しい地誌学

工業都市におけるさまざまな政治的課題を「新しい地誌学」として紹介された研究（Cooke ed. 1989）を参考に公害反対運動を分析した（香川 2001）．「新しい地誌学」とは旧来の地誌学への批判から生み出された研究方法である．1980 年代以降にイギリスを中心として取り組まれており，マルクス主義地理学などの影響により政

---

2) Miller, B. は 1992 年に *Economic Geography* 68 に Miller（2000）の一部となる原稿を執筆しており，環境運動の事例紹介のみでなく，地理学的に社会運動を分析することが可能であることを，大学院の授業での文献紹介発表から学ぶことができた．

【キーワード】議会会議録

国会や地方議会を含め現在ではすべての議会の会議録が作成され，それぞれの議会事務局等でインターネット等により公開されている．かつては公共図書館や各自治体の情報公開室等で冊子体を閲覧しなければ情報を入手できなかったが，現在はウェブサイトの電子情報をもとに，サイトの検索や集計の機能を用いることで，文書情報処理の労力は格段に軽減された．ただし目的の情報がすぐに見つかるわけではないので，資料調査のための事前準備と分析方法の洗練が必要である．

治経済学的アプローチによる地域的差異を明らかにしようとする．地理学は地域の特徴にこだわるあまり，科学的な分析を充たしていないという不満から，計量革命を代表とする新たな定量的な方法で対象地域を分析するようになっていた．それに加えて定性的研究からの人文主義や社会科学的な政治経済学的な地理学研究が出現するようになり，理論的な補強とともに対象地域の政治経済的な分析が試みられた．「新しい地誌学」の実証研究における代表例としてイギリスの工業都市が分析対象とされ，土地利用や地域経済の統計データだけでなく，選挙結果や社会運動なども調査対象となった．

香川（2001）が調査対象とした岡山県倉敷市の水島臨海工業地帯は「新産業都市の優等生」と紹介され，瀬戸内工業地域の中核的存在となり，岡山県が農業県から工業県へと変貌していくことに大きく貢献した．ただし高度経済成長期の地方の工業都市の多くがそうであったように，急激な工業化とそれに伴う都市化や，公害問題をはじめとした社会問題を発生させた．「新しい地誌学」における地域的差異を表す概念として「ロカリティ」という観点から工業化前の干拓による新田開発や工業化初期の海面埋立にも言及しつつ，川崎と同じく農業や漁業といった在来産業の利害関係による公害反対運動や倉敷市議会における議会会議録の分析により，公害問題がどのように議論されているのか，関連質問をした議員の属性と選出地域 [3] から特徴を明らかにした．

3) 場所の政治

　文献②は和歌山における公害反対運動を，場所に根付いた政治の存在から明らかにしようとするアプローチとしての「場所の政治」の分析として位置づけた研究で

3）倉敷市は工業化に伴い臨海部へと合併によって市域を広げていった．市議会議員の選出においては政党だけでなく，合併前の市やさらには倉敷市に編入合併する前の旧町村が支持母体となっていることが多い．このように選挙結果からも当時の公害問題をはじめとした争点の一端を垣間見ることができる．

ある．川崎，水島，和歌山と現地調査を進めていくなかで，同時並行で取り組んでいた文献研究から欧米では社会運動が政治地理学の研究対象として定着しつつあることを認識できるようになった[4]．Gregory et al. eds.（1994）のように英米では人文地理学の教科書に「社会運動」の節が立てられ，1990年代後半には政治地理学の教科書に章として「社会運動」が存在するようになってきていた．

　これらの理論的研究に対して実証研究における分析軸として示されていたのが，政治運動が形成される地理的コンテキストを構成する「場所の政治」である．環境問題の解決は日本において高度経済成長期以降，大きな争点となっていく．そこには地方議会の議員や行政職員に加えて，地域住民や民間企業もステークホルダーとして，「場所の政治」の登場人物として現れる．和歌山における公害反対運動は第二次世界大戦期に立地した大規模製鉄所による大気汚染を争点としていたので，議会会議録によると地域住民の健康被害や，公害問題対策という目的による工場敷地の拡張や沖合の埋立をめぐって，政治的な議論が闘わされていたことがわかった．

　「入浜権」をめぐる運動によって砂浜が残されたことや，大気汚染の軽減のため主力工場を沖合の埋立地に移転させたこと，工場周辺の人口増加や新たな工場労働者のための居住地形成など，「場所の政治」の素材として公害反対運動から多くの知見を得ることができた．

　文献③では，公害裁判の記録から地理学的な資料を導き出すとともに，公害反対運動参加者の子孫としての漁業者にヒアリング調査を試みた．香川（2017）は，琵琶湖の漁業者と韓国の漁業者による環境保全への取り組みを比較した．日常的な生業への取り組みが結果として地域の生活環境の保全につながる（香川2008）ことを示唆した研究となっている．

3 公害反対運動の分析方法

1）公害反対運動の空間的基盤

　公害反対運動を含む環境問題が地理学の研究対象としてなかなか扱われていなかった理由として，分析対象を空間や場所に置き換える困難さがあったのだと考えている．公害問題の発生場所は鉱山や工場（地帯）など，地理的な特徴を有してい

4）香川（2004）の構想を発表した1999年春の日本地理学会における「政治地理学研究グループ」での報告を準備していた時点で，地理学における社会運動研究は，社会地理学ではなく政治地理学が担いつつあることを理解できた．

【キーワード】受苦圏と受益圏

大規模施設の建設にあたって，特に賛成と反対の意見がなぜ分断されるかを説明するための空間的な分析枠組みである．原子力発電所などの公共施設や，新幹線と高速道路のような大規模公共事業が代表例である．電気も交通網も多くの国民が利益を受ける事業なので，受益圏は全国に広がっている．しかし，それらの立地地域では，建設をめぐって用地買収や住居移転などの負荷が発生し，さらに汚染や騒音といった環境的リスクも抱え込むため受苦圏と想定される．

るが，公害反対運動の地域性を考えようとした場合，梶田（1988）などにより，開発地域とその恩恵を受ける地域との関係を示した受苦圏と受益圏という分析軸は提示されていたが，どちらかといえば政党や利害関係組織をめぐる対立として捉えられ，それらの政治性も伴って，地理学では研究蓄積が進められていなかったと推察する．

　そこで，公害反対運動に関わった人物の居住地を公害問題発生地周辺の地図上に記入し分布図を作成する作業を試みた（図5-1）．情報源としてはさまざまな文献資料を組み合わせて，人物と居住地の紐づけ作業を実施した．市議会議員の名簿や漁業組合の名簿，古い住宅地図や戦前の商工地図なども利用して居住地を特定した．市

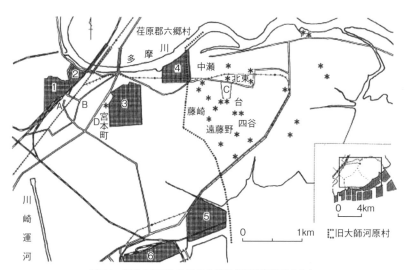

図5-1　近代の川崎における公害反対運動指導者の分布

出典：文献①

1：東京電気（操業 1908 年），2：明治製糖（同 1907 年），3：富士瓦斯紡績（同 1915 年），
4：味の素（同 1914 年），5：浅野セメント（同 1917 年），6：日本鋼管（同 1913 年）
A：川崎駅，B：川崎市役所，C：川崎大師，D：川崎警察署，＊：公害反対運動指導者宅
（太田ほか（1970），神奈川県立川崎図書館（1972）），川崎漁業協同組合（1972），川崎市（1990），
川崎市議会（1984），地図史料編纂委員会編（1987）により作成）

表 5-1　近代の川崎における公害反対運動の展開

出典：文献①より一部修正

年月日	主要見出し（キーワード）	指導者（新聞記事より）	指導者の地位 （指導者名不明分）	指導者の居住地
1911.10.25	村民五百の嘆願書		村会・漁業組合代表者, 村民	大師河原村
1911.12.20	田島村大紛擾		郡会議員, 村会議員, 村内有志	田島村
1913. 2. 8	漁場売却苦情		漁業者, 村民, 漁業者総代	田島村
1913. 6.28	川向ふの喧嘩		村民	東京府荏原郡六郷村
1913. 8.20	浅野埋立反対	Y1 ○	関係村民代表	町田, 田島村
1917. 7.27	大師漁業組合陳情	<u>S1</u>, <u>N1</u>, <u>A1</u>		大師河原村
1923. 2. 7	賠償金を要求す		海苔業組合代表, 代議士, 県議	大師町
1923. 3.14	大師町から又有毒問題	I1 ◎		大師町
1923. 4. 3	粉害防止	I1 ◎		大師町
1923. 4. 7	粉末被害	I2 ○		大師町
1923. 4.14	浅野セメント降灰被害	I2 ○, N2 △, T1 △, S2 ◎		旧大師町（川崎市へ合併）
1924. 7.25	大師住民千名, 会社へ		町民	旧大師町
1925. 5. 8	恒例降灰被害問題		中瀬実行組合	旧大師町
1926. 2.10	降灰防塵装置	O ○	降灰被害代表	旧大師町
1926. 8.31	降灰問題協議会	<u>A2</u>, I3	協議会委員	旧大師町
1926.10.12	市長大憤慨	I4 ◎, Y2 ◎		川崎市
1926.10.13	大挙の陳情	S3 ○, <u>I5</u> ○, I6 ○, O ○, T2 ○, <u>T3</u> ○		旧大師町
1926.10.26	川崎の降灰被害問題		川崎市全員協議会委員	川崎市
1926.12.17	賠償金, 分配に困難	<u>I5</u> ○, T4 ○, I6 ○, <u>K1</u> ○, <u>T3</u> ○		川崎市
1927. 6. 4	降灰問題	I7 △, <u>A2</u> △		北東, 四谷（旧大師町）
1927. 7.20	セメント降塵問題	O ○, I6 ○, <u>T3</u> ○, S3 ○, <u>I5</u> ○, T4 ○	区長, 区長代理者	旧大師町
1927. 8. 2	降灰問題	O ○		川崎市
1927. 8.11	大師町民大会	O ○		旧大師町
1927. 8.21	被害者積極的行動	O ○, T5 ○, <u>T3</u> ○, <u>I5</u> ○, S3 ○, T4 ○, <u>K1</u> ○	区長, 被害地代表者	旧大師町
1927. 8.24	降灰問題の市民大会		町民	旧大師町
1927. 8.25	セメント被害共済会	K2 ○		川崎市
1927. 8.28	降灰問題	O ○, <u>K1</u> ○, <u>I5</u> ○, <u>T3</u> ○, T4 ○, S3 ○		川崎市
1927. 8.29	市民大会で決議文	O ○	実行委員	川崎市
1927. 8.30	大師町民二百浅野へ	T4 ○	被害町民代表	旧大師町
1927. 9. 4	降灰問題再陳情	O ○, <u>T3</u> ○, T4 ○, <u>K1</u> ○, <u>I5</u> ○		川崎市
1927. 9. 9	降灰問題の市民大会	K2 ○	実行委員	川崎市宮本町
1927.10. 7	降灰問題に曙光	T5 ○, O ○		旧大師町
1927.10.26	浅野降灰の妥協案	<u>I5</u> ○	被害地代表者	旧大師町
1927.12. 1	降灰騒ぎ解決	O ○, <u>I5</u> ○	被害地代表者	川崎市
1928. 8. 8	降灰被害の調停依頼	S3 ○, <u>I5</u> ○		川崎市

表5-1　近代の川崎における公害反対運動の展開（続き）

年月日	主要見出し（キーワード）	指導者（新聞記事より）	指導者の地位 （指導者名不明分）	指導者の居住地
1929. 4.19	降灰問題両者互譲	M1 ○	区長	旧大師町
1930. 8.19	浅野セメントト降灰補償		地元民	
1932. 2.26	海苔採取業の被害		海苔採取業組合員	旧大師町
1939. 9.20	工場の毒水調査		東京湾沿岸漁業者， 工場地帯住民	

注：日付は新聞掲載日．指導者欄の記号は人名を表す（指導者名は一部推定を含む）．記号右の◎は市町長・助
役，○は県市議会議員，△は地区代表者，下線部は漁業従事者を示す．「指導者の地位」欄には指導者名不明時
における指導者以外の属性を含む．（『横浜貿易新報』，『東京朝日新聞』，『東京日日新聞』，川崎市議会編『川崎
市議会史　資料編Ⅱ』（川崎市議会, 1984）により作成）

議会議員の議会における公害問題関連の発言は公害問題発生地域におけるミクロな
地域の利害関心も反映していると想定されるため，政党や職業といった属性に加え
て「地盤」としての居住地が分析の参考となった．

2) 文献資料調査：歴史資料・地方新聞・議会会議録・裁判記録の収集と分析

　文献①では近代の明治時代末期から昭和時代初期にかけての公害問題を対象とし
たため，川崎市内を中心として関連する歴史資料を集めた．特に参考となったのは，
現在は『神奈川新聞』として発行されている『横浜貿易新報』の新聞記事である[5]．
工場立地をめぐるさまざまなトラブルに始まり，工場の操業による生活環境への悪
影響は地域住民の指導者を介して，工場や行政へのクレーム申し立て行動へと導く．
それらの指導者は江戸時代以来の地域の有力者や，産業組合の代表者，地域組織の
代表者，さらには地元選出の市議会議員といったように推移する（表5-1）．新聞記
事に登場する氏名や肩書を関係資料[6]と照合することによって，公害反対運動の指
導者の分布が明らかになった（図5-1）．

　香川（2001）は高度経済成長期の倉敷市における公害反対運動を分析対象として
いる．主に地方新聞と議会会議録[7]を利用して公害反対運動の展開を明らかにしよ
うとした．議会は各年度に定例会が4回で，臨時会が数回程度で開催される．会議

5）『横浜貿易新報』は主に横浜開港資料館で閲覧した．後継の『神奈川新聞』は横浜市立
中央図書館でマイクロフィルムを閲覧できる．
6）関連資料収集先として，神奈川県立図書館，神奈川県立川崎図書館，神奈川県立公文書
館，川崎市市民ミュージアム，川崎市立労働会館労働資料室を利用した．
7）倉敷市議会会議録は倉敷市立中央図書館で閲覧した．他に関連資料を収集するために，
岡山県庁と倉敷市役所の資料室，岡山市立中央図書館も利用した．

録をすべて読むのは膨大な量になるため，まずは先行研究や関連書籍，地方新聞の記事から公害問題の主要な出来事を把握した上で，時期を限定しつつ，議会資料の質問概要リストなども参照しながら，分析対象となりうる発言記録を絞り込んだ．

公害問題に関連する発言をした議員について，属性と発言回数，発言内容を集計することによって，地方議会の政党化と呼ばれる現象を反映して，革新政党の議員による発言が目立つことと，保守と革新を問わず，工場地帯に近い居住地の議員が数多く発言していたことがわかった．公害反対運動として代表的な地名で一元的にまとめられるわけではなく，工場周辺地域による居住者特性や主要産業のような地域的特徴によって，ミクロな地域の利害関心が反映されていることを分析できた．

文献②は高度経済成長期の和歌山市における公害反対運動を分析対象とした．臨海工業地帯としてさまざまな種類の工場が立地している倉敷市水島地区に対して，和歌山市河西地区には，大工場としては巨大製鉄所が立地しているのみで，公害反

表 5-2 和歌山市議会における公害問題に関する議員別発言回数
出典：文献②より表記を一部記号化して修正

発言者	会派（発言時点）	住所	地区	当選年（19-）	発言回数
A	革新クラブ	松江北	松江	59 63 67 71 75 79 83 87	3
B	共産党県議団	中	貴志	59 63 67 71 75	13
C	新和クラブ	北仲関町	雄湊	59 63 67	3
D	交友クラブ	岡町	大新	63	2
E	社会党議員団	八番丁	城北	59 63	1
F	公明党	和歌浦	和歌浦	63	1
G	保守同志会	元町奉行町	広瀬	63 67 71	4
H	公明党	北出島	宮	63 67 71 75	1
I	大和クラブ	野崎	野崎	67 71	2
J	社会党議員団	西浜	雑賀	63 67 71 75 79 83 87	9
K	無所属	東長町	雄湊	67 71 75	1
L	交政クラブ	鳴神	宮	67 71 75 79 83 87	2
M	公明党	納定	宮北	67 71 75 79	1
N	社会党議員団	次郎丸	貴志	70 補 75 79 83 87	1
O	公明党	宇須	高松	67	1
P	公明党議員団	東高松	高松	67 71 75	3
Q	社会党議員団	神前	岡崎	71 75 79	2
R	日本共産党議員団	弘西	紀伊	71	2
S	市民クラブ	西浜	雑賀	71 75 79 83 87	1
T	新政クラブ	広原	安原	71 75 79 83 繰上げ	2
U	日本共産党議員団	鳴神	宮	67 71 75 79 83 87	2
V	公明党議員団	男野芝	雄湊	71 75 79 83	1
W	公明党議員団	西ノ店	城北	67 71 75 79	1

注：各年和歌山県市議会会議録，および和歌山市議会発行『和歌山市議会史 第四巻』1992, pp.531–576
により作成．発言者の順番は発言の初出時期による．

対運動の対象も明確であるため，異なる分析結果が示せるかもしれないと考えたためである．調査方法はほぼ同様で地方新聞と議会会議録[8]から公害反対運動の展開を明らかにしようとした．

公害問題に関連する発言をした議員の傾向として，革新政党に所属しているという特徴と工場周辺の臨海部を居住地としている場合が多いということが明らかになった（表5-2）．工場からの環境汚染をめぐって被害者の分布傾向と重なるということは公害問題発生における「場所の政治」が作用していると理解できる．議会における発言に加えて，地域住民による公害反対運動が工場に隣接する漁港や砂浜を工業用の埋立計画から守り，現在においても入浜権を確保できているということからも確認できる．

文献③は文献①で調査対象とした川崎市における公害反対運動について，高度経済成長期以降の展開を追跡したものである．ここで新たな資料として裁判記録を利用した[9]．地方新聞や議会議事録も膨大な文書量であるが，裁判記録も関連資料が非

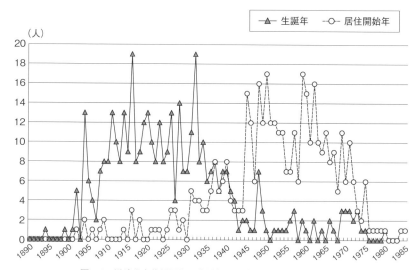

図 5-2　川崎公害裁判原告の生誕年と川崎市における居住開始年
（神奈川県立川崎図書館所蔵の川崎公害裁判記録をもとに作成）
出典：文献③

---

8) 和歌山市議会会議録は和歌山市民図書館で閲覧した．他に関連資料を収集するために，和歌山県立図書館も利用した．

常に多く収録されており，必要な資料を絞りこむためには，かなりの時間を要した．

　図 5-2 は川崎公害裁判記録の原告のデータから生誕年と（川崎における）居住開始年をグラフ化したものである．高度経済成長期における川崎の公害は工場地帯からの大気汚染が中心であったため，呼吸器系の健康被害が公害病患者の症状となる．ただし公害病患者のすべてが裁判の原告となるわけではない．大気汚染は行政領域にかかわらず風向きなどによって広がっていくが，公害病患者は制度によって指定されている自治体に住んでいないと認定されない．こうした条件を踏まえつつ傾向を読み取ると，公害裁判の原告には川崎以外の場所で生まれて高度経済成長期に川崎へ移住してきた人が多いということを理解できる．なお，裁判記録に限らず個人情報の保護には厳重な配慮が必要であるため，個人あるいは所属組織を特定されないための加工を施さなければならないことも追記しておく．

3）関係者へのヒアリング調査

（1）公害問題発生地の住民と漁業者

　文書資料の分析を主軸として，ヒアリング調査は資料を理解するための補足材料として用いた．例えば公害反対運動組織の関係者や地域史の研究者，さらには調査協力者から紹介していただいた，公害問題についての話を聞かせてもらえる地域住民である．地域調査の観点からすれば，対象人数の物足りなさはぬぐえないかもしれないが，情報が限られており，記録にも残っていないような話を当事者に聞かせてもらえたのは貴重な経験になった．論文化だけが調査ではないとも思えた．

　文献③では，環境保全の担い手は誰なのかという問題意識から，長期間の歴史において生業の場としての沿岸域環境を守ってきた漁業者へのヒアリング調査を実施した．これまで研究対象地域としてきた場所は，海や湖というように水域に面しており，こうした沿岸域においては漁業が存立し，もしも水質汚濁という被害が発生すれば途端に生業の危機に直面してしまう．こうした危機意識からもっとも環境に対して配慮を求められる地域住民ではないかと考えたからだ．

　川崎では 1970 年代に工業地帯を沖合に埋め立てて移設することになり，漁業権を全面的に放棄することになった．しかし身近な地域に関する環境学習などにおいて，漁業の経験は学習教材となっており，話者として元漁業者が登場することもあ

9）川崎公害裁判記録は神奈川県立川崎図書館で閲覧した．川崎公害裁判の原告団体に加えて，東京や大阪の公害裁判支援組織にもヒアリング調査を実施した．

る．結果的に工業化や都市化さらには環境汚染によって漁業が衰退したとしても，場所に刻まれた歴史を明らかにするためには，貴重な証言者となっていた[10]．

　琵琶湖沿岸の漁港では漁業従事者の減少と高齢化という問題を抱えているとはいえ，現役の漁業者が数多く存在する．琵琶湖の富栄養化問題，集水域の工業化／都市化，就業環境の変化などの課題を抱えつつ，有史以来の漁業が継続されている．数名の漁業者へのヒアリングの結果（香川 2017）として印象に残ったのは，琵琶湖の汚染というよりも魚種や漁獲量といった漁業資源の変化が生業の維持には大きく影響している[11]．漁港の近隣が都市化したからといって，すぐに漁業が衰退するわけではない[12]．

　香川（2017）では，ラムサール条約登録湿地としての比較から，韓国の（元）漁業者へのヒアリング調査にも参加した[13]．環境保全が求められる地域の漁業者も生業環境としての漁場を確保しておきたいという思い入れは理解することができ，その意識が環境保全にもつながっていると思われる．

(2) 環境運動への参加者

公害反対運動への支援組織や公害問題発生地の環境運動組織へのヒアリング調査から貴重な情報を得ることができた[14]．

　日本で高度経済成長期に注目された公害問題は全国的に展開し，各地における裁判闘争もあって全国的な協力組織の結成につながった．それぞれの地域における公害反対運動組織は問題がほぼ解決してからも，環境保全やまちづくりの取り組みとして継続し，行政組織とともに地域の環境活動へと結びついている．今でいえば

---

10) 現在の川崎市臨海部において漁業のイメージはないかもしれないが，記念碑としての石造物や文化財として保存されている漁具から漁業の歴史を確認することができる．

11) 琵琶湖の漁業関係の統計を振り返ってみると，琵琶湖の汚染が注目された 1970 年代から 1980 年代よりも，1990 年代以降に漁獲量が減少していることがわかる．その要因として主要商品であったアユの漁獲量の減少や水産物の物流の変化が指摘されている．

12) 漁港だけでなく旅客船に用いられる観光港や小規模な漁船が使う舟溜まりもあるので，琵琶湖沿岸のほぼ全域に，レジャー客を含め琵琶湖へアクセスする人々がいる．

13) 開発をめぐる問題発生地の調査だったため，必ずしも漁業が盛んな場所というわけではない．

14) 水俣病をはじめとして公害問題では裁判が終結していない事例もある．そこでは賠償問題をめぐって政治的な争点が繰り返されることも想定できる．東日本大震災に伴う原発事故の影響による被災者にも同様の展開が予想されることは関連研究でも指摘されている．

NGO や NPO の活動としても見なされることになるであろう．こうした動きは地球環境問題への注目とともに国際化や多国間協力へと発展していくこともある．

　ヒアリング調査の結果を客観データとして数値的にまとめるのは難しいところだが，現地調査から得られる情報はオリジナルデータとして，地理学的な研究において欠かせないと考えている．

4　環境運動による環境行政の進展と環境史的アプローチへの展望

　環境問題や環境運動を対象とする政治地理学は，既存研究に加え環境地政学としての批判地政学的なアプローチを特徴とするようになってきており，言説分析を重視するという観点からは政治学（ドライゼク 2007）や社会学（ハニガン 2007）といった隣接分野におけるアプローチ方法とも問題意識を共有している．京都議定書だけでなくパリ協定や SDGs など，地球政治の政策形成過程には政治地理学的なアプローチからも挑戦する意義はあると思われるので，隣接分野との研究交流を含め，研究の活性化を期待したい．

　最近の環境運動の特徴として，対抗的な政治を目指すだけでなく環境行政とも調整しつつガバナンス的な役割を意識していこうとする動きがある．運動と行政の垣根があいまいになり，保守か革新かが環境政策への態度に左右されないということも起き始めている．政治地理学が政治現象を扱う場合も政治的な価値判断を問われなくてもよいということになるかもしれない．

　最後に地理学に限らず話題となっている環境史的アプローチについても言及しておきたい．「人新世」という言葉が頻繁に用いられるようになった．地理学者も論述の対象とする機会が増えているようである．実証的な調査は難しいテーマかもしれないが，直接的に関係してくるのは環境史的なアプローチであろう．

　今後の環境問題を扱う政治地理学は環境運動という限られた調査テーマではなく，環境地政学，環境ガバナンス，環境史が混ざり合う形で実証研究がすすめられていくであろうことを予想できる．将来における新たな研究の生産に期待したい．

【文　献】

淺野敏久 1990. 霞ヶ浦をめぐる住民運動に関する考察―都市化と環境保全運動. 地理学評論 63A(4): 237-254. https://doi.org/10.4157/grj1984a.63.4_237

淺野敏久 1997. 環境保全運動の展開過程における地域性―中海・宍道湖の開拓・淡水化反対運動を事例として. 地理科学 52(1): 1-22. https://doi.org/10.20630/chirikagaku.52.1_1

小野耕二 2001.『比較政治』東京大学出版会.

香川雄一 2001. 高度経済成長期の水島における工業都市化とロカリティの変容. 地学雑誌 110(3): 314-338. https://doi.org/10.5026/jgeography.110.3_314

香川雄一 2004. 社会運動論の系譜と地理学におけるその展開. 地理科学 59(1): 26-46. https://doi.org/10.20630/chirikagaku.59.1_26

香川雄一 2008. 地域における環境づくりのにない手. 地理 53(8): 26-35.

香川雄一 2017. 漁業者の視点からみた持続可能な環境利用―日韓の事例を通して. 地理科学 72(3): 141-151. https://doi.org/10.20630/chirikagaku.72.3_141

梶田孝道 1988.『テクノクラシーと社会運動―対抗的相補性の社会学』東京大学出版会.

片桐新自 1995.『社会運動の中範囲理論―資源動員論からの展開』東京大学出版会.

ドライゼク, J. S. 著, 丸山正次訳 2007.『地球の政治学―環境をめぐる諸言説』風行社.

ハニガン, J. A. 著, 松野弘監訳 2007.『環境社会学―社会構築主義的観点から』ミネルヴァ書房.

松原治郎・似田貝香門編著 1976.『住民運動の論理―運動の展開過程・課題と展望』学陽書房.

森脇俊雅 2000.『社会科学の理論とモデル6―集団・組織』東京大学出版会.

Cooke, P. ed. 1989. *Localities: The changing face of urban Britain*. London: Unwin Hyman.

Gregory, D, Martin, R. and Smith, G eds. 1994. *Human geography: Society, space, and social science*. London: Macmillan.

Miller, B. A. 2000. *Geography and social movements: Comparing antinuclear activism in the Boston area*. Minneapolis: University of Minnesota Press.

第Ⅱ部

「政治」の地理的諸相を描く

第6章

コミュニティ
ガバナンス論とボランタリー組織

前田 洋介

1 現代のコミュニティを捉える

　本章では，NPO（non-profit organization，非営利組織）やボランティア団体といったボランタリー（自発的）組織の台頭に着目し，コミュニティによる公共的な問題への取り組みを捉える方法を解説する．コミュニティは定義の難しい言葉として知られているが，地理学では空間や領域と関わる用語として用いられることが多い．たとえば *Dictionary of Human Geography* の第2版では，コミュニティは，「対面で交流する諸集団の空間的に区切られたまとまり」（Johnston et al. eds. 1986: 61）と，また同第4版では「交流する人たちの社会的ネットワークのことで，通常は明確な領域内に集中する」（Johnston et al. eds. 2000: 101）と説明されている．コミュニティの空間的拡がりは，ヴァーチャル・コミュニティのように実空間上で捉えにくいものもあるが，比較的狭い範囲がイメージされることが多い．本章でも地域コミュニティとも呼ばれるような，空間的に狭い範囲の集団や社会的ネットワークとしてのコミュニティに焦点をあてる．

　コミュニティは祭礼や芸能など文化の継承や共有地の管理，防災やまちづくりといった公共的問題への対応などさまざまな役割を担ってきた．なかでも本章が着目するのは，公共的問題への取り組みである．コミュニティは近年，安心・安全，地域福祉，まちづくりをはじめ，さまざまな政策領域において役割を果たすことが期待されている．日本ではコミュニティはこれまで町内会など地縁組織が中心に支えてきたが，NPOやボランティア団体といった新たな担い手も台頭してきている．また，公共サービスの供給をはじめ，公共的な問題はこれまで政府が主要な役割を担ってきたが，行財政改革が進展するなか，その役割に変化がみられる．こうした

【キーワード】災害ボランティア

災害時に被災者の支援や復興に携わるボランティアのことである．特に全国から多くのボランティアが集まった1995年の阪神・淡路大震災を契機に，災害ボランティアの意義が認識されるようになった．今日では大きな災害時には，被災者とボランティアとの調整を行う災害ボランティアセンターが設置されるようになっている．また，全国各地で災害ボランティアや同センターでのコーディネーター役の養成が行われている．

状況のもと，コミュニティによる公共的な問題への取り組み方も変化しつつある．

　本章では，防災分野を例に，ボランタリー組織の台頭に着目して，コミュニティによる公共的問題に対する新しい取り組み方を捉える方法を解説する．本章で取り上げるのは，名古屋市の災害ボランティア団体を分析した以下の二つの拙稿である．

文献①：前田洋介 2012. ボランタリー組織を主体としたローカル・ガバナンスの形成とその特徴―名古屋市の地域防災を事例に. 人文地理 64 (4)：319–335. https://doi.org/10.4200/jjhg.64.4_319

文献②：前田洋介 2017. ボランタリー組織の台頭と「地域」の多層化―名古屋市緑区の災害ボランティア団体を事例に. 地理学評論 90(1)：1–24.

2 研究の目的と視座

1）ガバナンス論

　文献①と②は，ボランタリー組織の台頭に伴う公共的な問題への取り組み方の変化を検討したものである．文献①ではローカル・レベルにおけるボランタリー組織を中心とした多主体連携の枠組みの形成過程と特徴を検討しており，文献②はボランタリー組織によるコミュニティにおける取り組みの特徴を分析している．両研究に通底するのが，1990年代頃から人文社会諸科学で議論されはじめたガバナンス論である．

　公をめぐる問題に関してガバナンスという用語が使われるようになって久しい．この用語の普及の背景には，福祉国家の危機に端を発する行財政改革の展開が挙げられる．第2次世界大戦後，日本を含めた多くの先進資本主義諸国は，高度経済成長とともに「大きな政府」の道を歩んだ．しかし，低成長時代に入り，財政悪化が顕在化し始めると，各国政府はいわゆる新自由主義的行財政改革を推し進めた．その結果，たとえば公共施設管理の民間委託[1]の例にみられるように，政府が担う公共的な問題に多様な主体が関わるケースが目立つようになった．ガバナンスは，このような多様な主体が連携しながら公共的な問題に取り組む状況を捉えるために登

場した用語である．また，政府を中心とした従来の担い方をガバメント型と捉えた上で，その変化を「ガバメントからガバナンスへ」と表現することもある．

　なかでもローカル・レベルのガバナンスはローカル・ガバナンスと呼称される．ローカル・ガバナンスといってもコミュニティからグローバルまでさまざまなレベルで活動する主体が関わるため，「ローカル」が意味するものは言葉以上に複雑である（Goodwin and Painter 1996: 636）．また，行財政改革の一環で地方分権が推進される一方で，EU のような超国家機関や NGO（non-governmental organization）が台頭し，かつての中央政府を頂点とした垂直的かつ階層的な統治システムが揺らぎをみせていることも，ローカル・ガバナンスを複雑化させている．ローカル・レベルにおける公共的な問題の新しい担い方をめぐっては，人文社会諸科学においてさまざまな角度から検討が進められており，文献①と②もこのなかに位置づけられる．

　両文献とも名古屋市における防災分野の NPO やボランティア団体に着目している．文献①ではボランタリー組織が中心となって構築した，防災分野のローカル・ガバナンスを分析した．名古屋市では，阪神・淡路大震災（1995 年）や東海豪雨（2000 年）を契機に，防災分野の NPO やボランティア団体が設立されていった．これらの団体は，災害時に災害ボランティアセンターの運営を担う主体となっていった．災害時にスムーズに活動するためには，関係者が日頃から顔のみえる関係を築く必要性があることが，運営に関わる主体の間で共有されるようになるなか，2006 年 7 月に，名古屋市においてボランタリー組織や名古屋市などの公共団体を中心とした，防災分野における連携の枠組み（図 6-1）が形成された．

　この枠組みは，定期的な会議や学習を行う会議体であるとともに，名古屋市内外でさまざまな活動を実施する主体でもあり，公共的問題の多主体連携による新たな担い方といえる．文献①は，このガバナンス型の新しい担い方について，主体間の関係性や地理的特徴を分析している．特に主体間の関係については，3）項で触れる．地理学におけるボランタリー組織研究の成果を踏まえ，NPO やボランティア団体の主体性に着目した．

　この枠組みに関わるボランティア団体の多くは，コミュニティ・レベルでも活動を展開している．文献②は，日本のコミュニティの特徴を踏まえた上でガバナンス論を援用して，ボランティア団体のコミュニティでの活動について分析している．

---

1) 民間委託に関する地理学の研究として，指定管理者制度導入の地域差を検討した佐藤（2013）がある．

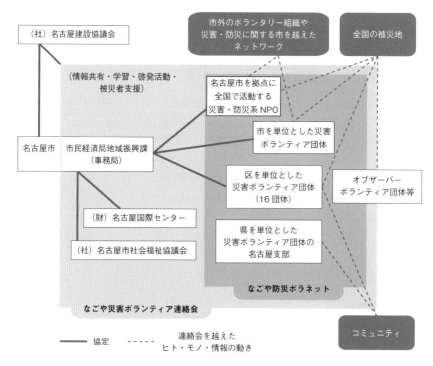

図 6-1　名古屋市における防災に関するガバナンスの枠組み
出典：文献①をもとに筆者作成

2)　コミュニティとガバナンス

　日本のコミュニティは，町内会に代表される地縁組織が中心的な位置を占めてい
た．社会学者の鳥越（1994: 9-10）は町内会の特徴として，世帯単位性，全世帯加入
性，地域占拠性，包括的機能，行政の末端機構の5点を挙げている．なかでもここ
で着目したいのは行政の末端機構の役割である．近代化の過程でローカル・レベル
の公共的な問題は行政とコミュニティとの間で役割が分担[2]されながらも，両者は
連携して問題に対処してきた．その際，町内会を中心とした日本のコミュニティは
行政の末端機構として機能し，国‐都道府県‐市区町村といった垂直的で階層的な

---

2)　役割のなかには両者の間で行き来するものもあり，鳥越（1994）はこれを「フリコの関
　　係」と名づけている．

統治構造に組み込まれていたといえる.

　しかし，町内会を中心としたコミュニティにさまざまな変化がみられるように
なっている．その一つに個人化の進展が挙げられる．従来，日本のコミュニティ
は町内会などの地縁組織により構成され，地縁組織は世帯を単位に構成されてい
た．また，個人は世帯に属するものとされ，コミュニティに個人で関わることは難
しかった（武川 2007）．しかし，個人が徐々に自立していくなか，ボランティア団
体での活動など，世帯や地縁組織に属さなくてもコミュニティに関われる機会が増
えてきている．結果的に，地縁組織以外の個人や集団もコミュニティを構成するよ
うになってきている．このことはコミュニティにおける「ガバメントからガバナン
スへ」の動きと捉えることもできる（武川 2007）．すなわちコミュニティにおける
公共的な問題は，従来は町内会が行政の末端機構として機能しながら担っていた
が，多様な主体で担うかたちに変化してきているのである．その際，2）項で触れた，
ローカル・ガバナンス同様に，コミュニティにはさまざまなレベルで活動する主体
が関わるようになるため，「コミュニティ」が意味するものも地理的に複雑化する.

　文献②はコミュニティにおける「ガバメントからガバナンスへ」の変化の一端と
して，名古屋市の防災をめぐるコミュニティの担い手の多様化と新しい担い方の特
徴を検討した．従来，コミュニティ・レベルでは，町内会や消防団などの地縁組織
が防災活動を担ってきたが，名古屋市緑区ではそれと並行してボランティア団体が
区内外の諸主体と連携しながら新たな取り組みを展開している.

3）シャドー・ステート

　文献①での主体間の関係性については，地理学におけるボランタリー組織研究で
提示されたシャドー・ステート概念を念頭に分析を進めた．地理学のボランタリー
組織研究は，アメリカ合衆国において 1970 年代後半に本格化した[3]．初期の研究
では組織分布の地理的不均等の問題をはじめ，ボランタリー組織が公共サービスを
担うことで生じる空間的問題に焦点が当てられていたが，次第にボランタリー組織
と政府との関係性が問題化されるようになった．なかでも地理学者のウォルチが提

3）日本では 2000 年代後半以降，地理学においてボランタリー組織研究がみられるように
　なっている．代表的な研究に，NPO や NGO の立地を定量的・定性的に分析した埴淵
　（2011）や東日本大震災の復興におけるサードセクターの展開や機能を分析した菅野
　（2020）がある．また，地理学におけるボランタリー組織研究を整理したものに前田
　（2011）がある.

唱したシャドー・ステート概念は，後の研究に大きな影響を与えた．Wolch（1990: 4）は，ボランタリー組織が政府からの補助金や委託によって公共サービスを担うことにより，政府の統制下の擬似的な政府機構 para-state apparatus となることを，シャドー・ステートと名づけて問題化した．特にボランタリー組織が政府の統制下に置かれることで，多様性や自立性を喪失することが危惧された．

　その後の地理学のボランタリー組織研究では，特定の場所における政府との関係性が主要な検討課題の一つとなっている．文献①でも，公共的な問題に対するガバナンス型の新しい担い方を分析する際には，名古屋市と連携するなかで，NPO やボランティア団体が主体性を発揮できているか否かに留意した．

3　公共的問題の新しい担い方を捉える

1）ボランタリー組織の情報

　多様な主体からなるガバナンスを捉える上で課題となるのが，各主体についてのデータ収集方法である．特にボランタリー組織は，地方自治体等の公共機関と異なり，公開されている情報は限られている．ここではボランタリー組織を中心に，構成主体のデータの収集方法を説明する．

（1）資料収集

　多様な主体による公共的問題への新しい担い方を捉えるには，どこでどのような主体がどのような取り組みをしているのかを最初に把握する必要がある．文献①と②は，防災分野のボランタリー組織の動向を把握することから開始した．ボランタリー組織には NPO 法人（特定非営利活動法人）のように法人格を有するものから，少数のボランティアによる任意の団体までさまざまなものがある．NPO 法人については，内閣府の「NPO ホームページ」[4] に情報が集約されており，団体の検索や，定款や活動報告書の閲覧ができる．任意の NPO やボランティア団体については，市民活動やボランティア活動のサポートを行っている市民活動センターのような施設[5] や，社会福祉協議会に情報が集約されていることが多い．情報の一部が Web

---

4）https://www.npo-homepage.go.jp/（最終閲覧日：2021 年 4 月 11 日）
5）施設の名称はさまざまであり，よく用いられるものとして，たとえば，「市民協働センター」，「市民活動支援センター」，「市民活動推進センター」を挙げることができる．

上で公開されているケースもあるが，訪問すると団体のチラシやニュースレターを閲覧できることもあり，より多くの情報を収集できる．文献①と②でも基礎調査を名古屋市市民活動推進センターや名古屋市緑区社会福祉協議会で行った．

　調査が進むにつれ各主体が所有する資料を収集する必要も出てくる．文献①では名古屋市の防災分野における多主体連携の枠組みを分析しているが，この種の枠組みは全体像がつかみにくいことが多い．そのため，最初に各主体へのインタビュー調査を通じて全体像をつかんでいった．その上で，構成団体間で締結しているさまざまな協定をはじめ，重要な事実関係を，各主体が所有する資料を収集して確認した．

(2) 質的調査

　文献①と②で分析した公共的な問題の新たな担い方は，理論的には2節の1）項と2）項で触れたガバナンスやコミュニティの議論で示されていたが，特定の地域を対象とした実証研究は僅少であった．分析方法も確立されておらず，調査を探索的に進める必要があったため，インタビュー調査や参与観察といった質的調査をデータ収集の中心に据えた．

　インタビュー調査は，文献①については図6-1に示した，「なごや災害ボランティア連絡会」の構成主体の関係者約20名に，また，文献②については名古屋市緑区に拠点をおく災害ボランティア団体のメンバー（17名）に加え，同団体の活動に関係する公共機関やボランタリー組織の関係者，民生・児童委員など合計約30名に対して行った．インタビューは概ね組織や出来事の事実関係，ボランティアや地縁組織に関わるようになった動機や契機，そして活動に対する意見や考えについての質問で構成した．同じ調査対象者に複数回インタビューを実施することもあった．調査時はあらかじめ準備した質問票を用い，事実関係の質問以外は，質問に対して自由に回答してもらう半構造化インタビューを採用した．調査対象の範囲も明確ではなかったため，調査前半は雪だるま法で調査対象を広げていった．全体像が見えてきてからは，上述の連絡会やボランティア団体に焦点を

【キーワード】半構造化インタビュー

質的データの収集方法の一つにインタビュー調査がある．インタビュー調査の方法は，質問や回答方法がどの程度決められているか（構造化の程度）によって，構造化，半構造化，そして非構造化インタビューに大別される．構造化インタビューは，質問票をもとにした一問一答の形式なのに対し，非構造化インタビューはあるトピックについて日常会話のように自由に話をしてもらう形式で進められ，質問や回答方法も状況に委ねられる．半構造化インタビューはその間に位置し，あらかじめ準備した大まかな質問に対して自由に回答してもらう形式で，インタビュー対象者の回答を会話の文脈のなかで理解することができる．質問の内容や順番も会話の流れのなかで変わっていく．

【キーワード】メタ・ガバナンス

ガバナンスのルールや仕組みのことで、「ガバナンスのガバナンス」ともいわれる. 公共的な問題が多様な主体からなるガバナンスによって担われるようになると、ガバナンス自体の設計や管理に対しても注目が寄せられるようになった. 代表的な研究に、政府や市場と並んでガバナンスにも失敗の可能性があることと、それを回避するための方策としてメタ・ガバナンスを論じた Jessop（1998）がある.

あてて調査を進めた. 調査は、新たなインタビュー対象者から得られた回答の多くが、それまでの調査結果とおおよそ類似した状態（理論的飽和の状態）になるまで続けた.

インタビュー調査と並行して参与観察も繰り返し実施した. 具体的には、「なごや災害ボランティア連絡会」の毎月の会議や各団体の活動とともに、会議や活動後の懇親会に約3年間にわたって可能な限り参加した. ガバナンスを構成する主体間の関係やコミュニティの担い手の変化を捉える上で、会議や活動がどのような人間関係のもとで、どのように動いているのかを実際に確認できる機会は、分析の精度を高めることに寄与した. また、上述のインタビュー調査の結果の確認や新たな調査のアポイントメントをとる機会にもなった.

2) ガバナンスの分析

文献①ではガバナンスについて、特にその成立過程に着目して、主体間の関係や地理的特徴を分析した. 成立過程の解明は、多主体連携の枠組みにおける主体間の力関係の理解にもつながり、重要な点であった. 文中では言及していないが、成立過程については、ガバナンスのルールや仕組みといったメタ・ガバナンスに着目し、特に NPO やボランティア団体の組織化やネットワーク化の過程を丁寧に分析した. 表6-1は時系列に沿って、ガバナンスをめぐる出来事を、災害、行政、ボランタリー組織、そしてメタ・ガバナンスに関するものに分類して整理したものである. ボランタリー組織は活動場所や区域が定まっていないことが多いため、どのレベルの出来事なのかも示した.

ガバナンスの成立過程で特に大きな出来事が、市を単位とした災害ボランティア団体である「災害ボランティアコーディネーターなごや」の設立と、後述の「なごや災害ボランティア連絡会」の設置であった. これらの点については、インタビュー対象者の発話を示しながら丁寧に論証した. 前者については、名古屋市が NPO に委託して実施している、「災害ボランティアコーディネーター養成講座」において、受講者間の交流が進み、ボランティアの組織化が目指されたことがわかった[6]. ここで養成されていたのは災害時のボランティア活動のコーディネーター役であった. そのため、災害時にスムーズに活動するには日頃から関係者が顔の見える関係を築

表 6-1　名古屋市の災害ボランティアに関する主な出来事

出典：文献①をもとに筆者作成

○は主な災害，☆は NPO やボランティア団体に関する出来事，△は行政関係の出来事，

□はメタ・ガバナンスに関する出来事をそれぞれ示す．

年	月	出来事	出来事の レベル
1995	1	○　阪神・淡路大震災	
	7	☆　「震災から学ぶボランティアネットの会」設立	（県）
1996		△　愛知県「防災ボランティアコーディネーター養成講座」開始	（県）
1997	11	☆　「震災がつなぐ全国ネットワーク」設立	（全国）
2000	9	○　東海豪雨	
2002	3	☆　「NPO 法人レスキューストックヤード」設立	（全国）
	4	△　名古屋市が地震防災対策強化地域に指定される	（市）
		△　**名古屋市「災害ボランティアコーディネーター養成講座」開始**	（市）
		（NPO 法人レスキューストックヤードが名古屋市より委託）	
	10	☆　「災害ボランティアコーディネーターなごや」設立	（市）
		△　愛知県「あいち防災カレッジ」開始（～ 2008 年まで）	（県）
2003	8	☆　「防災ボラネット守山」（守山区）設立	（区）
	11	☆　「名古屋みなと災害ボランティアネットワーク」（港区）設立	（区）
		☆　「あいち防災リーダー会」設立	（県）
2004	4	☆　「名古屋みどり災害ボランティアネットワーク」（緑区）設立	（区）
	6	☆　「名古屋きた災害ボランティアネットワーク」（北区）設立	（区）
	8	☆　「天白ディプリ」（天白区）設立	（区）
2005	3	☆　「名東区災害ボランティアの会」（名東区）設立	（区）
	5	☆　「名古屋ひがし防災ボランティアネットワーク」（東区）設立	（区）
	6	□　「災害時における一般ボランティアの受入活動に関する協定書」締結	（市）
		（名古屋市，NPO 法人レスキューストックヤード，	
		災害ボランティアコーディネーターなごや，各区災害ボランティア団体［7 団 　　体］）	
2006	2	☆　「名古屋みなみ災害ボランティアネットワーク」（南区）設立	（区）
	7	□　「なごや災害ボランティア連絡会」設置	（市）
	12	☆　「名古屋なかがわ災害ボランティアネットワーク」（中川区）設立	（区）
2007	6	□　「災害ボランティア活動用資機材の管理に関する協定」を締結	（市）
		（名古屋市，社団法人名古屋建設業協会，なごや災害ボランティア連絡会）	
	8	☆　「名古屋みずほ災害ボランティアネットワーク」（瑞穂区）設立	（区）
		☆　「なごやにし防災ボランティアの会」（西区）設立	（区）
	11	☆　「なごや防災ボランティアネットワーク昭和」（昭和区）設立	（区）
2008	8	○　平成 20 年 8 月末豪雨	
	9	（名古屋市災害ボランティアセンター設置）	（市）
2009	3	☆　「なごや中村災害ボランティアネットワーク」（中村区）設立	（区）
	4	□　**「なごや防災ボラネット」設置**	（市）
	7	☆　「なごや防災ボランティアネットワークなか」（中区）設立	（区）
	9	☆　「あつた災害ボランティアネットワーク」（熱田区）設立	（区）
	12	☆　「災害ボランティアちくさネットワーク」（千種区）設立	（区）
2010	3	□　全 16 区の災害ボランティア団体と名古屋市が「災害時における 　　一般ボランティアの受入活動に関する協定書」を締結	（市）
2011	3	○　東日本大震災	
	4	（東日本大震災被災者支援ボランティアセンターなごや設置）	（市）

いておく必要があることが認識されていた．そのなかで後者の多主体からなる連絡会が設置された．設立に際しては，連絡会を「単なる「連絡調整会議」にとどまらず，様々な活動を行う「事業体」」[7] とすることが確認された．その結果，このガバナンスは名古屋市内外でさまざまな活動を展開する多主体連携の枠組みとなった．活動を行う上で行政機関が構成主体に入っていると行政からの補助金が得にくいため，その後，ボランティア団体を中心とした「なごや防災ボラネット」という枠組みも構築され，連絡会と一体となって動いている．

　続いて名古屋市とボランタリー組織との関係をみてみる．この点の分析の際には，特定の主体の考えに依拠しないように努めた．名古屋市から事業の委託を受けるNPOがあるなど，多主体連携の枠組み構築に際しては市が優位な立場に立つ可能性も予想された．しかし，災害ボランティア活動に関わる知識や情報は被災地での活動を経験しているボランタリー組織側に豊富に蓄積されており，メタ・ガバナンスや多主体連携の枠組みの構築もボランタリー組織が主体的に牽引していた．また，表6-2は，ガバナンス（「なごや防災ボラネット」）単位での活動内容と場所を示したものであるが，知識や情報は，ボランタリー組織が全国にネットワークを形成しながら，行政区域にとらわれることなく活動することで更新されている．このように知識や情報の点ではボランタリー組織が優位な状況にあり，名古屋市とボランタリー組織との関係は対等であると特徴づけられた．

3) コミュニティの分析

　上述したガバナンスを構成するボランタリー組織の多くは，コミュニティでも活動を展開している．文献②では名古屋市緑区で活動する災害ボランティア団体に着目してこの動きを分析した[8]．コミュニティではこれまで，町内会や消防団などの地縁組織が防災活動を担ってきた．他方で，上述の名古屋市の災害ボランティアコーディネーター養成講座の受講生が中心となって，2004年に緑区に災害ボランティア団体（以下，団体A）を設立し，コミュニティの新しい担い手として防災啓

---

6) 行政等が主催する講座は，しばしばボランタリー組織の形成のきっかけとなる（前田 2008）．
7)「なごや災害ボランティア連絡会（仮称）設立準備会」（2006年2月23日）議事録より．
8) 文献②ではコミュニティではなく，その替わりに，日常生活においてより一般に利用される，コミュニティと同様に地域社会といった意味を表す「地域」という言葉を使用した．

表 6-2　なごや防災ボラネットの主な活動（2009 年度）
出典：文献①

ID	月	主な活動	活動場所
No.1	4	資器材を管理する倉庫の整理	名古屋市
No.2	6	「三重広域連携会議」［参加者 9 名］ （三重県の災害・防災関連のボランタリー組織との協議）	三重県津市
No.3	7	養成講座の補助（第 11 期）	名古屋市
No.4	7	岐阜県坂祝町の災害ボランティア団体との交流・学習会	岐阜県坂祝町
No.5	7	山口県「防府市・佐波川災害ボランティアセンター」への資器材搬出［約 20 名］	名古屋市
No.6	8	災害ボランティアコーディネーター研修	名古屋市
No.7	8	長野県下諏訪町の災害ボランティア団体との交流・学習会［16 名］	長野県下諏訪町
No.8	8	兵庫県佐用町と岡山県美作市の災害ボランティアセンターへの資器材搬出［約 30 名］	名古屋市
No.9	8	兵庫県佐用町での被災者支援活動	兵庫県佐用町
No.10	9	県レベルの防災イベントでの防災啓発	愛知県岡崎市
No.11	10	県レベルの国際交流イベントでの防災啓発	名古屋市
No.12	11	「三遠南信災害ボランティア交流学習会」 （東海地域の災害ボランティア団体の交流・学習会）	愛知県豊川市
No.13	11	兵庫県佐用町での被災者支援活動の報告会	名古屋市
No.14	11	市レベルの市民向け一般イベントでの防災啓発（名古屋青年会議所主催）	名古屋市
No.15	12	災害ボランティアセンター図上訓練　（災害時のボランティア活動の学習会）	名古屋市
No.16	1	県レベルの防災イベントでの防災啓発［14 名］	名古屋市
No.17	2	養成講座の補助（第 12 期）	名古屋市
No.18	2	県レベルの福祉イベントでの防災啓発［29 名］	名古屋市
No.19	2	「静岡県内外の災害ボランティアの救援活動のための図上訓練」 （静岡県内外の災害・防災関連のボランタリー組織を中心とした交流・学習会）	静岡市
No.20	3	市レベルの NPO やボランティアに関するイベントでの防災啓発［24 名］	名古屋市

注：［ ］内の人数は，防災ボラネットからの参加者を表している．
ただし，参加者数が不明な活動については人数を記していない．

発活動を展開している．文献②では団体 A が具体的にどのように活動を広げ，コミュニティにおける公共的問題に取り組む新たな担い手として定着したのか分析した．

　活動区域が定まっている町内会などの地縁組織と比べると，ボランティア団体などボランタリー組織の取り組みは，活動の場所や範囲が捉えにくい．それゆえ，調査結果をもとに，表 6-3 や図 6-2 のように団体 A の活動場所や活動内容を図表に整理し，コミュニティでの取り組みを可視化した．その結果，設立当初はほとんどコミュニティでの活動ができていなかった団体 A が，町内会やボランティア団体と

表 6-3　団体 A の緑区内での防災啓発活動の変遷（2004, 2006, 2008 年度）

出典：文献②

月	主たる活動内容	主な関連する組織
（2004 年度）		
9	総合防災訓練の補助	行政，地縁組織，小学校
10	区民まつりでの活動紹介	行政
2	区内のボランティア団体のイベントでの活動紹介	区内ボランティア団体のネットワーク
（2006 年度）		
4	独居高齢者の食事会での防災講座	―
5	水防訓練の補助	行政，地縁組織
	児童館のイベントでの活動紹介	行政（児童館）
	Z 町内会での防災講座（計 4 回；5 月，6 月，7 月）[*1]	地縁組織（町内会）
	小学区主催の防災訓練の補助	地縁組織
6	Y 町内会での防災講座	地縁組織（町内会）
	生涯学習センターのイベントでの活動紹介	行政（生涯学習センター）
	老人会での防災講座	地縁組織（老人会）
9	総合防災訓練の補助	行政，地縁組織，小学校
	子育て中の世帯を対象とした防災講座	―
10	区民まつりでの活動紹介	行政
	X 町内会での防災講座	地縁組織（町内会）
	W 町内会主催の防災訓練の補助	地縁組織（町内会）
11	生涯学習センターでの防災講座の開講 （計 4 回：11 月，12 月）	行政（生涯学習センター）
2	区内のボランティア団体のイベントでの活動紹介	区内ボランティア団体のネットワーク
3	老人会連合会での防災講座	地縁組織（老人会連合会）
	児童館での防災イベントの運営	行政（児童館）
	地域福祉推進協議会研修会での防災講座	区社協，地縁組織
（2008 年度）		
4	子育てサークルでの防災講座	子育てサークル
5	水防訓練の補助	行政，地縁組織
6	生涯学習センターのイベントでの活動紹介	行政（生涯学習センター）
7	V 町内会の夏祭りでの防災啓発	町内会
8	総合防災訓練の補助	行政，地縁組織，小学校
9	警察署職員を対象とした防災講座	行政（警察署）
	子育て中の世帯を対象とした防災講座	子育てボランティア団体
	高齢者を対象とした防災講座	区社協，地縁組織
10	子育て中の世帯を対象とした防災講座	子育てサークル
	区民まつりでの活動紹介	行政
	外国人を対象とした防災講座	外国人支援ボランティア団体
月	主たる活動内容	主な関連する組織

表 6-3 団体 A の緑区内での防災啓発活動の変遷（2004, 2006, 2008 年度）（続き）

（2008 年度）		
11	W 町内会の防災訓練の補助	地縁組織（町内会）
	子育て中の世帯を対象とした防災講座	児童書を扱う書店
	子ども関連のイベントでの活動紹介	民生委員児童委員，ボランティア団体
	区内のボランティア団体のイベントでの活動紹介	区内のボランティア団体のネットワーク
12	子育て中の世帯を対象とした防災講座	子育てサークル
1	子育て中の世帯を対象とした防災講座	子ども関連の NPO
	中学生の職場体験の補助	中学校，行政
2	障がい者支援団体の研修会での活動紹介	福祉団体の連絡会
3	環境事業所職員を対象とした防災講座	行政（環境事業所）
	区社協主催のボランティア関連講座での活動紹介	区社協
	地域福祉推進協議会研修会での防災講座	区社協，地縁組織
	子育てサロンに関する研修会での活動紹介	区社協，民生委員児童委員

ミーティングや募金活動等，防災啓発を主としない活動は含めていない．
緑区内で行われた，連絡会等と連携した市レベルのイベントは含めていない．
表中の – は，不明を示す．
*1：1 回分の開催時期は不明．

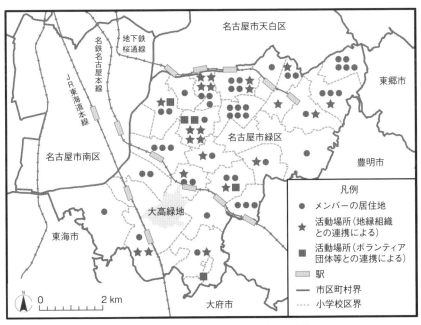

図 6-2 団体 A のメンバーの居住地分布と活動場所

出典：文献②をもとに筆者作成 注：メンバーは 2010 年度，活動場所は 2008 ～ 2010 年度を合計したもの．

連携しながら区内各地で活動を展開していることが明らかとなった．その上で，各活動の実施に至った経緯をインタビュー調査や参与観察時の聞き取り調査の結果から分析したところ，区のイベントやメンバーの紹介によって他の団体との結びつきが形成され，活動が広がっていることがわかった．

　こうした団体Aのコミュニティでの取り組みの地理的特徴を捉えるのは容易ではない．たとえば，町内会と連携した活動があるが，メンバーが居住する地区でそうした活動が広がるとは限らない．メンバーの紹介によって，当該メンバーが加入する町内会と団体Aに接点が形成されることもあるが，それは団体Aの代表による下の発話に象徴されるように[9]，メンバー個人と町内会との関わり方に規定される．

　　1町内に一人ずつ会員がいて，それだけの発言権がその町内でできる地位にいれば言うことはないですよね．でも私もこうやっていばっていても，自分の町内には全然発言権がないので．

　また，団体Aは名古屋市における防災分野のガバナンスの構成主体であり，その枠組みのなかで全国の被災地で災害ボランティアとして活動しているメンバーもいる．団体Aの防災啓発活動は行政から依頼された内容を実施しているのではなく，主としてガバナンスでの活動や現地での経験からの知識や情報に基づいている．すなわち，団体Aのコミュニティでの取り組みは，コミュニティを超えた活動やネットワークが支えているのである．このように，コミュニティにおける団体Aの取り組みは地理的に複雑なものとなっている[10]．

4　コミュニティの地理的特徴と正当性

　本章では「ガバメントからガバナンスへ」という変化とボランタリー組織の台頭に着目し，現代におけるコミュニティによる公共的な問題への取り組みを実証的に

---

9) 本文中で発話を引用する際は，分析者にとって都合のよい結果のみを示すことにならないよう注意するとともに，読者が発話内容を会話の文脈のなかで捉えられるように努めた．
10) 個々のメンバーレベルでもコミュニティ（地域）に対するイメージは多様で，町内会をコミュニティ（地域）と捉えるものから，愛知県をコミュニティ（地域）と捉えるものまでいた．

捉える方法を確認した．本節では，今後の課題として現代のコミュニティの地理的特徴と正当性をめぐる問題について述べる．

　文献①と②で示したように，ローカルやコミュニティのレベルにおいて公共的な問題に多様な主体が関わるようになっている．地理的特徴に着目すると，新しい担い方は，行政や町内会の区域といった特定の区域に収まらないさまざまなレベルのネットワークと結びついており，「ローカル」や「コミュニティ」だけをみていても捉えられない．文献②で示したコミュニティの取り組みも，文献①で取り上げた防災に関するローカル・ガバナンスと深く結びついている．2節1) 項で述べたように，コミュニティによる公共的問題の新しい担い方は，コミュニティのなかだけではなく，コミュニティと関わるさまざまなつながりをみることではじめて捉えられるものであり，「コミュニティ」が意味するものは地理的に複雑化している．

　その際，コミュニティにおける正当性の問題が出てくる．この点を再度，ガバナンス論を手がかりに考える．ガバナンスをめぐる初期の研究は，地理学を含め，ガバナンス型の取り組みの特徴を捉える学際的な試みであり，文献①と②もこのなかに位置づけられる．Sørensen and Torfing (2007: 14) は，こうした研究を第1世代のガバナンス研究とした上で，第2世代の研究課題の一つに民主主義や正当性をめぐる問題を挙げている．従来のガバメント型の担い方は，代議制民主主義によって正当性が担保されてきたといえよう．しかし，ガバナンス型の新たな担い方は，主体の多様化や地理的な複雑さといった特徴がみられる．そうした取り組みに正当性をどのように担保するのかは実践的かつ学術的な課題といえよう．

【文　　献】
佐藤正志 2013. 地方自治体における指定管理者制度導入の地域差とその要因. 計画行政 36(2): 39–48.
菅野拓 2020.『つながりが生み出すイノベーション―サードセクターと創発する地域』ナカニシヤ出版.
鳥越皓之 1994.『地域自治会の研究―部落会・町内会・自治会の展開過程』ミネルヴァ書房.
武川正吾 2007.『連帯と承認―グローバル化と個人化のなかの福祉国家』東京大学出版会.
埴淵知哉 2011.『NGO・NPO の地理学』明石書店.
前田洋介 2008. 担い手からみたローカルに活動するNPO法人とその空間的特徴. 地理学評論 81(6): 425–448. https://doi.org/10.4157/grj.81.425
前田洋介 2011. 地理学におけるボランタリー・セクター研究の成立と展開―英語圏の研

究を中心に. 地理学評論 84(3): 220–241.

Goodwin, M. and Painter, J. 1996. Local governance, the crises of Fordism and the changing geographies of regulation. *Transactions of the Institute of British Geographers.* 21(4): 635–648. https://doi.org/10.2307/622391

Jessop, B. 1998. The rise of governance and the risks of failure: The case of economic development. *International Social Science Journal.* 50(155): 29–45. https://doi.org/1 0.1111/1468-2451.00107

Johnston, R. J., Gregory, D., and Pratt, G. and Watts, M. eds. 2000. *The dictionary of human geography. Fourth edition.* Oxford: Blackwell Publishers.

Johnston, R. J., Gregory, D., and Smith, D. M. eds. 1986. *The dictionary of human geography. Second edition.* Oxford: Basil Blackwell.

Sørensen, E., and Torfing, J., eds. 2007. *Theories of democratic network governance.* Basingstoke: Palgrave Macmillan.

Wolch, J. R. 1990. *The shadow state: Government and voluntary sector in transition.* New York: The Foundation Center.

第7章

宗　教
異教徒迫害の歴史景観

麻生 将

1 宗教集団・地域社会・排除

　本章では1930年代の鹿児島県奄美大島で生じたカトリックに対する地域社会の排撃運動を通じて，社会の特定の個人および集団の排除を正当化する景観の誕生・維持・管理について解説する．筆者は近代日本においていったん地域社会に受容された宗教集団が拒絶され，排除された後ふたたび受容される，という事例に興味をもった．これまでの地理学や社会学でこうした事例はほとんど検討されてこなかったが，それは一度地域に定着した宗教集団は半永久的に存続し続ける，すなわち両者の静態的な関係性を前提とした研究であったためと考えられる．実際には両者の関係性は想像以上に動態的であり，またナショナリズムやグローバルな国際情勢などの近代特有の文脈とローカルな文脈との複雑な相互作用が見られた．そのなかで地域社会を構成する多様なアクターたちの競合や対立を引き起こし，結果として特定の宗教集団に対する排撃運動を引き起こす事例が近代の日本各地で発生したのである．そこで本章ではこうした宗教集団と地域社会の関係のうち，特に地域を含む日本社会から異質な存在としての眼差しを強く向けられていたキリスト教集団をめぐる受容と排除に関する事例を取り上げる．こうした受容と排除が地域のなかでどのような論理によって展開し，排除がどのように正当化されたのか，そして排除が当時の地域の空間や景観にどのように作用，現出したのかについて，1930年代の奄美大島のカトリックの事例を解説する．

　さて，特定の集団をめぐってはさまざまな形で排除が行われ，地理学においても都市部を中心に在日朝鮮人集住地区（福本2004）やバラック街（本岡2019），日雇い労働者の居住地域（原口2003），特定の性的少数者を疎外する空間（村田2009），

行政による都市空間の管理と排除の実践（山口 2008, 寄藤 2005）などの研究が行われてきた．

　ここで排除という行為・現象について簡単に説明しておく．本章では宗教集団の排除という現象を地理学的な視点で捉えるにあたり，排除という行為ないし現象に関わるいくつかの性質とともに，イギリスの文化地理学者シブリィの「排除の景観」（Sibley 1995）の概念[1]を用いた．

　そもそも排除には時間的また空間的な「普遍性」（中村 2003），社会のなかで巧妙に隠される「秘匿性」（Sibley 1995），排除される対象がさまざまな要因によって「そのつどあらたに発見」される「実存性」（赤坂 1986），の三つの性質が含まれる．ただし，特定の時代や場所，社会経済的状況によっては排除されることの多い個人・集団や事物が受容されるケースもあり，排除という行為・現象の複雑さは小口の一連の研究において指摘されている（小口 2002）．

　筆者は排除という行為・現象に内在するこれら三つの性質を合わせて「排除性」と定義し，そしてその排除性が刻み込まれる景観──全ての人文的景観に当てはまると考えられるが──を「排除の景観」と定義する．

　なお，本章では奄美大島のカトリックを扱った次の三つの拙稿について解説する．

文献①：麻生将 2011. 1930 年代奄美大島におけるカトリックをめぐる排撃と「排除の景観」の形成. 人文地理 63(1): 22–41. https://doi.org/10.4200/jjhg.63.1_22

文献②：麻生将 2017. 近代日本におけるキリスト教集団をめぐる排除の景観──1930 年代の二つの排撃事件を事例として. E-journal GEO 11(1): 219–243. https://doi.org/10.4157/ejgeo.11.219

文献③：麻生将 2021. 写真資料からみた近代奄美大島のカトリック. 地理 66(4): 69–77.

1）シブリィが「人文的景観は排除の景観として読まれ得るのである」と述べているように，排除という現象は可視化される空間的事象としてこの地表面に立ち現われるものである．

2　研究の視点

1）排除の景観

　文献①と②では上記の排除と「排除の景観」の概念を整理し，事例研究の分析概念として用いた．文献①は 1930 年代に鹿児島県奄美大島で生じたカトリックへの排撃について，地元のさまざまな個人・集団どうしの言説や実践，新聞報道を分析し，一連のカトリック排除と島の中心都市であった名瀬町（現奄美市名瀬）の都市景観との関係を考察した．奄美大島の住民の大半は貧困状態で経済的に苦しかったため[2)]，カトリックがもたらす医療等の社会福祉や教育の向上に期待し，彼らの多くがカトリックを受け入れた．1924 年には地元有力者の要請で大島高等女学校（以下，大島高女）が設立された．1930 年ごろには島内北部の主要な集落に教会が立地しており（図 7-1），地元社会に受容されていた．やがて 1933 年に大島高女の教育内容が非国民的で国体に反するとして名瀬町議員や地元住民らの働きかけで廃校運動が生じ，翌年に同校は廃校した．その後，カナダ出身の宣教師たちにスパイ容疑がかけられ[3)]，地元新聞関係者や町会議員，医師や在郷軍人，現役軍人や地元住民らが名瀬町をはじめ島内各地でカトリックの排撃運動を展開した．全ての宣教師は島外に追放され，信者の大半が棄教を強制され，カトリックのコミュニティは数年で崩壊，第二次大戦終結まで奄美大島から消滅した．

　文献②では岐阜県大垣市の美濃ミッションというプロテスタント教団の排撃と奄美大島のカトリック排撃について，特に地元

【キーワード】国体

近代の日本すなわち大日本帝国は天皇を頂点とする政治体制の国家で，国民および国内のさまざまな宗教や思想をその統制下に置く目的で国家神道体制を明治時代後半に確立していった（国史大辞典編集委員会 1985）．1931 年の満州事変以降，天皇を頂点とする国家の一員として日常的に天皇への忠誠を誓い，戦時などには天皇と国家のために命をかけるのが真の国民であり，あるべき国家である，という国体思想が強化され，これに反するとみなされた宗教や思想への統制と弾圧が次第に強化されていった（赤澤 1985）．

2) 本土との経済・財政格差の拡大と経済的な疲弊により，奄美大島の振興救済を政府や県にたびたび請願せざるを得ない状況に陥っていた．また，島民が経済不況による深刻な困窮のためにソテツの実や幹を煮詰めて抽出したでんぷんを食べて中毒死する「ソテツ地獄」が頻発した．

3) 排撃運動が生じた 1933 年前後に奄美大島を国防の第一線とする言説が現役軍人を中心に島内に広がっており，カナダ出身の宣教師をアメリカ合衆国のスパイとする疑惑を生み出した．また，第一次世界大戦後のワシントン条約による奄美大島南部の古仁屋要塞の建設中止が北米出身の宣教師への現役軍人たちの警戒感を高め，カトリック排撃につながった可能性も指摘されている（宮下 1999）．

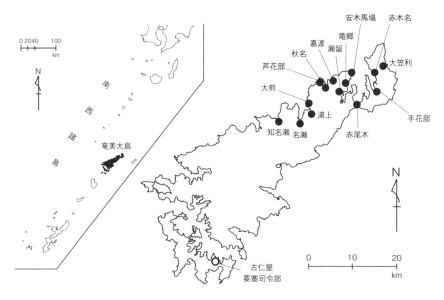

図 7-1　1930 年ごろの奄美大島のカトリックの状況（上）と名瀬市街（左下）

出典：文献①

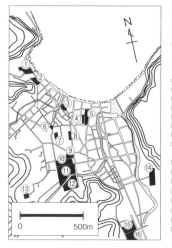

┬┬ 道路
■ 主要建築物
〜 等高線
╱╱ 河川
〜〜 当時の海岸線

①：刑務所
②：裁判所
③：警察署
④：町役場
⑤：測候所
⑥：大正寺
⑦：三方村役場
⑧：名瀬聖心教会
　（レンガみどう）
⑨：税務署
⑩：奄美高等女学校
⑪：尋常高等小学校
⑫：大島支庁
⑬：高千穂神社
⑭：大島中学校
⑮：尋常小学校
⑯：大島高等女学校

の個人・集団が有していた排除に関わる多様な言説を検討するとともに，二つの事例の比較考察としてソジャの社会－空間弁証法を援用しながら「排除の景観」の性質について考察した．特に排除する側と排除される側双方の言説を比較し，多様な言説がどのように排除の景観の形成に関わったのかを検証した．二つの事件では，キリスト教集団の施設にさまざまな言説が付与され，排除を正当化する物語が込められた「排除の景観」が形成された．そして，奄美大島は国民国家の政治的境界線（国境）に近いロケーションであったことが排除の先鋭化の背景となり，明確な「排除の景観」の形成の可能性が示唆された．

2）写真による景観分析

　前述の「排除の景観」の分析に必要にな
るのが写真などの景観を示した資料である．
文献①と③では近代の奄美大島の名瀬町の
全景や町中の景色，個別の建物を撮影した
写真類に注目した．後述のように，文献①
ではカトリック排撃と特に深く関わった教
会建物（図7-2）と名瀬町の主要な建物
の写真に限定したが，文献③では1910
年代から30年代にかけての名瀬町の
カトリック教会と大島高女の活動の様
子を記録した写真類に着目した．また，
1927年の8月に昭和天皇が奄美大島を
行幸した際の写真が聖アントニオ神学
院（後述）に所蔵されていないのに対
し，同年10月のローマ教皇施設来島
時の島内のカトリック信者たちの盛況
ぶりを写した写真が複数存在していた．
このことから，当時の奄美大島のカト
リック信者たちが自身のアイデンティ
ティをナショナリズムとともにバチカ
ンとのつながりすなわちグローバルな

【キーワード】社会 - 空間弁証法

都市地理学者のソジャ（Soja 2005）が提唱
した概念．ソジャは物質的で物理的な現実の
「第一空間」と，非物理的で心的な想像上の
「第二空間」という，従来の二元論的な空間概
念を弁証法的に乗り越えるべく「現実 - かつ
- 想像上」，または「物質的 - かつ - 隠喩的」
なアプローチを試み，「第一空間」と「第二空
間」の弁証法的往還を通じて新たな空間的思
考を見出そうとした．

図7-2　名瀬聖心教会（レンガみどう）
出典：聖アントニオ神学院所蔵

空間スケールのなかに見出していた可能性も示した．写真資料からは当時の社会的，
政治的，文化的な状況を多様な空間スケールから読み解くことが可能なのである．

3　データ収集の過程

1）事前調査

　次に具体的な調査の手順について解説する．まず事前調査として，2006年春から
2007年の夏前にかけて奄美大島のカトリック排撃の概要や経過について『聖堂の日
の丸』[4]や『カトリック奄美100年』などのさまざまな文献を参照するところから
始めた．また，関連する複数の書籍から近代の奄美大島が置かれていた社会経済的

状況についても確認した．その結果，分析に必要なデータが①排撃当時の新聞記事，②排撃当時の地方雑誌の記事，③近代の奄美大島のカトリック関連の写真類，④排撃当時の行政文書，⑤排撃当時の奄美大島の地図，⑥排撃事件の関係者へのインタビュー，の６種類であることを確認した．このうち①と③および④は奄美大島以外の場所で閲覧と複写もしくは写真撮影が可能であった．

まず①の新聞記事であるが，1920年代から30年代の『鹿児島新聞』と『鹿児島朝日新聞』が鹿児島県立図書館本館（鹿児島県鹿児島市）にマイクロフィルムで所蔵されていた．そこで，奄美大島を訪問する前年の2006年8月に同図書館で排撃関連の記事を閲覧し，プリントアウトした．そして，記事の見出しと本文を可能な限りMicrosoft Wordの表に入力した[5]．

続いて③について，東京都世田谷区の聖アントニオ神学院の図書館が明治後半から昭和戦前期の奄美大島のカトリック関連の写真を所蔵していることを確認した．同神学院の所蔵を確認するまでにはいくつかの段階を踏むことになった．2006年に『カトリック奄美100年』の出版元として記載されていたコンヴェンツァル修道会奄美修道院本部に電話で掲載資料の所在を確認したところ，奄美市の名瀬聖心教会に資料がある旨の回答を得た．そこで同教会に問い合わせたところ，「戦前のカトリック関係の資料類は世田谷の聖アントニオ神学院がもっている」との回答があった．そして聖アントニオ神学院に写真類の所蔵が確認されたので調査の許可を申請し（正式な調査依頼状を送付），2007年5月に同神学院にて所蔵資料の閲覧とデジタルカメラでの撮影を行った．

【キーワード】修道会

修道会は教会の正当な権威によって公認され，共同生活を営む団体である．もともとは修道会に入会し，規律を重んじつつ修道院の中で修行に励むことが基本であったが，16世紀にイエズス会がヨーロッパ以外の地域への宣教を目的に設立された．これ以降宣教のほかに教育，医療などの社会事業を主たる活動とするさまざまな修道会が設立された（日本基督教協議会文書事業部キリスト教大事典編集委員会1995）．当初は東アジアでの宣教を目的とするパリ外国宣教会が奄美大島での宣教活動を行っていた．

この一連の経験から，研究対象のフィールドに一次資料が存在するとは限らない，という知見を得た．奄美大島の他のテーマであれば現地に資料が存在することも多いであろうが，カトリックの場合は修道会のネットワークによって一次資料が移動・保管されるケースがある．また，今回の場合は修道会

4）これは南日本新聞社の記者であった宮下正昭氏が著したルポルタージュである．
5）大正から昭和前期の新聞記事のマイクロフィルムでは文字がかすれたり潰れたりして判読が困難なものがしばしば見られる．その場合は前後の文脈から判断して推定で文字を入力する場合もあるが，どうしても不明な場合は●などを入力した．

や教会の関係者の丁寧な対応によって資料までたどり着くことができたが，調査内容によっては資料までのアクセスが困難な場合も考えられる．

　そして，④については鹿児島短期大学付属南日本文化研究所編『旧奄美高等女学校調査報告書─大島高等女学校の設立と廃校について』に，当時の名瀬町議会の議事録や奄美大島のローカル紙『大島新聞』と『大島朝日新聞』のカトリック関連の記事が掲載されていることが判明した．そこで同資料が所蔵されていた京都大学附属図書館を訪問し，それらをコピーした．

　こうして現地調査までにカトリック関連の一次資料を入手することができた．

2）現地調査

（1）メディア記事の入手

　現地調査は 2007 年と 2008 年の 8 月に実施した．主に奄美市に滞在して調査を行ったが，これは主な一次資料の所在が奄美市であったことによる．最初の調査の2007 年には鹿児島県立図書館奄美分館（現鹿児島県立奄美図書館．以下，奄美図書館）で前述の②すなわち排撃当時の地方雑誌『南島』と『奄美』の記事の閲覧とコピーを主に行った．これらは鹿児島県立図書館本館にはなく，奄美図書館にしか所蔵されていないので，2007 年は現地での資料調査が中心であった．

（2）地図類の入手

　2007 年の奄美図書館での資料調査の合間に前述の⑤排撃当時の奄美大島の地図を入手するため，大島支庁と奄美市役所を訪問した．大島支庁は奄美大島を含む奄美群島を所管する鹿児島県庁の機関であるが，戦前の名瀬町の地図類は残っていなかった．奄美市役所では現在の奄美市の市勢要覧や奄美市の都市計画図を入手することができたが，こちらも戦前の地図類は皆無であった．役所では文書類を数年で廃棄するケースが大半で，自治体史の作成に必要な資料を除いては戦前の地図類が保管されることはほぼ無い．そのため，地図類の入手は困難に思われた．しかし市役所の職員から鹿児島土地区画整理協会（現鹿児島まちづくり土地区画整理協会．以下，整理協会）職員の岩多氏を紹介され，思いがけない資料の入手に至った．

　整理協会の岩多氏は通常の業務との関連で明治期から昭和前期にかけての名瀬町の土地所有者の変遷について詳細なデータを収集し，当時の名瀬町の市街地や戦後の名瀬町の市街地図などを独自に作成していた．筆者が研究内容と必要な資料について説明すると，突然の訪問にもかかわらず，自身が作成された地図類や米軍撮影

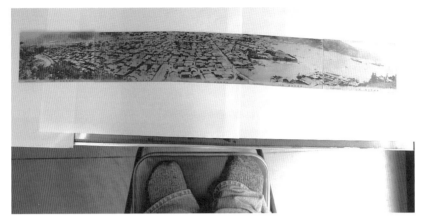

図7-3　名瀬町の景観写真（1920〜30年代）
出典：岩多雅朗氏所蔵のものを2008年8月22日に筆者撮影

の名瀬町の空中写真などのデジタルデータの提供を受けた．

　また，2008年に2回目の現地調査の際に再度整理協会の岩多氏を訪問した際には，同氏所蔵の名瀬町の景観写真（図7-3）を閲覧し，撮影することができた．これらは大正後期から昭和前期にかけて名瀬町で観光客向けに販売されていた土産物の絵葉書である．5枚1組の写真をつなぐと名瀬町市街地を撮影したパノラマ写真となる絵葉書で，当時の町の全景と建物の形状が確認できる．

　そして，2008年の現地調査の際，奄美図書館に『名瀬町案内』が所蔵されていることが判明した．これも全国で奄美図書館だけが所蔵しており，同書は名瀬町が1932（昭和7）年に刊行され，観光案内と町勢要覧を併せたような内容である．同書には昭和前期の名瀬町の市街図や町内の主要施設の写真類が掲載されている．こうした異なる地図や写真などの資料を比較検討することによってカトリック排撃当時の名瀬町の景観復元が可能になり，次節で述べるように本研究での重要な分析に至ったのである．

（3）聞き取り調査

　先述のように奄美大島のカトリック排撃はカトリック経営の大島高女の廃校運動から始まった．その大島高女の関係者の証言は宮下氏の『聖堂の日の丸』に詳細が掲載されている．同書は南日本新聞に1989年に宮下氏が担当した連載のインタビュー記事などを同氏が再編集したものである．そのため，あくまでも宮下氏によ

る二次資料であり，筆者は直接関係者にインタビューの機会を得て排撃当時の状況を確認したかった．そこで現地調査の前に宮下氏に連絡をとったところ，奄美市にご存命の方が何人かおられる旨の返答をいただいたが，詳細な個人名や所在までは確認できなかった．

　その後，実際に現地でインタビュー調査を検討しながら資料調査を中心に進めていた 2007 年の調査時に，大島高女の設立に深く関わり，廃校に唯一反対した名瀬町議の久保喜助の子孫へのインタビューの機会を得ることができた．先述の岩多氏から地図類の提供を受けた際，久保薬局の経営者の紹介を受けた．早速電話でインタビューしたところ，久保喜助が大島高女の開校にあたって自身の土地を学校に寄付したとの証言が得られた．

　また，2008 年の調査時には大島高女の卒業生にインタビューすることができた．大島高女の跡地付近にある奄美市立奄美小学校を訪問した際，同校の教員の知り合いの女性が大島高女の卒業生とのことで，その方の自宅にてインタビューの機会を得たのである．卒業生の証言によると，大島高女の廃校運動時には在校生に対する暴力などは特になかったとのことで，学校関係者のうち教員やカトリックの司祭，修道女らへの風当たりの強さとは対照的に在校生への強固な排撃は限定的で，それほど大きくはなかった，という宮下氏の著書の内容とも一致した．

　このように，フィールドワークにおいては計画が途中で頓挫したり，変更されたりする状況がよくある．しかし，思いがけない形での人物や資料の紹介により，研究を大いに進展させる重要なデータを入手できる場合も（まれかもしれないが）ある．筆者は，研究の根幹をなす部分の史資料や証言を得ることができ，きわめて幸運であった．

　なお，筆者は近代の歴史地理学的なアプローチで研究を進めてきたが，当該研究地域の現代の姿をフィールドワークによって観察することもまた大きな意義があると考える．それは，近代という比較的近い時代ということもあるだろうが，現在の奄美市の都市空間のなかに近代の奄美大島が置かれた状況や，カトリック排撃が行われた痕跡の一端を見出せるからである．図7-4 は筆者が 2008 年と 2016 年に奄美市で撮影した写真である．写真左は大島高女の設立に関わった名瀬町議の久保喜助が昭和前期に経営していた薬局で，現在も続いており，大きく変化した都市空間のなかにあって時代を超えて今もなお地域社会の一員として存在していることが確認できる．そして写真右は奄美市内の歩道橋に掲げられた横断幕で，離島振興を訴えかけるものである．奄美大島は近代以降も経済面に加え財政面でも厳しく，イン

図 7-4　奄美市名瀬の景観写真（現代）

出典：筆者撮影（左は 2016 年 8 月 18 日に，右は 2008 年 8 月 17 日に筆者撮影）

フラの整備や産業振興を奄美大島選出の県議が鹿児島県議会で訴えたという記事が
20 世紀前半の新聞にたびたび掲載されていた．この写真は本土と離島とのこうし
た格差が 21 世紀においてもなお解消されていないこと，近代の奄美大島の社会経
済的に困難な状況があったこと，そのような状況下でカトリックが地域に受け入れ
られ，排除されたことを間接的にせよ示唆している．

4 「排除の景観」の創出

　これまで述べたように，多くの人々との出会いと導きによって多様かつ重要な資
料を入手できたことで，奄美大島のカトリックをめぐる「排除の景観」を分析する
ことが可能になった．

　筆者は，岩多氏所蔵の地図・写真類，奄美図書館所蔵の書籍中の地図・写真類，
そして聖アントニオ神学院所蔵の写真類をもとにカトリック排撃当時の名瀬町の景
観を復元した．その結果，教会建物の転用によるカトリック排除を正当化する景観
の出現とそのインパクトの大きさを考察することができた．当時の名瀬町では，町
役場や大島支庁をはじめ主要な官公庁の大半を含むほとんどの建物が木造の平屋な
いし 2 階建てであった．このなかにあって名瀬聖心教会は「レンガみどう」と称さ
れるほど堅牢強固で巨大なレンガ造りの建造物であった．それは支庁通りというメ
インストリートに面し，市街地の中心部にそびえたっており，カトリックを象徴す
る建物であった．それがカトリック排撃を経て，建物は最終的に名瀬町が所有した．
そして，排撃した側によって町役場に転用された[6]．行政関係者は転用によってカ
トリック排撃を正当化し，名瀬町の発展を期待させる物語を付与していったのであ

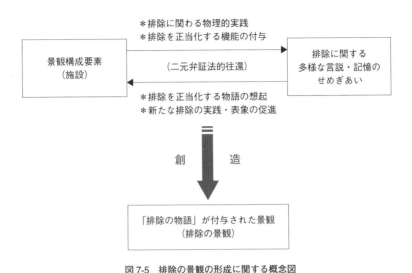

図7-5　排除の景観の形成に関する概念図
出典：文献②

る．こうしてレンガみどうはカトリック排撃に尽力した「島民功徳の賜物」であるとともに名瀬町の発展を期待させる建物となった．

　これを先の社会 – 空間弁証法を援用してまとめると図7-5のようになる．カトリック排撃の物語・記憶とレンガ造りの巨大建造物という物理的な性質との弁証法的往還関係がやがてカトリック排撃を正当化する排除の景観を名瀬町に創り上げていったのである．宗教集団をはじめ特定の「異なるもの」をめぐる排撃の記憶がこのように地域社会に広く共有される形で景観となって出現するケースは少なからず存在する．

　では，なぜ奄美大島でカトリック排撃がここまで先鋭化し，しかも建物は物理的に排除されなかったのであろうか．もちろん貴重なインフラを獲得することが当時の名瀬町にとって経済的にも財政的にも最善の選択であったと考えられるが，中西（2007）が指摘するように当時の奄美大島が社会的，文化的に不安定な位置に置かれることのある境界離島であったことが大きく関係している．明治維新以降，奄美大島を含む南西諸島全体は大日本帝国に包摂されると同時に，他者化されてきた．包摂や他者化の対象になるということは，それ自身が「異なるもの」との眼差しを向

6）転用の際，建物頂上の十字架は削り取られ，代わりに日の丸が設置された．

けられることを意味する．そのなかで，戦前の南西諸島出身者はいわば「日本人で
あって日本人でない」との眼差しを日常的に向けられ，さまざまな差別を受けてき
たのである．

　奄美大島のなかでもとりわけカトリック排撃に積極的に関わった人々は，こうし
た「日本人であって日本人でない」との眼差しを向けられていることを無意識的に
も自覚していたと推察される．それが「大日本帝国の臣民」をめぐるコンプレック
スへと変わっていったとき，彼らは，カトリックに対する「熱心な」排撃運動への
参加によって，忠実なる「大日本帝国の臣民」になろうとした．そして，こうした
コンプレックスが島の社会にも無意識的に共有され，不安定な境界地の社会的，文
化的な不安定さを解消する役割がレンガみどうに期待された．奄美大島のケースで
は物理的な排除ではなく転用こそがカトリックを排撃した人々にとって最善の選択
だったのである．

　以上が筆者の調査から明らかになった点である．なお，こうした特定の個人・集
団に対する排撃は現代社会においても頻発している．排除を正当化するために建造
物を転用もしくは破壊する事例はこれまでも見られたが，情報化とグローバル化が
進み，国民国家など既存の社会的・政治的な枠組みが揺らぎつつある今日において，
「異なるもの」の排除はますます多様化している．宗教集団の排除は世界的にも歴
史的にも数多く，日本もその例外ではない．それゆえに，本章の事例を通して排除
という行為・現象の基本的な性質を確認するとともに，今後起こりうるさまざまな
排除，巧妙に隠される排除，一見するとそれとは見えない排除を明示するうえで有
効かつ重要な事例な示唆を本章の事例は我々に与えてくれるのである．

【文　　献】
赤坂憲雄 1986.『排除の現象学』洋泉社.
赤澤史朗 1985.『近代日本の思想動員と宗教統制』校倉書房.
奄美宣教 100 周年記念誌編集部編 1992.『カトリック奄美 100 年』奄美宣教 100 周年実行
　　　委員会.
小口千明 2002.『日本人の相対的環境観―「好まれない空間」の歴史地理学』古今書院.
鹿児島短期大学付属南日本文化研究所編 1988.『旧奄美高等女学校調査報告書―大島高等
　　　女学校の設立と廃校について』鹿児島短期大学付属南日本文化研究所.
藏持不三也 1986.『異貌の中世―ヨーロッパの聖と俗』弘文堂.
国史大辞典編集委員会編 1985.『国史大辞典　第 5 巻』吉川弘文館.

ソジャ, E. W. 著, 加藤政洋訳 2005.『第三空間—ポストモダンの空間論的転回』青土社.

平秀応編 1988.『宣教師たちの遺産—フランシスコ会カナダ管区』フランシスコ会アントニオ神学院.

中西雄二 2007. 奄美出身者の定着過程と同郷者ネットワーク—戦前期の神戸における同郷団体を事例として． 人文地理 59(2): 172–187. https://doi.org/10.4200/jjhg.59.2_172

中村生雄 2003. まえがき. 赤坂憲雄・中村生雄編『いくつもの日本Ⅴ　排除の時空を超えて』5. 岩波書店.

日本基督教協議会文書事業部キリスト教大事典編集委員会 1995.『キリスト教大事典　改定新版』教文館.

原口剛 2003.「寄せ場」の生産過程における場所の構築と制度的実践—大阪・「釜ケ崎」を事例として. 人文地理 55(2): 121–143. https://doi.org/10.4200/jjhg1948.55.121

福本拓 2004. 1920 年代から 1950 年代初頭の大阪市における在日朝鮮人集住地の変遷. 人文地理 56(2): 154–169. https://doi.org/10.4200/jjhg1948.56.154

藤村健一 2003. 新宗教教団・大本の聖地の建設と再建. 地理 48(11): 29–35.

宮下正昭 1999.『聖堂の日の丸—奄美カトリック迫害と天皇教』南方新社.

村田陽平 2009.『空間の男性学—ジェンダー地理学の再構築』京都大学学術出版会.

本岡拓哉 2019.『「不法」なる空間にいきる—占拠と立ち退きをめぐる戦後都市史』大月書店.

山口晋 2008.「ヘブンアーティスト事業」にみるアーティストの実践と東京都の管理. 人文地理 60(4): 279–300. https://doi.org/10.4200/jjhg.60.4_279

寄藤晶子 2005. 愛知県常滑市における「ギャンブル空間」の形成. 人文地理 57(2): 131–152. https://doi.org/10.4200/jjhg1948.57.13

Sibley, D. 1995. *Geographies of exclusion: Society and difference in the West.* London and New York: Routledge.

第Ⅰ部

第Ⅱ部

第Ⅲ部

第8章

ジェンダー

都市郊外の女性と家庭

関村 オリエ

1 ジェンダーを地理学で分析する

　本章では，日本の都市空間における事象を，ジェンダーに配慮した地理学的な視座，つまりジェンダー地理学の方法論から解説する.

　ジェンダーとはいったい何か. 一般的に,「生物学的な性差」といわれるセックスに対して，ジェンダーは「社会・文化的な性差」という定義がなされている. しかし私たちは，言語，さらにその言語で作られた「知」によって世界を秩序化し，制度，習慣，関係性などのいわゆる社会システムを作りあげている（千田ほか2013: 13）. それゆえ，社会・文化的に男／女に分割しようとする「ジェンダー」，加えて（生物学的な「知」として理解されている）「セックス」という概念までもが，社会的に作られた言語によるカテゴリーであり，その影響を受けていることになる. つまり，男／女の身体の区別や，そこに付随する組織化などさまざまな事象が，常に言語的な表現や実践から逃れることができないのである.

　歴史学者のスコットは，男／女に分けたり，それら性別に特定の役割を結び付けたりするような言語的実践を「権力」として捉える（スコット2004: 68）. このように考えると，権力とは，（公的な政府当局ばかりでなく）さらに広く日常生活のなかにも介在するものであり，あらゆる不平等な関係性のなかに潜む「政治的なもの」として理解することができる. 町内会や学校の名簿の順番など，本来関係のない文脈で用いられることの多いジェンダーにより影響を受ける私たちの日常を解明するためには，言語的実践そのものに潜む力や，これを操るさらに広範な政治的問題に切り込むことが肝要となる.

　ジェンダー地理学は，もともと第二波フェミニズム[1]と共に1970年代より欧米

で発展したフェミニスト地理学から誕生し，男性中心主義的な地理学の知を批判的
に捉えてきた地理学の一分野である．地理学の知の生産に関しては，もっぱら男性
（研究者）たちの役割とされ，そこでの研究対象も「男らしさの特徴を付与された／
合理的な行動をする／公的領域への所属を許された人間」に限定されてきた（ロー
ズ 2001: 17-18）．その一方で，これ以外の人間は「他者」とみなされ，女性を含む
人々が地理学の領域において長らく排除されてきたのである．フェミニスト地理学
は，ジェンダーの不平等や抑圧に着目し，これを問い直す分野として発展してきた．

　対して，日本におけるジェンダー地理学が本格的に発展したのは1990年代以降で
ある．空間や場所の不平等をジェンダーの視点から検討するジェンダー地理学は，女
性をはじめマイノリティへの制約を明らかにし，「研究対象外」として他者化されてき
た人々の生活や行動を捉え直してきた．日本においては，1990年代より女性の居住地
や就業地選択を扱った研究，生産／再生産領域の分離を扱った研究をはじめ，序列化
されるこれら領域・空間から生じる不平等な関係性を明らかにした研究（影山 1998），
2000年代に入り社会福祉サービスに関するサービス需給の不公正や，性的マイノリ
ティの生活空間についての研究などが発表されている．しかし，残念ながら地理学に
おけるジェンダー研究の蓄積は，英語圏に比べてまだまだ低いといわざるをえない．

　だが，昨今のSDGs[2]や＃MeToo運動など一般社会におけるジェンダー問題へ
の関心によって，ジェンダー不平等，その背景にある家父長制的構造，そして空間
や場所に作用する権力について議論が活発化しており，多様な生き方に根ざすジェ
ンダーの視点，そしてマイノリティ配慮のための分析視角の重要性が広く認識され
ている．本章では，筆者によるジェンダー地理学の分析から，これまで扱われる機
会の少なかった都市郊外の女性と家庭について，改めて考える方法論について解説
する．主として参照する拙稿は以下の二つである．

1）フェミニズムは，19世紀末から20世紀前半の時期，ヨーロッパにおいて起こった女性
　の相続権や参政権を求めた権利獲得運動の第一波にはじまった．これに続いて，第二波
　は，1960年代にアメリカを中心に起こった女性解放運動が起点となる．第一波では，参
　政権獲得と女性の公的領域への参入が目指されたのに対し，第二波では，「公的領域＝
　男性／私的領域＝女性」というジェンダー役割分業とその構造からの解放が目指された．
2）持続可能な開発目標（Sustainable Development Goals, SDGs）は，「持続可能な開発の
　ための2030アジェンダ」に記載された国際目標である．17のゴールのなかには，「ジェ
　ンダー」をはじめ「貧困」「保健」「不平等」なども定められ，SDGsは，特に女性やマ
　イノリティについて，発展途上国のみならず先進国が取り組む必要性のある普遍的なも
　のであると位置づけられている．

文献①：木村オリエ 2008. 都市郊外における自治体のアウトソーシングと主婦の起業―多摩ニュータウン南大沢地区 S 社を事例にして. 人文地理 60（4）: 41-63. https://doi.org/10.4200/jjhg.60.4_301

文献②：関村オリエ 2021. ジェンダーと郊外―戦後日本における計画空間の誕生とその変容. 史林 104（1）: 231-267. https://doi.org/10.14989/shirin_104_1_226

2　研究の目的と理論的視角

1）都市の職住分離構造と郊外

　文献②は, 戦後日本につくられた都市空間の職住分離構造と, そのなかに誕生した計画空間である郊外の問題をおもな分析対象としている. その目的は, これら都市空間のなかに意図されたジェンダー役割分業の物質的な基盤を明らかにすること, そして郊外における新たな変化の兆しとその影響を考察することである.

　高度経済成長期の日本では, 地方から都市部へ労働力として多くの人々が移動した. 国や日本住宅公団（現・都市再生機構）は, これら人々の住宅難の解消のための住宅政策を打ち出し, 大規模な宅地開発を行った. こうした政策・開発は, 経済成長の過程における「良質な労働力の確保」を目指してきたため, 結果として, ビジネスや経済的生産機能に特化した都心に対して, これを支えるために住機能や再生産機能に特化した郊外が誕生した.

　そもそも, 日本の郊外住宅団地やニュータウン計画のもとになったハワードの田園都市構想は, 職住近接の都市計画思想に基づいていた（ハワード 1968: 54）. それは, 都市の過密化を防ぎ, 労働者の健康な生活と産業のために設計された街である. 田園都市構想が初めて実現されたイギリスのレッチワースでは, 居住, 労働, 余暇の三つの機能がバランスよく備わり, 都市的・農村的な特性の両方を合わせもつ社会に魅了された都心部の中産階級が多く入居した.

　日本の職住分離構造においては, 都心／郊外がそれぞれ平穏に棲み分けしているように見えるが,「夫＝職場／妻＝家庭」とい

> **【キーワード】近代家族**
>
> 戦後間もない日本において, 家父長的な家族と対比される民主的家族のことを指す. 表向きには, 民法の個人の尊重と男女同権を基礎とし, 構成員（親子・夫婦）が, 互いに深い信頼・情緒で結ばれた「普遍的理想」としての家族像と理解されてきた. だが, こうした家族の概念は明確な性別役割分業を前提としており, おもに都市のサラリーマン世帯に共有されながら, 都市空間の職住分離構造や空間的な機能分化, 公的／私的領域の分離をゆるぎないものとしていった.

う近代家族の性別役割分業を前提としているため，住を担う郊外はさまざまな時間的・労働的制約を受けながら，都心に対して常に調整を引き受ける非対称な空間として機能している．文献②では戦後日本の高度経済成長の過程で，都市空間はいかに計画され，いかなる空間を創出したのか，職住分離の構造を中心に考察した．

2) 主婦，「家庭＝女性」という論理

文献①は，生産／再生産領域の分離と近代家族の根底にある「主婦」という概念に焦点を当て，女性たちが都市空間の維持といかに関わるのかを分析した．ここでいう主婦とは，「世帯内で雇用関係によらずに家事労働に専従する既婚女性[3]」のことを指す．これら女性は，家事・育児など無償の再生産労働を担い，家庭内の役務に対する責任を負う人々である．

日本の戦後においては，食事の準備や洗濯，健康管理など，中心的な働き手である男性たちをケアする役割を既婚女性，すなわち主婦たちに担わせることで，企業や職場の雇用主や国家は，貴重な労働力を健全な形で保持できるシステムを見出した．これを「男性稼ぎ手モデル」と呼ぶ．このモデルは，生産労働者たる男性たちを主婦たちが無償でケアすることで，労働力の健康管理にかかる企業や国のコストを削減するという，日本の社会保障理念の一部を構成した．

職住分離の都市構造は，長時間労働を基本とする職場と家族賃金（家族手当）の充実を背景として，郊外と都心の間で長時間の通勤・労働をこなす夫と，ほぼフルタイムの家事・育児に従事してそれを支える妻の存在によって強化された．特に，教育や消費などの住機能に特化した空間である郊外は，働いて企業福祉に基づく家族賃金を稼ぐ夫と，（この夫を癒すため）妻が控える「休息の場」として，生産を支える再生産のための空間となった．こうして，「家庭＝女性」という論理は，「男性稼ぎ手モデル」の仕組みと共に成立し，定着することになったのである[4]．

---

3) 主婦については，オークレイ，A. 著，岡島茅花訳 1986.『主婦の誕生』（三省堂）を参照頂きたい．

4) 女性の家事・育児への従事は，もちろん農業や自営業を中心とした戦前の日本社会のなかでも行われてきた．しかし，戦後の産業化に芽生えた仕組みが従来のものと決定的に異なるのは，既婚女性が一人で家事・育児に対する全責任を負わなければならなくなった点である．

3　女性と家庭を分析する

1) 分析単位としての地域・家庭とホームの地理学

　1990年代のジェンダー地理学では，これまで研究対象として注目されてこなかった地域・家庭という分析単位の可視化が大きな課題となってきたが，その一方でこの単位は固定的なイメージでも捉えられがちであった．こうしたなかで，地理学における新たな分析単位として，ホームや家庭空間についての認識を再構築したのが，福田（2008）のホームの地理学である．ホームの地理学は，個人的で「私」的な単位だと考えられてきた家庭の空間が，最も日常的な空間でありながら，実際には利害が衝突し，新たな価値観やアイデンティティを生み出すことを示し，ホームへの視点の重要性を再確認させるものであった．

　ジェンダー地理学は，何が「公」的で，何が「私」的な問題であるかという線の引き方自体が，すでに政治的な問題であることを指摘する（Staeheli and Martin 2000）．つまり，政治性が凝縮された問題に一方的にレッテルを貼り，取るに足らないものとして排除する行為自体が問題視されたのである．ホームの地理学は，（問題が凝縮された）ホームが私的領域へと押し込められ，他者化される構制を見直し，さらには公私二元論を覆すものとしてホームを位置づけようとする．文献①と②では，このような問題意識に基づき，地域・家庭という分析単位に焦点を当て，地理学で見過ごされてきた都市空間の変容を捉えようと考えたのである．

2) 文献資料調査：地域・家庭をどのように捉えるのか

　地域や家庭の実態は，「生産活動を支える再生産活動[5]」として重視され，国勢調査など公的資料により把握されているため，地理学的な分析をする際の確認は不可欠であ

> 【キーワード】ホームの地理学
>
> モナ・ドモシュの論考（Domosh 1998）を皮切りに，おもに英語圏で展開される家庭空間をめぐる地理学である．これまでの固定的な捉え方を問題視し，アイデンティティの形成の場として，公私二元論を越えた空間としてホームを捉え直す．移民の経験を反映する移動性や物体として人に作用していく物質性などの側面を検討し，流動的で重層的なホームの存在へと脱構築しようとする試みである．近年の人文地理学では，こうしたホームの地理学の影響を受け，「個人的なるものと社会・政治的なるものとが交差する領域」として，ホームにアプローチする研究が増えている．

---

5)　『岩波女性学事典』によれば，再生産とは，人間の再生産のことを指す．ルイ・アルチュセールは，再生産を 1) 生産様式そのものの再生産，2) 労働力の再生産，3) 人間の生物学的再生産の三つに分類しているが，フェミニズムでは再生産をもっぱら3) に限定し，生殖と育児，人口の再生産を指すものとして扱っている．

る．これら資料からは，（良くも悪くも）地域や家庭などが当該地域においてどのような状況にあるかが部外者にもよくわかるため，地域の「客観的データ」として有効である．

　文献①と②では，おもに国勢調査（町丁目別集計）をはじめ，行政が独自に収集・整理した報告書（八王子市の協働事業調査報告書，決算報告書），自治体におけるニュータウン事業関連冊子（八王子市における多摩ニュータウンまちづくり方針）などを参照した．郊外ニュータウンの誕生と変容を対象とした文献②では，開発主体が発行した当時の記念誌（日本住宅公団二十年史刊行委員会 1981，東京都多摩都市整備本部 1999）などを用いて整理をした．地域の動向については，市史や町史などの地誌関連資料とともに，この種の資料が非常に参考になる．

　文献①と②において参照した先行研究は，郊外住宅地域の歴史的研究（角野 2000）や，ジェンダーとすまいについての理論的研究（西川 2003）などであった．文献①に関わる調査では，まず統計資料や公的資料で概要を把握した．さらに地域コミュニティにおける女性たちの活動を知るために，現地の非営利セクターでのフィールドワーク，そして主婦たちが起業した会社での参与観察と聞き取り調査を行った．

3）定量・定性分析

（1）地域概要の把握

　都市空間における地理学的事象の把握には，おもに人口の推移，地域を構成する世帯の変容を捉えることが重要である．文献①では，東京都多摩ニュータウン（八王子市域），文献②では大阪府千里ニュータウン（豊中市域）における人口の推移を分析・検討した．東京と大阪のニュータウンの人口推移は，2000 年代までにピークを迎え，全体として緩やかに減少傾向にあるが，文献①と②で対象とした地域（地区）は，ニュータウン事業の最終段階に造成された比較的新しい地区であり，人口推移は概ね増加傾向にある．

　多摩ニュータウンの八王子市域でも，人口，世帯数共に増加傾向にある（図 8-1）．ただし，平均世帯人員は減少しており，その背景にはファミリー世帯の人員の減少や，ひとり親世帯，DINKs 世帯，単身世帯など世帯の多様化があることが推測される．2025 年以降は，さらに人口，世帯数，平均世帯人員いずれも減少傾向になると推計されている．

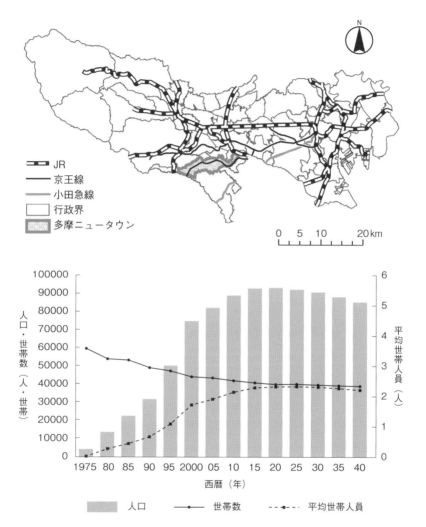

図 8-1　多摩ニュータウンとニュータウン八王子市域の人口世帯の推移・推計

出典：文献①をもとに改訂

注：八王子市多摩ニュータウンまちづくり方針（2019）より作成.

　文献②では，千里ニュータウンの関係自治体である大阪府豊中市における核家族の世帯構成を検討した（図8-2）．10年間の内容に大きな変化は見られないものの，「夫婦のみの世帯」や「女親（あるいは男親）と子どもから成る世帯」が微増してお

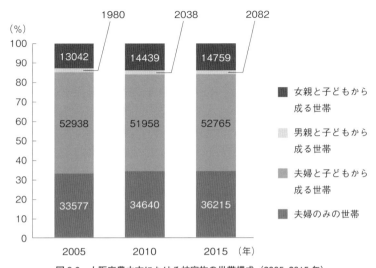

図 8-2　大阪府豊中市における核家族の世帯構成（2005-2015 年）
出典：文献②をもとに改訂
注：国勢調査より作成.

り，核家族世帯の内容の変化の兆しが確認できる．これまでニュータウンにおいて
は，「夫婦と子どもから成る世帯」の転入が期待され，実際に 1980 年までではそのよ
うな世帯が大多数を占めていた．だが，今後は緩やかに家族の複雑化が進んでいく
と考えられている．

　文献②では，同市における 15 歳以上の労働力人口についても検討した（表 8-1）.
（賃金労働のみを「労働」と括るカテゴリーには，若干の違和感はあるものの）男
性における「おもに仕事」，女性における「非労働力人口」（≒再生産労働に勤しむ
人）の割合の大きさからは，未だ固定的なジェンダー役割の傾向が強いことが伺え
る．また「家事のほか仕事」への従事が，女性に顕著であることも注意したい．一
方で，女性における「非労働力人口」の割合は年々減少傾向にある．特に 2015 年の
状況では，「主に仕事」「家事のほか仕事」を合わせた割合が全体の 43％，「非労働
力人口」の割合が 53％とほぼ拮抗しており，当該地域の女性の働き方の多様化傾向
が伺える．

(2) 自治体の公共サービス外部化と女性たちの地域「参加」

上記分析を踏まえ，文献①では昨今の緊縮財政を背景とした自治体の公共サービ

表8-1　豊中市における 15 歳以上の労働力人口と非労働力人口（1995-2015 年）出典：文献②

単位：人		おもに仕事	家事のほか 仕事	通学の かたわら仕事	休業者	完全失業	非労働力人口
男性	1995 年	119,851 (74%)	762 (0%)	2,569 (2%)	1,296 (1%)	6,847 (4%)	30,684 (19%)
	2000 年	109,704 (71%)	1,032 (1%)	2,385 (1%)	1,436 (1%)	7,133 (4%)	33,528 (22%)
	2005 年	100,775 (67%)	1,321 (1%)	2,457 (2%)	1,969 (1%)	7,850 (5%)	36,115 (24%)
	2010 年	93,026 (65%)	1,607 (1%)	2,428 (2%)	2,085 (2%)	7,544 (5%)	35,406 (25%)
	2015 年	92,752 (63%)	1,720 (1%)	2,301 (2%)	1,858 (1%)	5,142 (4%)	43,194 (29%)
女性	1995 年	47,532 (27%)	24,640 (14%)	1,874 (1%)	783 (1%)	3,988 (2%)	94,721 (55%)
	2000 年	48,592 (28%)	21,839 (13%)	1,781 (1%)	994 (1%)	4,130 (2%)	93,223 (55%)
	2005 年	45,741 (27%)	23,756 (14%)	2,050 (1%)	1,481 (1%)	4,414 (3%)	92,673 (54%)
	2010 年	46,977 (29%)	22,861 (14%)	2,084 (1%)	1,661 (1%)	4,251 (3%)	84,127 (52%)
	2015 年	47,977 (28%)	24,602 (15%)	2,130 (1%)	2,024 (1%)	3,061 (2%)	89,613 (53%)

注：国勢調査より作成.

ス外部化（アウトソーシング）の動きと，これを受けた住民の地域「参加」を検討した．図8-3 は，区分別にみた八王子市の協働事業の件数である．協働事業とは，自治体（市）と地域住民とのコラボレーションにより成り立つ事業のことで，受託者に業務責任を委ねる「委託」をはじめ，財政的な支援のみ行う「補助」，市と共に業務を主催する「共催」などの内容がある．

　全体の件数は 2004 年度に一度下がるものの，4 年間で約 2 倍にまで増加する．また 2005 年度には「事業協力」「アドプト制度」が加わり，事業内容の多様化も進んだ．注目したいのは，「共催」「後援」「事業協力」などが 2006 年度までに協働の半分以上を占めるようになったことである．近年割合の高まったこれらの事業内容は，「委託」や「補助」とは異なり，受託者の財政支援が必ずしも協働の目的とされていない．このことは件数増加の一方で，協働の内容自体が，住民の無償ボランティアに頼る方向へシフトしていることを示していた．

　ところで，自治体による協働の取り組みはどのような住民と共に行われ，彼／彼女たちはどのような形で地域「参加」を行っているのだろうか．筆者はこのことを検討するために，公共空間の貧困化とこれを補う住民「参加」の議論を参考にしたが，その際，「一枚岩」として捉えられがちであった住民たちの個別具体的な姿を可視化するために，ジェンダーの視点を組み込んだ．こうしたことで，「参加」の一番の当事者である女性たちの存在が可視化され，彼女たちの周辺に潜む問題を浮き彫りにすることができたのである．

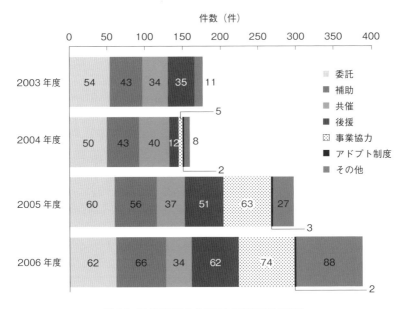

件数（件）

図 8-3　区分別にみた八王子市の協働事業の件数
出典：文献①をもとに改訂
注：八王子市協働事業調査報告資料および市決算報告書より作成.

　1990 年代に入り本格化した自治体による公共サービスの外部化は，これまで注目
されてこなかった地域活動に光を当て，その担い手だった主婦たちに起業のための
機会を与えた．当時，主婦として家事・育児の傍ら地域活動に従事していた女性た
ちは，自治体の協働事業を行うために 1995 年に有限会社「S 社」を設立した．著
者は，協働をめぐる全体像を把握するために，設立者である A さんの協力を得て，
2006 年 6 月から 2007 年 7 月までのおよそ 1 年間 S 社で参与観察を行った．
　著者が参与観察をしていたこの時期，S 社は，駅前花壇整備や八王子市のフラ
ワーフェスティバル（協働事業）のほか，地域住民たちへの就業・生活情報の提供
（非営利事業），都心マンションの住民交流イベント（収益事業）を柱として活動を
展開していた．社員である女性たちは，特にマンション建設により需要の増える交
流イベントの仕事に多忙を極めながらも，それぞれの事業に精力的に取り組んでい
た．著者は，学生アルバイトとして週 1 回（時には週末の緊急要員として）活動に
加わり，事業を一通り経験をさせてもらいながら観察を続けた．
　いずれも貴重な勉強機会となったが，一連の経験のなかで特に印象的に残ってい

るのは，Ａさんからの言葉であった．都内某所の出張を終えて八王子方面へ戻るＡさんと私（まさに鞄を持っていた）は，しばらく何を話すこともなく電車に揺られていたが，Ａさんは突然，「結局，自分のためにも生きたいよね？」と私に問いかけた．このとき私が何を返事したのかはよく覚えていないが，何かをやり遂げる自らの情熱は自らの生きる時間のためにこそある，という力強いメッセージだったと今でも感じている．

【キーワード】ライフ・ストーリー

個人の生活をめぐる，おもに口述により把握された物語を指す．また，ある個人の生活に焦点を当て，その人自身の経験に基づく語りから，自己の生活世界や，社会・文化の諸相を全体的に読み解こうする質的調査の方法論を指す．ライフ・ヒストリーやオーラル・ヒストリーの類似概念として，互換的に用いられる場合も多い．「奥のお婆さん」を対象とした研究である中野卓（1977）『口述の生活史』（御茶の水書房）は，日本における先駆的研究であり，口述の分析として有名である．

（3）女性と家庭の可視化

　次に，Ｓ社スタッフのライフコースやライフ・ストーリーの検討を通じて，地域・家庭における女性たちの実践の可能性と課題を考えたい．表8-2は，インタビューを行ったＳ社スタッフのライフコースと職歴を示している．調査当時，Ｓ社には新旧合わせて９名のスタッフがいた．年齢構成は30〜60代までと幅広く，スタッフはみな高学歴であった．Ｓ社への入社理由では，多くのスタッフが「職住近接の職場環境」を挙げていた．この背景には，郊外の地域労働市場への不満と，主婦たちの時間的制約があった．彼女たちは一切の家庭内責任を背負うため，賃金労働に従事しようとする場合には，自宅周辺での職場を探さなくてはいけなかった．しかし近隣には，スーパー勤務など徹底的にマニュアル化された仕事しかなく，その多くが非正規雇用であった．Ｓ社は，家庭との両立を図ろうとする，高学歴で高いスキルをもつ郊外女性たちのニーズに合致した職場となったのである．

　しかしＳ社での活動には課題もあった．つまりこれらの活動は，あくまでも彼女たちに課せられた家事・育児をこなして，はじめて家族から認められるものなのであった．学童保育に子どもを預けて働くＦさんは，「外へ働きに出るなら，子どものことだけは落ち度があってはいけないと思った」と述べ，育児を終えたＩさんは，「どんなに遅く帰っても，家族が自分の作るご飯を待っている．何にせよ，夫が稼ぎ頭」と述べる．これら語りの背景には，彼女たちの多くが正規雇用の夫をもつ主婦だという事実がある．つまり主婦たちの地域活動や起業が，経済的に安定した世帯（家庭）を基盤とした，生産／再生産を含む彼女たちの過重労働によってはじめて達成される側面があると指摘できるのである．

表 8-2　S 社スタッフのライフコースと就業
出典：文献①をもとに改訂

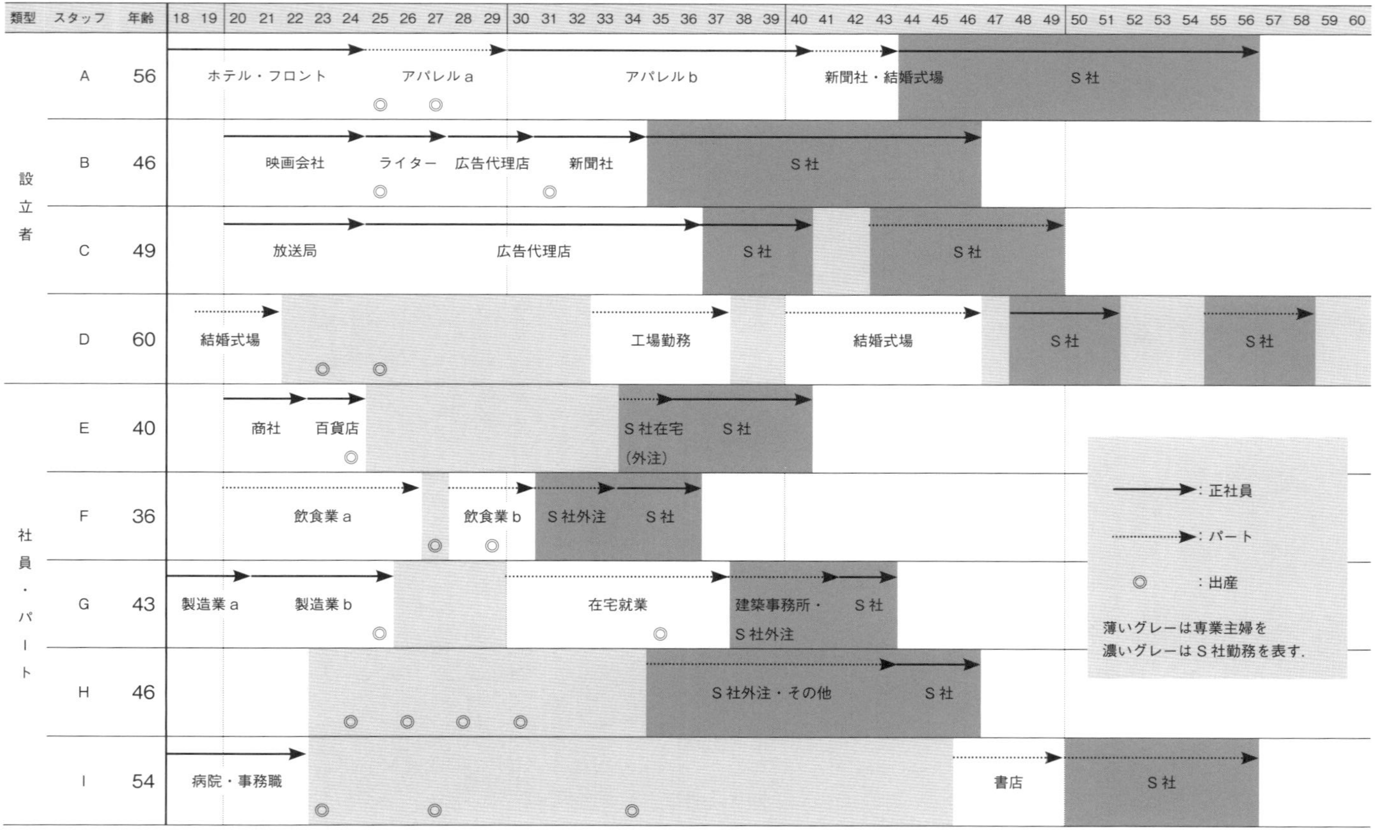

4　郊外からジェンダーを考える

　本章では，地理学においてジェンダーを考えるために，都市郊外における家庭と女性を捉える方法論について解説した．文献②は，都市空間における職住分離構造とそのなかで誕生した郊外を，再生産に特化した空間として分析した．そこでは，都心／郊外の非対称性，都心に従属した郊外がもつ特殊性が浮き彫りとなった．文献①は，生産／再生産領域の分離と近代家族の根底にある「家庭＝女性」という論理，そして郊外の変容とそこに関わる主婦の活動に着目した．ここからは，地域や家庭での女性たちの負担の実相が明らかとなった．

　地域，家庭，女性たちの存在を通して，計画的にジェンダー化された都市郊外を見ることで，その変化の兆しを浮き彫りにできる．彼女たちは，地域で同じ境遇に置かれた女性たち，あるいは夫など男性たちとの関係性の（再）構築を目指しながら，ジェンダーによって分断され均質化された空間のなかで，その規範とは異なる生き方を模索してきた．このことは，これまで看過されてきた地域や家庭などのミクロな分析単位の検討によって，はじめて可視化される．同様に，周縁化された人々への探究を喚起するジェンダーの視点によってこそ，得られた知見でもある．

　ただし，本章においては，おもに女性たちの活動や生活に焦点を当ててきたため，家父長的なイデオロギーや社会構造を創出，維持せんとする男性中心的な思想，さらにその中心にある覇権的な男性性に迫ることができなかった．また，公私二元論を揺るがす可能性をもつホームという分析概念を援用することも十分ではなかった．このような課題を踏まえつつ，今後は生産／再生産領域の境界を越え，いずれとも豊かな接点を持ち得るような多面的存在としての男性の実践，その舞台となるホームの存在にも着目していきたい．

【文　　献】
影山穂波 1998. ジェンダーの視点から見た港北ニュータウンにおける居住空間の形成. 地理学評論 71(9): 639–660. https://doi.org/10.4157/grj1984a.71.9_639
角野幸博 2000.『郊外の20世紀―テーマを追い求めた住宅地』学芸出版社.
スコット, J. 著, 荻野美穂訳 2004.『ジェンダーと歴史学　増補新版』平凡社.
千田有紀・中西裕子・青山薫 2013.『ジェンダー論をつかむ』有斐閣.
東京都多摩都市整備本部 1999.『多摩ニュータウン30年の歩み―過去から現在そして未来へ』東京都.

西川祐子 2003. ポスト近代家族とニュータウンの現在. 思想 955: 237–260.

日本住宅公団 20 年史刊行委員会編 1981.『日本住宅公団史』日本住宅公団.

ハワード, E. 著. 長素連訳 1968.『明日の田園都市』鹿島出版会.

福田珠己 2008.「ホーム」の地理学をめぐる最近の展開とその可能性―文化地理学の視点から. 人文地理 60(5): 403–422. https://doi.org/10.4200/jjhg.60.5_403

ローズ, G. 著, 吉田容子ほか訳 2001.『フェミニズムと地理学―地理学的知の限界』地人書房.

Domosh, M., 1998. Geography and gender: Home, again? *Progress in Human Geography* 22: 276–282. https://doi.org/10.1191/030913298676121192

Staeheli, L. and Martin, P. 2000. Space for feminism in geography. *The Annals of American Academy* 571: 135–150. https://www.jstor.org/stable/1049139

第9章

観　　光
戦争の記憶と場所の「資源化」

佐久眞 沙也加

1 観光空間の政治性を探る

　本章では沖縄県における観光と戦争の記憶という観点から，沖縄島北部のやんば
る（山原）と呼ばれる地域における観光資源の開発について説明する．筆者にとっ
て沖縄県は研究のフィールドであり出身地でもある．研究フィールドとしての沖縄
県は沖縄戦の場所であり，軍事化と抵抗の場所であり，国内有数の観光地でもある．
観光と戦争は今日の沖縄の空間を構成する要素として欠かせない存在である．それ
と同時に出身地としての沖縄県は，戦争の記憶，軍事基地，観光ブームの隆盛を身
近で見聞きしてきた場所である．本章では戦争の記憶と場所の資源化というテーマ
を通し，政治地理学と批判的観光学の視座から沖縄県における観光空間の構築がは
らむ政治性を探る．

　地理学者のマウンツ（Mountz 2015）は，多くの地理学者が島嶼地域を文化的に
独特で遠くに位置しロマンのある空間として調査する一方で，政治地理学者にとっ
ては島嶼の複雑な権力構造，領域性，そして島の政治が関心の対象となってきたと
指摘する．彼女は，島嶼の空間性とその政治地理学における意義として，島は占領
や植民地化など領土と権力をめぐる帝国主義的な政治闘争が再生産される空間であ
り，また自治をめぐる社会運動や抵抗が表れる空間でもあると述べる．マウンツが
指摘するように，島嶼地域は境界，主権，市民権，そして資源など政治地理学に深
く関する問いが表れる空間である．

　トンガ人の両親のもとに生まれた人類学者のハウオファ（Hau'ofa 1994）も同様に，
マウンツの指摘するような帝国のまなざしを通した島の捉え方を批判した．フィ
ジー，パプアニューギニアなどで教鞭をとったハウオファは，帝国主義的な見方か

ら描かれる「小さく，貧しくて，（海で）隔てられた国々」というオセアニア像を批判し，広大で周りを囲む海洋と自らのモビリティによって拡大する空間としてオセアニアを捉えなおした．本章はこのような島嶼空間としての沖縄の新たな捉え方を探り，島をめぐるまなざしが交差し，対立する場として軍事および観光の空間を捉える．沖縄県における戦争の記憶や軍事化，そして場所の資源化を分析する方法について，以下の三つの文献から説明する．

文献①：Sakuma, S. 2021. Souvenirs of solidarity: Towards an Okinawa-centered politics of demilitarization. *The Asia-Pacific Journal Japan Focus* 19(8). https://apjjf.org/2021/8/Sakuma.html

文献②：Sakuma, S. 2022. From military base to conservation site: Reimagining demilitarization of Yambaru forest in Okinawa. In *Spatial histories of occupation: Colonialism, conquest and foreign control in Asia.* ed. Baillargeon, D. and Taylor, J. E. London: Bloomsbury. http://dx.doi.org/10.5040/9781350257023.ch-009

文献③：Sakuma, S. 2019. Revitalizing the nation: Building resilience through ecotourism in Okinawa, Japan. In *Resilient destinations and tourism: Governance strategies in the transition towards sustainability in tourism.* ed. Saarinen, J., and Gill, A. M. 171–185. London: Routledge.

2　研究の目的と理論的視角

1）観光と軍事化の結びつき

　観光を通した出会いや体験を政治地理学の視座から分析する研究には，戦争や軍事基地，ボーダーツーリズムなどさまざまな政治的事象と観光の結びつきを捉える例がある．観光学においては従来マネジメントや経営戦略といった研究内容が多く見られたが，代表的な観光研究者であるアーリの観光客のまなざし（アーリ 2003）に関する研究に見られるように，カルチュラルスタディーズや人類学の視点から文化を構築し消費する行為として観光を捉えなおすような学際的なシフトが見られる（神田 2015）．観光を通した出会いや体験を，政治性を帯びる行為として捉える視点も，そのような批判的観光学の展開と重なるものであるといえる．日常生活の観

光という活動を通して人と場所が出会う空間においてどのように政治的な意味が表れるのか，という問いで沖縄県の観光を捉えることが筆者の研究目的である．

文献①から③は，いずれも観光と軍事化を相互的な空間構成要素とする視点に基づき調査したものである．文献①では「県民大会ツアー」を通して米軍基地建設反対運動に参加する日本人ツアー参加者が軍事化された空間を体験する過程を調査し，そこで現れる言説から基地反対運動と観光活動のつながりを議論した．文献②では，戦争の記憶の場であり米軍のジャングル戦闘訓練センターでもある沖縄県北部の森林空間が返還後の跡地利用を通していかに新たな観光資源として想像されるかについて議論したものである．

2) 記憶の地理学

記憶の地理学において重要な問いは，過去に関する言説が社会的にどのように構築され公共の碑や遺産といった景観として可視化され，共有されているのか，という点である（フット 2002）．共有された記憶とアイデンティティおよび政治意識の構築という点は，政治地理学における「場所の政治」という研究アプローチともつながる（山﨑 2013）．

文献①と②はこの視点と特に深く関連し，人が場所を体験する際にその場所の沖縄戦，土地接収，軍事基地の歴史がどのように表象されているか，という問いを扱う．その一方でそれらの記憶が表象されずにいる場合も含めて検討している．つまり，ある空間のなかで誰の記憶がどのように語られ，誰の記憶が語られていないのか，という問いである．誰がどのような目的で記憶を継承する空間を形成し，どのような言説が記憶として継承され，また誰によって異議を唱えられるのか，という問題は沖縄県における戦跡を巡る議論（Figal 2001, 福間 2015）からも読み取れる．

文献①では，沖縄県の元衆議院議員である瀬長亀次郎と民衆運動の歴史を記録する「不屈館」でツアー参加者が戦後の沖縄県における民衆運動の語りから自身の運動の活力を見出す様子や，普天間基地を眺めながら沖縄戦時の米軍の戦略展開を学ぶ様子から，場所の記憶が呼び起こされ体験される過程を描写している．文献②では沖縄戦当時に数万人が避難したとされるやんばるの森林における戦争体験と，戦後の土地接収を経て戦闘訓練場となった森林における米兵の訓練の語りを分析した．記憶の継承が慰霊碑などといった空間における構築を通して行われることが政治性をもつのと同様に，記憶の継承が行われないということもまた，その場所の政治経済的文脈を理解するのに役立つのではないだろうか．それらの場所に関する記憶を

【キーワード】軍事的な景観

軍事的な景観に関する研究には，軍事化がどのように空間構築に影響を及ぼすのか分析するものが多い．Woodward（2014）は古典的な手法としては軍事地理学に関連して地理的環境と戦争戦略の関連性を読み解くものが多く，戦争や暴力の政治性に対する問いが重視されない傾向があるとする．より批判的な研究では，戦後の戦場におけるナショナルアイデンティティの構築の分析などが挙げられる．その他にも，環境問題と軍事基地の関係性を分析する研究や訓練のための土地利用を扱う研究などさまざまな地理的文脈における研究がある．

分析することで，軍事的な景観がどのように体験され語られているのかがわかる．

3）場所の資源化

　文献②と③では場所がどのように「資源化」されるのかを議論している．本章では「資源化」を説明するために，沖縄島北部に位置するやんばる地域の政治経済価値がどのように語られ，またその価値はどのようにやんばるの空間形成に影響を及ぼしているのかを考える．文献ではやんばる地域の森林環境における「米軍基地としての利用価値」と「観光地としての利用価値」がどのように構築されているのかという点に着目して調査した．

　場所の資源化について考察する際に重要であると考えるのが地理学において代表的な概念の一つであるマルチ・スケールである．あらゆる政治的な事象を分析するなかで，政治地理学者は国家間の関係性のみならずローカルな事象をナショナル，またはグローバルな政治経済的文脈を踏まえたうえで分析を試みる（山﨑 2013）．スケールを重層的なものとして捉え異なるスケール間での政治的な事象の関係性を理解しようとする試みは，文献②の跡地利用や文献③の観光開発の問題とも関連深い．グローバルなスケールでの UNESCO 世界自然遺産というメカニズムやナショナルなスケールでの国立公園の制定など，異なるスケールにおける政治経済的な背景が土地利用に及ぼす影響を考えるうえで役に立つ視点である．

　文献③では過疎化が進むやんばる地域の東村においてエコツーリズムがどのようにして展開したかを論じているが，この異なるスケールの政治経済的要因が東村のエコツーリズムに与えた影響は興味深い．東村は今日も日本国内最大のパイナップル生産量を誇るが，1990 年初頭にウルグアイ・ラウンドの多国間通商交渉により価格変動が起こり，東村の農業は危機的な状況を迎えていた．同時期に日本全国で起きていたリゾート建設ブームを背景として東村でも外資によるリゾート開発計画が持ち上がるものの建設を待たずして頓挫していた．そのような経済的背景のなか，東村はカヌーを揃えマングローブ林をガイドするエコツーリズムプログラムを整備した．現在は県内でも有数のエコツーリズムおよび農村交流の地として年間 1 万人以上（新型コロナウイルス感染症拡大前）の修学旅行生を受け入れる村となっている．

　さらに米軍基地と関連した場所の資源化については，文献②が扱うように軍事基地返還後の跡地利用が研究課題として挙げられる．地理学者の Havlick（2007）は 1988 年以降米国内において 20 か所を超える軍事基地が野生生物保護区として指定されたことを指摘し，そのような土地利用の移行において軍事基地と環境保全の互換性が強調されていることを論じている．ハブリックはそのロジックを，残された化学薬品や爆薬によって汚染された土地を利用するにあたり，生物多様性保護という理由で土地利用を制限することによる土地管理の利便性にあると説明する．軍事化がその後の（そして周辺の）土地利用にどのような影響を及ぼしうるのか，跡地利用の政治という観点から観光と軍事化の結びつきを理解できるであろう．

3　分析方法

1）文献資料調査

　調査地の歴史や政治経済的背景を理解するうえでまず行ったのが文献資料の調査である．文献②は沖縄島北部やんばる地域の森林における戦争体験や軍事化と跡地利用について捉えるため，国頭村立図書館および国頭村役場にて文献収集を行った．村立図書館は，村民が個人で記録した戦争体験本を保管しており，また国頭村史にも村民の証言がまとめられている．また大学図書館やオンライン書店，古書店を利用して沖縄戦体験記を入手した．

　文献③は東村役場にて観光産業の展開に関する資料を入手したほか，エコツーリズム推進法提言に関する記録を環境省ホームページから入手した．また観光研究において観光案内所に設置してあるパンフレット等も現地の主要な観光活動を理解するうえで重要な情報源である．観光事業者の連絡先や使用されている言語，描かれているイメージなどからも，今後の調査過程で注目したい情報が読み取れるであろう．

　文献②における主な文献調査はやんばる森林における戦争体験を扱うものである．米軍の上陸が近づくなか沖縄県の人口課により 10 万を超える県民を中南部からやんばるに避難させる計画が進められており，疎開小屋の設置や住民の食料の備蓄，そして軍事燃料としての炭焼き作業が割り当てられていた（国頭村 2016a）．疎開小屋が山地に十数棟設置されたものの，空襲により作業が中止されたため収容された避難民はわずかであったという．押し寄せた避難民が山中に逃げこんだ様子を国頭村史では次のように記している．「大方は木の葉を折り集めて雨露をしのぎ，

図9-1　森林内をパトロール中の米軍兵士（沖縄県公文書館蔵）
出典：文献②

木の根，岩の陰をたよりにした．かくて広い国頭山中に人影を見ないところはなくなった」（国頭村 2016b: 46）．山中での戦争の記憶として，飢えやマラリア，攻撃によって死亡する避難民の様子や，戦争終結を知らずに隠れ続けていた住民の様子，避難民を捜索する米兵との遭遇の様子などが記録されている．

2）参与観察

　文献②と③は筆者の博士論文研究の一部にあたるものであり，2016 年末から約一年間国頭村に居住しながら観光活動や環境保全活動に関する調査を行った．調査開始当初は何から手をつけたらいいのかわからず，とにかく調査地域で開催されるイベントに参加し，経験したことや聞いたことなどをノートに書き留めることから始めた．マラソン大会のボランティアとしてイベントに参加した際には，現地の観光協会のメンバーと連絡先を交換したり調査について相談したりすることができ，その後の調査の道筋がつかみやすくなった．その後も森林内の外来生物駆除やパトロール活動などの様子を観察しながら聞き取り調査の依頼を進めていった．

　また文献①から③の全てにおいて，個人情報の保護についてツアー主催者側と事前に確認をしたうえでツアー中の参与観察を行った．文献①ではツアー行程におけるガイドによる参加者への問いかけの様子がわかり，米軍基地という空間をどのように演出し伝えるか，という問いを考える参考になった．それと同時に文献①ではツアー開始時に東京のツアーガイドが「沖縄の子が参加しています」と筆者を紹介する場面や他の参加者が一方的に筆者の写真を撮る様子から，参与観察においてイ

ンサイダー／アウトサイダーという二項対立のみでは認識できない自身のポジショナリティに関する問題が示されている.

　参与観察では活動の様子のみならず参加者の属性，表情や反応など資料収集だけでは見えてこないさまざまな情報を認識するきっかけとなる．参与観察中に受け取る情報は膨大である一方，活動中は詳細なノートをとることが難しく，ノートをとることで会話の流れを止めてしまうおそれもある.

【キーワード】ポジショナリティ

人種，国籍，年齢，性別，セクシュアリティ，社会的および経済的立場など社会的属性をふまえたうえでの研究者自身の位置性を指す．ポジショナリティを認識しようとする試みは，研究の客観性を追求するのではなく研究者自身の主観性を認識することで，研究の限界や位置づけを明らかにすることである．また，研究で明らかにされる知見が不変のものではなく研究者と調査対象者の関係性によって交渉され構築されるものであると認識することは，研究活動にまつわる政治性や権力性をいかに捉えるかという問いにつながるであろう.

それを防ぐため，活動終了後はできるだけ間を置かずにノートに書き留めたり，情報が多くてまとめきれない場合は自身の声を録音して音声メモを取ったりすることで詳細な情報を記録した.

3) メディアコンテンツ分析

　文献②ではやんばるの森林内で米軍がどのような訓練を行い森林の価値をどのように語るのか，という点に焦点を当てて分析した．「フェンスの向こう側」の調査には課題も多く，まず公になっている情報自体が非常に複雑であることが少なくない.

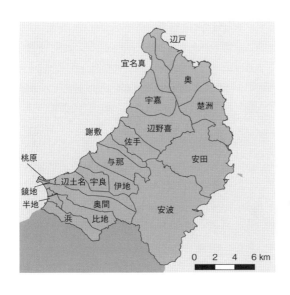

0　10　20　30 km

図 9-2
国頭村の位置と
村を構成する 20 の字
出典：文献②

そして一般に公開されている情報が米軍の PR 活動として選択されている側面も無視できないであろう．一つの手法としては各公文書館などで公開される米軍および琉球列島米国民政府の資料などの文献調査があるが，文献②では実際の訓練の様子を理解するために米軍メディアによって公開されている動画および雑誌記事を通して表れる言説を分析した．訓練の様子を記録し森林環境に関する描写および兵士としてのアイデンティティの描写に焦点をあてて書き起こしを行い，繰り返し現れるフレーズやテーマを書き出していった．英語の聞き取りのみならず軍固有の名称を調べながら会話の内容を理解する必要があるため時間のかかる作業であった．

　軍事的な景観（Woodward 2014）を分析するために，文献②では身体スケールでの体験に着目し兵士と森林空間の結びつきに関する言説を調べた．公開されている動画からは声を出さずに合図を使い森林内を進む様子やロープを使い崖を駆け降りる訓練の様子など，森林での兵士の動きが明らかになる．このように米軍メディアによって公開されている訓練の様子の動画や雑誌記事は，森林内で兵士がどのような訓練を行っているのか，という森林の機能的な役割を認識するとともに兵士が森林空間をどのように名付け，体験し，そして語るのかを理解するうえで有用である．文献②では兵士にとって理想的な「ジャングル」としての森林環境の描写や「いつでもどこでも派兵できるような身体」という描写から，やんばるの森林の価値が基地機能を通して認識される過程で兵士の身体の価値に関する語りが表れることを明らかにした．このことは Woodward（2014）によって指摘される空間と身体の結びつきが軍事的景観において現れるという点にあてはまる．一見非政治的な空間である森林だが，軍事的景観という視点で捉えることでその政治性が表れるといえよう．

【キーワード】スノーボールサンプリング

調査を行う際に調査対象者に次の調査対象者を紹介してもらう方法．調査対象者のネットワークを把握するうえで役立つと同時に，調査者が知らない調査対象者とつながれるという特徴がある．スノーボールサンプリングでは対象者の属するネットワークが偏ったり特定のネットワークに属しない対象者を見逃したりするおそれもあるが，筆者の研究の場合では役場など人事異動で地域のイベントや歴史について深く知っている人物が入れ替わっている場合に有用となりうる方法だと感じた．

4）聞き取り

　文献①から③全てにおいて聞き取り調査を行った．上述したとおり，参与観察を通して知り合った調査参加者に聞き取りを行うこともあれば，聞き取り終了後にまた別の人を紹介してもらうスノーボールサンプリングも用いた．紹介してもらう際には，聞き取りの内容が調査参加者との関係性や紹介者と調査参加者との関係性に影響されることもあるのでその点を踏まえる必要があるが，

図 9-3　インフォーマントから提示された避難経路を示した地図
出典：2019 年 4 月 21 日筆者撮影
注：「4 日 3 晩歩き続けた」という文字と，
見つかるのを恐れたために森への出入りを繰り返しながら南下した経路が記録されている．

調査の内容に関して確認したりしながら聞き取り対象を広げるうえで効果的な方法
であった．

　文献①と②では，ツアーガイドや地元の写真家に聞き取りをした．文献②では
森林をめぐる語りを通して，1980 年代にやんばるの森林で起きた国頭村安田の実
弾射撃演習阻止闘争に参加した際の記憶や，今日の UNESCO 世界自然遺産の登録
に向けた動きに対する期待や懐疑心などが明らかになった．環境省および国頭村が
2015 年に行った世界自然遺産登録に向けた説明会後では世界自然遺産登録による
地域のブランディングのメリットが強調される一方で，説明会に参加した以下の住
民の語りからは，世界自然遺産登録に向けた動きのなかで異なる視点の対立が存在
することが読み取れる．

　（自然遺産によって）そこになんらかのキャッチフレーズが付くかつかないかの問
　題であって（森林という）中身が変わるわけじゃない．（地域の農産物の）味が変
　わるわけでもないんだから，実際には変化ないんだよ．［中略］世界遺産地域なっ
　たからって特別にブランド化されてなんかもの売り始めたってそんなこと聞いた
　こともない．だからごまかすなってのはそこなんだよ．期待だけさしてね．

　上記の語りは，過疎化する地域における世界遺産を通したブランディングと環境
保全の両立，森林の観光利用という期待に相反する形で発せられている．軍事化さ
れた森林での米兵の訓練の様子，抵抗の記憶，そしてこれからの森林利用にまつわ
る語りからは，森林の価値づけが合致したものではなく，むしろ森林空間をめぐり
交差するまなざしがあることが読み取れる．一見スムーズな移行のように見える基
地返還後の環境保全地およびエコツーリズムの観光空間としての森林の跡地利用は，
実際には政治性をおびる事象であるといえるのである．

　聞き取りを行うなかで印象に残っている経験が，調査参加者の一人が「研究者は
外から研究しにくるが俺たちの地域に関して見つけたことを何も言わずにただ帰っ
ていく」と不満をもらしたことである．調査者として参加者とどのように信頼しあ
える関係を築くか，という問いは調査のそもそもの意義や倫理にも関係する重要な
課題であると考える．筆者の場合，調査参加者を対象に村内のカフェで「ゆんた
く（沖縄語でおしゃべり）会」を開き調査を通して気づいたことを共有し参加者に
フィードバックを受ける機会を得たが，単発的なイベントであり継続的なものでは
ない．調査を通して得た学びを調査協力者とどう共有するかという点はこれからの
研究においても課題となる問いである．

　そして，戦争の記憶という題目を扱う上で触れておきたいのが，聞き取りにと
もなう痛みという点である．北谷町が編集した『沖縄戦―語てぃいいかな何時ぬ世ま
でぃん北谷町民の戦時体験記録集』（1985: 179）の編集後記には以下のように記さ
れている．

　　殺りくと破壊のかぎりを尽した沖縄戦について語ることは気が重いにちがい
　　ない．［中略］四十年前の古傷をあばいて，お年寄りをいじめている錯覚に
　　陥ったりもした．しかし，戦争体験が次第に風化しつつあり，一方で軍国主義
　　的風潮が強まっている昨今，沖縄戦の実相を浮かびあがらせるためには，やは
　　り戦争に巻き込まれた一般住民の証言以外にないことも痛感した．

　上記の引用のとおり戦後沖縄県において戦争体験の聞き取りは幅広く行われてお
り，地域誌史には集落別に沖縄戦の体験がまとめられていることが多い．その一方
で聞き取りには PTSD などといった個人の精神的な痛みを呼び起こす行為にもつ
ながる．戦争の記憶の聞き取りは単なる「データ」ではなく，思い出す痛みととも
に紡がれた言葉であることも忘れてはいけない点だと考える．

　筆者の場合は文献資料調査の欄で述べたとおり，既に行われている聞き取り調査および個人により出版された戦争体験集を用いてやんばるの森における戦争の記憶について考察したが，留学先のハワイ州で沖縄戦を体験した移住者の方お一人に出会い聞き取りをする機会が得られた．避難経路を記した手書きの地図を指して沖縄戦を生き延びるなかで目にしたこと，耳にしたことを細かく説明していただいた．自宅周りに自生する野草を一つずつ指さしては避難中食料としていた植物を説明し，やんばるの

図9-4　「アメリカ帰れ　山を返せ」の文字が刻まれた木
出典：文献②（国頭村森林にて 2017 年 7 月 22 日筆者撮影，
ツアーガイドの教示による）

森で飢えと闘った記憶を共有してくれた．悲しみおよび怒りといった感情を想起させる戦争体験談は，話者の痛みなしには語られない．時に沈黙しつつも言葉を紡いで問われた「南部と北部ではどっちがましだと思いますか．弾にあたって死ぬのとひもじい思いをして生き延びる苦しみとどっちが苦しいと思いますか」という言葉には「戦争体験」としてひとくくりにできない沖縄戦の地理的文脈の重要性が表れている．

4　戦争の記憶と場所の資源化

　筆者の祖父母は沖縄戦で家族を失いながら，やんばるの森に逃げて生き延びた．沖縄戦当時 14 歳だった祖父は，戦後直後に米軍収容所で基地建設の労働に参加した話や，集落で行われた遺骨収集活動で遺骨を拾い集めた話，そして米軍により土地が接収された話をふと話すことがあるが，祖父母ともに実際に目にした情景についてはほとんど口にしたことがない．やんばるの森における戦争の記憶や軍事化の歴史を探ることは，筆者にとって祖父母がどう生き延びたのか，戦争で何を体験したのか，という問いにも関わることであった．

　本章では沖縄県における戦争の記憶と場所の「資源化」というテーマのもと，軍事基地と観光が場所の構築にもたらす影響を考察した．観光研究は，アーリの観光客のまなざしに代表されるように「ゲスト」のまなざしによって想像され構築される行き先として場所を捉えることが少なくない．その一方で沖縄県の例からは「ゲスト／ホスト」としての関係性のみでは捉えられない複雑な政治的および歴史的背景があり，それらが絡み合って場所の資源化に影響を及ぼしてきたと考えられる．

　観光と軍事基地を相互作用する空間構成要素と捉えることで，観光地としてだけではなく軍事基地としての機能を兼ね備えた空間がどのようにつくられ，消費され，抵抗されてきたかが問われるであろう．そして今日の沖縄県において新しい「資源化」が起きるその場所が，沖縄戦の記憶が宿る場所であろうということも忘れてはならない．政治地理学という学問的視座から観光空間を探るとき，その場所の記憶がどのように語られるのか，誰の記憶が語られ誰の記憶がすくい取られないのか，という問いが景観の政治性を探るきっかけとなるであろう．

【文　　献】

アーリ, J. 著, 吉原直樹・大澤善信監訳 2003.『場所を消費する』法政大学出版会.

神田孝治 2015. 観光空間を文化論的に理解する. 竹中克行編『人文地理学への招待』143–179. ミネルヴァ書房.

国頭村史『くんじゃん』編さん委員会 2016a.『村制施行百周年記念国頭村史くんじゃん』国頭村役場.

国頭村史『くんじゃん』編さん委員会 2016b.『村制施行百周年記念国頭村史くんじゃん資料編』国頭村役場.

北谷町史編集事務局 1985.『北谷町民の戦時体験記録集(第一集)　沖縄戦―語てぃいかな何時ぬ世までぃん』北谷町役場.

福間良明 2015.『「戦跡」の戦後史―せめぎあう遺構とモニュメント』岩波書店.

フット, K. E. 著, 和田光弘・森脇由美子・久田由佳子・小澤卓也・内田綾子・森丈夫訳 2002.『記念碑の語るアメリカ―暴力と追悼の風景』名古屋大学出版会. Foote, K. E. 1997. *Shadowed ground: America's landscapes of violence and tragedy*. Austin: University of Texas Press.

山﨑孝史 2013.『政治・空間・場所 ―「政治の地理学」にむけて [改訂版]』ナカニシヤ出版.

Figal, G. 2001. Waging peace on Okinawa. *Critical Asian Studies* 33(1): 37–69. https://doi.org/10.1080/14672710122914

Hau'ofa, E. 1994. Our sea of islands. *The Contemporary Pacific* 6(1): 148–161. https://www.jstor.org/stable/23701593

Havlick, D. 2007. Logics of change for military-to-wildlife conversions in the United States. *GeoJournal* 69(3): 151–164. https://www.jstor.org/stable/41148185

Mountz, A. 2015. Political geography II: Islands and archipelagos. *Progress in Human Geography* 39(5): 636–646. https://doi.org/10.1177/0309132514560958

Urry, J., and Larsen, J. 2011. *The tourist gaze 3.0*. Thousand Oaks: Sage Publications.

Woodward, R. 2014. Military landscapes: Agendas and approaches for future research. *Progress in Human Geography* 38(1): 40–61. https://doi.org/10.1177/0309132513493 219

第
Ⅰ
部

第
Ⅱ
部

第
Ⅲ
部

第10章

農 産 物

アメリカにおける「ローカルフード」の政治性と広がり

二村 太郎

1 農産物の政治地理？

　本章では，1990年代中期から2000年代以降にかけて，アメリカ合衆国（以下「ア
メリカ」と記す）で広く展開したローカルフード運動を契機としつつ，アメリカ・
ケンタッキー州において農産物や食品に「ローカル」という意味付けがなされた経
緯やその帰結について，政治地理学的な視点から検討する．アメリカでは20世紀
後半に大規模なアグリフードビジネスの影響が次第に強まっていたが，加工食品の
増加や食の質をめぐる懸念から，世界各地や遠隔地で生産された食に頼らず，「ロー
カル」な地域で生産された農産物や食品の積極的な購入や消費を奨励する「ローカ
ルフード運動」が1990年代に展開するようになり，全国でファーマーズマーケット
の開催が増えていった．また，ケンタッキー州では，後述する州内のバーレー種葉
タバコ農業の再編成が進む過程で，「ローカル」というスケールを強調した農産物の
生産・販売が拡大していった．

　政治地理学の分野で農産物や食品を研究するのは，少し奇異に感じられるかもし
れない．『デジタル大辞泉』は，政治を「1 主権者が，領土・人民を治めること．ま
つりごと．2 ある社会の対立や利害を調整
して社会全体を統合するとともに，社会の意
思決定を行い，これを実現する作用．」と定
義しているが，本章では2の定義を念頭にお
き，ケンタッキー州において「ローカルフー
ド」が戦略的に概念化・言説化される過程と，
それが関係者に及ぼした作用を論じる．

> **【キーワード】ローカルフード運動**
> 距離的に近い地域で生産された農産物や食品
> の消費を推奨する社会運動．グローバル化し
> た食の供給に対抗する運動とも捉えることが
> できる．この運動は，いかにしてサプライチ
> ェーンの距離を短くするかに焦点を当て，輸
> 送エネルギー効率の改善を目指すとともに，
> 地域の小規模農家を支援する役割ももつ．

【キーワード】ファーマーズマーケット

直訳は「農業者の市場」だが，その形態は多様である．販売品は青果物と加工食品に限定されず，花卉や苗などの植物，卵や肉類，乳製品が販売されているマーケットもある．日本の農産物直売所と異なり，大多数は常設施設をもたない．開催日時や会場，出店料などはマーケットによって異なる．アメリカ農務省は1994年から全米のファーマーズマーケット数の統計を取り始めたが，約20年でその数は5倍以上になった．詳しくは二村（2010）を参照．

本章で解説する文献は以下の2本である．文献①は，ケンタッキー州内の中心都市レキシントンとオーウェンズボロ（図10-1）で毎週開催されるファーマーズマーケットにおいて，農産物が「ローカル」なものとして意味づけられる過程を，先行研究や言説分析から明らかにした．文献②はローカルフードを「資源」として捉え，オーウェンズボロのファーマーズマーケットでの参与観察調査を踏まえながら，そこで取引される農産物や食品が新しい資源としての価値を生み出す過程を論じている．これらはどちらも筆者の博士論文（Futamura 2008）の4章と5章の一部である．本章では主にそれらと博士論文の3章の内容を踏まえながら，既刊行物に含まれていない調査内容やその経緯について述べていく．

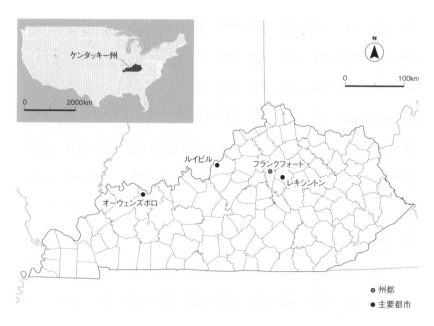

図 10-1 ケンタッキー州の位置

出典：USGS

文献①：Futamura, T. 2007. Made in Kentucky: The meaning of "local"
　　　　food products in Kentucky's farmers' markets. *Japanese Journal*
　　　　of American Studies 18: 209–227. http://www.jaas.gr.jp/jjas/
　　　　PDF/2007/No.18-209.pdf
文献②：二村太郎 2013.「ローカル」な資源の探求―アメリカ・ケンタッ
　　　　キー州におけるローカルフード運動の勃興. 横山智編『ネイチャー・
　　　　アンド・ソサエティ研究4　資源と生業の地理学』295–316, 海青社.

2　本章の目的と用いた理論

　本章における鍵概念は,「ローカルフード」という空間スケールを伴う概念である.
本章はケンタッキー州の農業再編成において重視された「ローカルフード」という
概念と, それを取り巻く言説について検討する. 同州の葉タバコ栽培農家は, それ
まで政府の買い付け割当制度を利用して安定した販路と収入を得ていたが, タバコ
産業への社会的批判が強まり, 次第にその将来が不安視され, 農業の多角化が迫ら
れてきた. その過程で,「ローカルに栽培された locally-grown」食の生産, マーケ
ティング, そして消費の実践が導入されていった.

　「ローカルフード」の直訳は「地元／土着の食物」であるが, その含意は重層的で
ある.「ローカル」と「フード」が指す地元や食物として, 原料がどこから来たかを
考えると, 相対的に近い耕地や漁場でとれた農産物や魚介類が想像されるであろう.
では, 地域内で人気のある菓子店や飲食店の食品は「ローカルフード」に含まれる
のだろうか. 距離的に近い場所からの原料を使用していないと,「ローカルフード」
とはいえないのだろうか. 多くの人が「ケンタッキー」という地名を聞いて思い
浮かべるフライドチキンは, ローカルフードといえるのだろうか. これらの答えは,
誰に聞くかによって異なる. つまり, 農業者や農業団体, 行政, アグリフードビジ
ネス業界の関係者, 小売店, 消費者や消費者団体など, アクターによって「ローカ
ルフード」の捉え方は変化する. したがって, 本章では「ローカルフード」を相対
的に近い土地で生産された農産物と捉えつつも, その物質的な意味に限定せず, 広
く州外で生産された農産物や食品への対抗概念として捉える.

　筆者の博士論文において軸とした研究課題は次の2点である. 第1に,「ローカル
フード」の概念と, それを論じるさまざまな利害関係者による言説は, ケンタッキー
州における葉タバコ生産農業再編の文脈でどのように構築されたのだろうか. 第2

【キーワード】ローカリズム

グローバリズムの対義語として使われる．地方主義，郷土偏愛主義などの訳があるが，本章では農業者や消費者が「海外産」や「国内産」よりも「ローカル産」である農産物や食品の生産や消費を志向する状態を「ローカリズム」という．ローカリズムは哲学的および言説的に「ローカル」の役割や意味を優先する傾向・思考を示すものであり，特定の場所に基盤をおいて展開する活動やプロセスを指す「ローカリゼーション」と区別される．

に，ケンタッキー州のローカルフード運動は，葉タバコ生産農業再編の影響のなかで，景観をどのように形成・改変したのだろうか．

　本章は，主に質的データを用いて，葉タバコ生産の政治経済的動態とケンタッキー州農業の構造変容，そしてファーマーズマーケットにおける「ローカル」スケールの構築と「ローカルフード」をめぐるミクロスケールの政治の2点に着目して考察を進める．

　本章が理論的に参照するのは，地理的スケールをめぐる研究である．スケールに関する理論は1980年代以降の人文地理学において発展した．スケールは，まず政治・経済地理学の分野で資本制の動態的な空間編成を説明する概念として理論化され，階層的に構成される実体的なものとして捉えられた（Jones 2017）．それに対して，スケールを実体化するのではなく，家父長制，レイシズム，市民権などをめぐり日常的かつ社会的に構築されるものとして捉え（Marston 2000），スケール概念の有効性を疑問視する主張も示された（Jones 2017）．この議論を踏まえ，本章はスケールを社会的かつ言説的に構築された空間的カテゴリと捉える．

　他方で，ローカルな事象に関する経験的研究は，他分野の研究で多く論じられてきた．農業や食に関する研究では，1990年代以降，グローバル化したアグリフード産業への批判が高まる一方（シュローサー 2001，マクドフほか 2004など），ローカルな農や食を賛美する書籍も刊行されてきた（ノーバーグ＝ホッジ 2009，ポーラン 2009など）．なかでも，過度なローカリズムを疑問視するHinrichs（2003）やDuPuis and Goodman（2005）など農村社会学の研究は，ローカルフード運動におけるローカリズムへの傾倒自体が政治的なプロセスであると指摘した．本章が扱う，ケンタッキー州の農業や食における「ローカル」というスケールの構築や言説化自体は，まぎれもなく政治地理学的な研究課題なのである．

　アメリカのローカルフード運動は日本の地産地消運動と似ているとみられがちだが，前者は後者よりも政治的な意味をもつ．なぜなら，ローカルフード運動は，影響力を増す多国籍アグリフード産業への批判のみならず，ローカルな小規模農家支援を推奨することで，アメリカ第3代大統領トマス・ジェファーソンが理想とした農本主義の喚起も意味するからである．この運動は，ともすればグローバルな顧客を対象とする農業発展とは異なり，地元での販売を目指すことで，あえてローカル

なスケールを前景化するのである.

3 調査分析の手順と結果

　ケンタッキー州ではバーレー種と呼ばれる葉タバコの生産が主要な農産物であったが, 1980年代後半から国内のタバコ需要が低下したこと, また州内の農業労働者不足に悩まされるようになり, 次第に葉タバコ生産の衰退が始まっていた. 1990年代に入り, クリントン大統領 (当時) が就任後, 1994年に連邦政府公衆衛生総監 US Surgeon General が青少年による煙草の喫煙を減らすよう提言した報告書を発表し, 全米で嫌煙運動が高まったことで, ケンタッキー州の葉タバコ農家はますます苦境に立たされることとなった.

　本節1) 項では, 新聞資料分析により, タバコ農業が衰退していったケンタッキー州における農業再編成の過程で, ローカルというスケールがいかにして政治化され構築されていったかを検討した. 次いで, 本節2), 3) 項では州政府や郡の文書の分析と, ファーマーズマーケットで行った参与観察調査を通して, 各マーケットの規定がどのようにスケールを規範化し, それがどのようにマーケットや出店者を差別化したかを検討した.

1) 新聞資料分析

　調査を進めていくにつれて, 葉タバコ生産をはじめとしたケンタッキー州の農業に関する現代史的な先行研究はほとんどないことがわかった. そのため, 筆者は州内の主要紙 (*Lexington Herald-Leader* や *Louisville Courier-Journal* など) による過去の報道を追うとともに, 1989年に創刊した州内の農業関係者向けの新聞 (*Farmer's Pride*) の記事を丹念に拾い, 同州の農業がどのような経緯や影響を受けて変化したかを明らかにしていった. 次いで, その過程で重要な役割を果たした人物に後日インタビュー調査を行い, 文献では得られなかった情報を入手していった.

　ケンタッキー州では長らくバーレー種葉タバコが生産されていたが, アメリカでは1964年に公衆衛生総監が喫煙による健康への影響を警告する報告書を初めて発表し, アメリカ社会で初めてタバコが健康危害を及ぼすものとして認知された[1]. しかし, フィリップ・モリス社や RJ レイノルズ社など大手タバコ製造会社はこれを否定し, 喫煙は健康を脅かすものではないとして, 巨額の広告費を投じて人々の不安や懸念から注意を逸らしてきた.

1980年代に入り，ケンタッキー州の農業はいくつかの部門で苦境に置かれていた．酪農業は乳価の低迷で収益が上がらず，離農者が増加した．また，葉タバコ産地では労働力不足が州全体での大きな課題として認識されるようになった．バーレー種は2メートル以上の高さまで育つが，農作業の機械化が進んでおらず，刈り取りや乾燥の作業には集約的な労働力が必要となる．そのため，移民労働者への依存が少しずつ高まっていた．さらに，喫煙の悪影響を懸念する消費者や医療関係者の禁煙キャンペーンによって，全国的にタバコの消費量が減少するとともに，タバコ商品への増税も議論され始めた．他方で，大手タバコ製造会社は原料確保のため，トルコなど海外から安価な原料を輸入するようになった．

農業者を中心に組織されたバーレー種タバコ栽培者協同協会 Burley Tobacco Growers Cooperative Association では，この変化に対して強く反発していた．1987年から同会会長であったジョン・ベリー Jr. 氏はかつてケンタッキー州議会上院議員を務めた州農政の実力者で，農業者支援のために長く務めてきた．大手製造社が輸入を増加させる動きやタバコへの増税に対して同会は抗議運動を展開し，連邦議会がアメリカ国内で販売されるタバコ商品は輸入原料の使用を25％以内に制限する規定を定めた．

ベリー Jr. 氏は1994年に病を理由に協会の会長職から退いたが，退任時に「協会はタバコ農業を守るだけでなく，農業者が他の作物の販路を見つけて農村コミュニティを守っていくよう尽力しなければならない」と述べた（Stroud 1994）．ここで初めて，農業の多角化が論じられることとなる．ベリー Jr. 氏の職を継いだオーウェンズボロのロッド・キーゲル氏は三代続く肉牛肥育と穀物・葉タバコの農家で，ベリー Jr. 氏の影響を受けて農業の多角化を論じていった．彼はクリントン大統領の諮問機関であるバーレータバコ協議会 Burley Tobacco Council の一員にもなり，全国の業界関係者から規制推進論者までさまざまな人々と議論しながら，タバコ規制と葉タバコ農家の経済支援を両立する施策を模索していった．その結果，キーゲル氏を含む協議会は葉タバコ農家を保護してきた連邦政府の生産割当制度の廃止を提言するとともに，割当分を放棄する農業者への所得補償や農業多角化の支援策を

1）アメリカ疾病対策予防センターのホームページでは，歴代の公衆衛生総監によるタバコに関する報告書が時系列で公開されている．Center for Disease Control and Prevention. 2021. Historical Surgeon General's Reports.〈https://www.cdc.gov/tobacco/data_statistics/sgr/historical-reports/index.htm（最終閲覧日：2021年5月12日）〉

求めた最終報告書[2]を2001年に発表した．これによって，ケンタッキー州の農業が新たに目指す方向は，従来の葉タバコ依存型の農業から大きく転換していったのである．

1990年代のケンタッキー州の葉タバコ生産者や関連団体にとって，もう一つの大きな契機は，複数の州政府が喫煙による州民の健康危害への賠償をタバコ製造企業へ求めた集団訴訟である．前述のように，タバコ製造会社は喫煙による健康への影響を矮小化して，喫煙と健康悪化の因果関係を認めてこなかった．しかし，公衆衛生総監が1992年と1994年に相次いで報告書を発表し，クリントン大統領が青少年の喫煙の増加を問題視したことで，社会問題としての喫煙対策に取り組まないタバコ製造会社は強く批判されるようになった．そのようななか，全米で46州の法務長官がタバコ製造会社への集団訴訟を起こし，会社が喫煙の健康被害を知りながら対策を講じなかったことによって生じた医療扶助費の損害賠償を求めた．法廷闘争の結果，タバコ製造会社は1998年に原告の州政府に対して25年間で総額2500億ドルの賠償を支払い，その代わりに州政府が関連する諸訴訟をすべて取り下げる条件で和解した．

このような変化のなかで，ケンタッキー州の農家はこれまでのような葉タバコ生産への依存の難しさを認識するとともに，多角化の必要性に直面していった．もともとケンタッキー州では地形的な制約から農家の所有農地面積がアメリカ50州の平均に比べて小さく，トウモロコシや大豆など土地利用作物への転換では収益確保が困難であった．そこで目をつけたのが，近隣や州内の市場向けに新鮮な野菜や果物を生産・販売する，「ローカル」な農産物であった．葉タバコと異なり，野菜や果物は人々の健康に危害を及ぼすことはなく，その生産や販売の増加は州内の農村コミュニティ維持にもつながる．連邦政府の作付割当制度という保護政策の下で高い収益を得てきた葉タバコ農家や農業団体は，「ローカルフード」への転換を基軸に，自らの基盤を再編成していったのである．

なお，上述のベリーJr.氏が主張した農業の多角化には，後に展開するローカルフード運動と通ずる視座が含まれていたが，その背景として弟ウェンデル・ベリー

---

2) President's Commission on Improving Economic Opportunity in Communities Dependent on Tobacco Production While Protecting Public Health. 2021. Tobacco at a crossroad: A call for action. US Department of Agriculture. 〈https://permanent.fdlp.gov/lps17841/www.fsa.usda.gov/tobcom/frfiles/FinalReport.htm（最終閲覧日：2021年5月10日）〉

氏の存在に触れておきたい．ベリー氏は全米で広く知られた作家で，牧羊を営むかたわら，多くの文芸作品を発表してきた．特に，ベリー氏は大規模化するアメリカの企業的農業を早くから批判し，ローカルに根差した経済活動を提唱してきた（ベリー 2008）．「食べることは農業的行為である」という有名な一文は，ローカルフードの重要性を推奨する出版物で頻繁に引用されている．

2) 観察で生じた疑問と新たな資料分析

上述の資料分析調査を進めていく少し前から，筆者はファーマーズマーケットを頻繁に訪ねて観察を行っていた．留学先のケンタッキー大学が位置するレキシントンでは，週に3回マーケットが開催されており，出店者と消費者のやりとりを観察したり，販売する農業者に話を聞いたりした．観察を続けていると，ここでは自身が生産した野菜や加工品を販売する出店者もいれば，南部のジョージア州などから農産物を仕入れて販売する出店者もいることに気づいた．つまり，レキシントンのファーマーズマーケットは必ずしも「ローカルフード」だけのマーケットではなかったのである．この点については，マーケットの出店者や運営委員会でも意見の対立があることが，さまざまな人の話から明らかになった．

ここで気になったのが，ファーマーズマーケットがどのような規定を定めているかである．出店者を地元の農家に限定するのか，州外の農業者の販売を認めるのか，同様に，販売品を郡内の生産物に限定するのか，それとも他州で生産された物を販売しても良いのか．これらはすべて各マーケットが定めている．どのマーケットでも運営委員会が設置されており，その委員構成は出店する農業者や地域の有力者や農業普及所の職員などさまざまであるが，委員会で定めた規定は出店者や販売品の空間スケールを規定する．そのため，「ローカル」をどのように捉えるかの経営的思惑がマーケットの規定に現れるのである．

研究調査の過程でケンタッキー州農務省を何度も訪ねた私は，州内で珍しいアジア系の大学院生であったせいか非協力的な態度を取られる経験もしたが，最終的に州内で開催されていた各ファーマーズマーケットが独自に定めた規定をすべて入手・閲覧することができた（表 10-1）．

それらを集計すると，出店者と販売品について規定内で定めていたファーマーズマーケットは，全体の半分以上あることがわかる．すなわち，ファーマーズマーケットの多くは単なる「農業者の市場」ではなく，空間的な規範性を有した市場なのである．

表 10-1　領域的制限別に見たケンタッキー州のファーマーズマーケット数（2006 年）

出典：ケンタッキー州農務省資料により作成

規定に明記された出店資格の必要条件	マーケット数	
	出店者の居住地	販売農産物の産地
マーケットを開催する郡内から来ている	13	12
周囲の隣接する郡から来ている	35	26
ケンタッキー州内から来ている	4	10
ケンタッキー州および隣接する州の一部から来ている	3	4
生産者である（立地や場所に関する規定は無）	10	13
～マイル以内の場所から来ている（距離に関する規定）	2	3
明示無	21	10
規定がないマーケット	19	26
信頼に欠けるデータ	11	4
合計	108	108

販売上の制限	マーケット数
二次販売の実施可能性を規定で明示している	26
二次販売を規定で禁じている	16
合計	42

　このうち，もっとも厳格に定めていたのは，出店者や販売品が，マーケットを開催する郡内から来たものに限定した規定である．例えば，ケンタッキー州中南部に位置するアデア郡のファーマーズマーケットでは，協会ガイドラインの第 1 条で以下のように記している．

　1. 会員［訳注：資格］
　アデア郡で栽培された農産物を有するアデア郡在住の栽培者に限られる．出店者は［訳注：マーケットに］参加する前に，会員になるための出店者申請書の提出が義務付けられ，毎年 25 ドル，もしくは 1 日 5 ドルの出店料を最大 5 回，支払う必要がある．

　ケンタッキー州には 120 の郡があるが，それらの面積は平均すると約 852km²で，

半径約29kmの商圏に相当する。アデア郡のようなマーケットは、自動車社会のアメ
リカで極めて小さな規模といえるであろう。空間的設定をもつ規定のなかで最も多
かったのが、周囲の郡からの出店・販売を認めているものである。ある程度規模が
大きな都市にて開催されるマーケットは、どれも周囲の郡からの出店を認めていた。
その他には、出店を州内の農業者に限定する規定、州境に位置するため隣接する州
からの出店を認める規定、出店者を一定の距離範囲内に限定して認める規定もみら
れた。他方で、約4割のマーケットが転売の可否を定めていた。したがって、各
ファーマーズマーケットが独自の規定を定めることで、出店者や消費者にとって何
が「ローカルフード」となりうるのかが変化するのである。

3) 参与観察調査での発見

　筆者はレキシントンよりもマーケットの規定が明確であったオーウェンズボロを
調査対象に選定し、2006年4月から10月までの開催期間を通して参与観察調査を
行った。ここでの調査結果は文献②で詳しく書いているので、本章ではそこで取り
上げなかったことについて2点論じたい。

　ファーマーズマーケットでは、各出店者がどこで作られた農産物を販売している
かをさまざまな方法で明示している。商品によっては、他から取り寄せた旬でない
ものもある。前述のとおり、他地域で作られた商品の販売の可否は、各マーケット
の規定で定められている。しかし、多くの買い物客は、人気が高いトマトやスイー
トコーンがいつ販売され始めるか気にしており、旬の農産物の販売はマーケットに
とって非常に重要であった。

　他方で、ファーマーズマーケットでは誰もが欲しいものを好きなだけ購入でき
るのではない。食費を抑えたい人にとって、ファーマーズマーケットでの買い物は
期待と緊張が入り混じる機会である。より多くの人々が新鮮な農産物を消費できる
よう、農務省は乳幼児を抱える女性向けにファーマーズマーケットで利用できる
クーポン券（WIC）を発給している。しかし、これは州内で作られた「ローカル
な」農産物にのみ利用できる仕組みになっており、出店者が他州から仕入れてきた
農産物はクーポンの適用外となっていた。多くの人々が買い求めようとするトマト
を南側のテネシー州から仕入れてきた出店者は、商品が「ローカル」でなかったた
め、それは購入できる客とできない客に分断する結果となった（図10-2）。つまり、
商品に「ローカル」というスケールが意味づけられるか否かによって、農産物の入
手（アクセス）をめぐる不平等も生み出していたのである。

次に，文献①と②の知見を踏まえて，ファーマーズマーケットでの規定と境界設定が食のローカリズムにどのような影響を及ぼすのかをまとめたのが図10-3である．農業者はローカルフードの生産者となり，マーケットでさまざまな野菜や果物や加工品を販売するが，自らをどれだけ「ローカル」なのかを位置づけるかによって，他者との差別化を強めていく．先述のように，各マーケットには規定が定められているが，それをどのよう

図10-2　ケンタッキー州産ではないためトマトは WIC クーポン用に販売できないことを示す表示

出典：2006 年 6 月に筆者撮影

に厳しく（もしくは緩く）設定するかで，出店者の数や販売される商品の多様性も変化する．したがって，「ローカル」というスケールを規定に埋め込んでいくことは，農産物や食品だけでなく出店者やマーケットに空間的な規範性や監視を強いているのである．

4 　身近な事象を政治地理学的に考える

本章では，ケンタッキー州の農業再編成に伴い登場した「ローカルフード」という概念と言説がどのように社会関係的・政治的に構築されていったかを，文献調査やインタビュー調査，参与観察調査などから検討した．「留学先の地域で起きていることを博士論文でじっくり調査したい」と考えていた筆者は，ケンタッキー州内外で展開するローカルフード運動の高まりや，ファーマーズマーケットでみた多様な商品と産地表示に関心を抱いて，本章のテーマに取り組んだ．修士課程まで主に伝統的な地理学を学んできた筆者は，留学先の研究で当初は目を向けていなかった政治的・社会的な側面をも検討することとなり，博士論文を提出した際にはローカリズムに批判的な論調へ帰結した．しかし，研究の進展で自身の想像と異なる方向に展開することは決して誤りではなく，節目で自身の立ち位置を確認することが重要である．

筆者の調査先では時として非協力的な対応を受けることもあったが，概ね皆親切

158

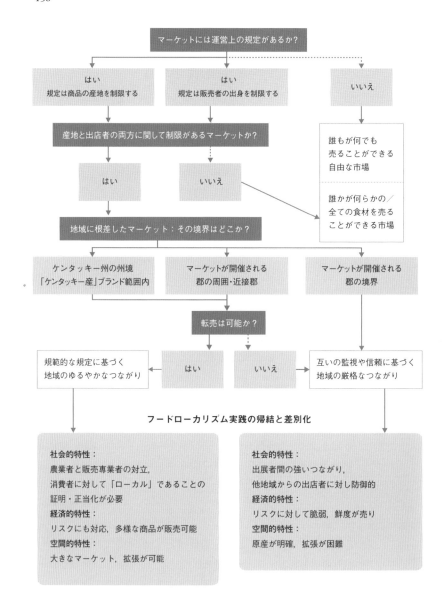

図 10-3　ファーマーズマーケットにおけるローカリズム実践の帰結
出典：筆者作成

に対応してくれた．調査での出会いは思わぬ縁の発展につながることも少なくないので，感謝の気持ちを伝えることが常に大事である．礼状を送る方法は手紙でも電子メールでもよいが，なるべく自分の言葉で謝意を記すことを勧めたい．筆者は前節で触れた Farmer's Pride 紙の本社を 2017 年に 10 年ぶりに訪ねたが，以前と変わらず温かく受け入れてくれたことが忘れられない．

　冒頭で「政治地理学の分野で農産物や食品を研究するのは，少し奇異に感じられるかもしれない」と書いたが，近年研究蓄積がみられる食の正義論や食料主権論は重要な政治地理学的研究課題であり，農や食と政治地理学の接点は今後さらに増えるであろう．ローカルフード運動をきっかけとして，北米のさまざまな自治体では食の在り方を検討する食の政策協議会 Food Policy Council の設置と議論が進んでいる．国内外の各地で展開する農と食に関連する政治地理学的な課題について，より多くの人が柔軟な着眼点と思考で研究していくことを期待したい．

【文　献】

シュローサー，E. 著，楡井浩一訳 2001.『ファストフードが世界を食いつくす』草思社.

ノーバーグ＝ホッジ，H., 辻信一 2009.『いよいよローカルの時代―ヘレナさんの「幸せの経済学」』大月書店.

二村太郎 2010. ファーマーズマーケットからみたアメリカ合衆国の地理. 新地理 58(3): 50–55.

ベリー，W. 著，加藤貞通訳 2008.『ウェンデル・ベリーの環境思想―農的生活のすすめ』昭和堂.

ポーラン，M. 著，ラッセル秀子訳 2009.『雑食動物のジレンマ―ある 4 つの食事の自然史』東洋経済新報社.

マグドフ，F.・フォスター，J. B.・バトル，F. H. 編著，中野一新監訳 2004.『利潤への渇望―アグリビジネスは農民・食料・環境を脅かす』大月書店.

DuPuis, E. M., and Goodman, D. 2005. Should we go "home" to eat?: Toward a reflexive politics of localism. *Journal of Rural Studies* 21(3): 359–371. https://doi.org/10.1016/j.jrurstud.2005.05.011

Futamura, T. 2008. *Toward the construction of "Kentucky Food" in the twenty-first century: food localism and commodification of place identity under post-tobacco agricultural restructuring, 1990-2006.* Ph.D. dissertation, Department of Geography, University of Kentucky. https://uknowledge.uky.edu/gradschool_diss/576

Hinrichs, C. C. 2003. The practice and politics of food system localization. *Journal of Rural Studies* 19(1): 33–45. https://doi.org/10.1016/S0743-0167(02)00040-2

第Ⅰ部

第Ⅱ部

第Ⅲ部

Jones, J. P. 2017. Scale and anti-scale. In *The international encyclopedia of geography*, ed. D. Richardson, N. Castree, M. F. Goodchild, A. Kobayashi, W. Liu, and R. A. Marston, 6052–6061. New York: John Wiley & Sons.

Marston, S. A. 2000. The social construction of scale. *Progress in Human Geography* 24 (2): 219–242. https://doi.org/10.1191/030913200674086272

Stroud, J. S. 1994. Burley chief takes aim at cigarette companies. *Lexington Herald-Leader* July 14.

第III部
「政治」空間の形成と変容を追う

第11章

大阪と佐世保

アメリカ占領期の朝鮮人「密航」

福本 拓

1 非合法な移動と境界

　国境を自由意志で越えることは容易ではない．国家は，主権の名の下，国境をまたぐ移動を規制する幅広い裁量を有し，望まない移動に対して物理的な強制力を行使する権限ももつ．われわれの自国を離れた越境的な移動は，パスポートといった形での国家による身分保障を前提に，移動先の国家の裁量の内部で入国・在留できているにすぎない．国家は越境的な移動をコントロールすると同時に，そこから漏れた移動や在留を「不法」という法的地位に位置づけ，しばしば非人道的な方法により身体を拘束・収容したり，強制的に出身国へと送還したりする．これらの一連のプロセスは，あくまでも法律に基づくものだが，そこには内国人に対しては許容されないような処遇も含まれる．

　こうした国境をまたぐ移動をめぐる政治は，国境という地図上の線を，国家の裁量の枠外で「越えてはならないもの」として実体化させる．ここで注目すべきは，国境という空間的な境界に関わる諸実践と，国民／外国人あるいは合法／非合法といった人口集団内の社会的な境界との連関性である（髙谷 2017）．一般に，「不法」とは即自的に定められるものではない．というのは，合法から「不法」や非合法な状態が峻別される際には，諸種の主体による具体的な実践が介在するからである（そのため本章では鉤括弧付きで表記している）．難民を例に挙げると，「不法」な移動のなかでも例外的に庇護対象とすべきという共通理解が存在するが，「難民」か否かの認定は国家の恣意的裁量に委ねられている．一方で，「難民」自身や支援 NGO がこの恣意性に抵抗して国家と対峙するように，合法／非合法の境界はその画定をめぐって常に争われ変動し，多様な文脈から構築されるものと理解される必要がある．

また，こうした境界が構築される日常的な場面において，外国人／自国民あるいは合法／非合法を判別することは容易ではない（朴 2017）．移動の「不法」性は，束縛・追放によって主権の貫徹を試みる国家と，それに抗う行為とが，日常的にせめぎ合うことからも生まれる．

以上のように考えると，国境を具現化する多様な実践は国内の各所に見出しうるのであり，その意味で空間的境界は遍在すると比喩的に表現できる．吉田（2016）によれば，2000 年代に難民流入の抑制を目指したオーストラリア保守政権は，国境付近に強い関心を注ぎ，難民収容所を国境近辺の島嶼に配置し難民の受け入れを周辺国に促す政策をとった．しかし，続くリベラル政権下で，収容所は大陸内部へ移され「国民」としての受け入れに向けた体制が整えられた．この事例は，空間的・社会的境界をめぐる諸実践と地理という側面との密接な結びつきを示唆している．

本章では，こうした「不法」な移動に関わる法的実践に着目し，以下の二つの論考をもとに，ローカルな地域やミクロな空間に焦点を当てた分析方法を解説する．

> 文献①：福本拓 2008. アメリカ占領下における朝鮮人「不法入国者」の認定と植民地主義. 蘭信三編『日本帝国をめぐる人口移動の国際社会学』147–175. 不二出版.
> 文献②：福本拓 2013. アメリカ占領期における「密航」朝鮮人の取締と植民地主義の継続─佐世保引揚援護局における「密航者」収容所に着目して. 蘭信三編『帝国以後の人の移動─ポストコロニアリズムとグローバリズムの交錯点』477–510. 勉誠出版.

2 研究の目的と理論的視角

1）アメリカ占領下の在日朝鮮人と政治体制

文献①と②は，アメリカ（正確には連合国軍）占領下における，朝鮮半島から日本への「密航 smuggling/illegal entry」[1] を取り上げている．この時期には二つの注目すべき特徴がある．第 1 に，この時期の前後で，在日朝鮮人の法的地位とそれ

---

1) 朝鮮半島から日本への非合法な渡航は，戦前の行政文書では「不正渡航」，アメリカ占領下では「密航」，戦後日本の出入国管理体制のなかでは「不法入国」と呼称されているが，ここでは煩雑さを避ける意味で主として「密航」という表記を用いる．

と関わる国境および東アジアの政治情勢が劇的に変化した．日本の植民地主義下で朝鮮人は日本国籍をもつ「国民」とされながら，朝鮮から日本への同一国内の移動が制限され，さらに戸籍によって従前の日本人と差異化する制度も存在した（遠藤 2013）．1952 年の対日講和条約に伴う国籍剥奪の結果，日本国内の朝鮮人・台湾人は法的に「外国人」とされたが，アメリカ占領下では 1947 年の外国人登録令（外登令）に代表される，内国人／外国人の境界をめぐる日本政府・占領当局・旧植民地出身者の間でのさまざまな政治的実践が存在した．

　第 2 に，占領下の日本は連合国軍最高司令官総司令部（GHQ/SCAP）の間接統治下にあり，特に日本国外との移動に対する国家の主権行使の範囲が制限されていた．越境的移動の管理体制は，民主化を念頭にアメリカの法体系に準じた改変が試みられたが，東アジアに共産主義が台頭するなか，退去強制と在留許可に関する幅広い行政裁量を認める法制がつくられ，現在も受け継がれている（モーリス＝スズキ 2005）．

　これらの経緯は，越境的移動の「不法」性が，特定の政治的実践を通じて事後的に形成されることを如実に示している．加えて，「密航」をめぐる諸実践が東アジアでの国境線の再画定と併行して生じたことは，「スケールの政治」という観点からも注目される．

2）スケールの政治

　既往研究の多くは，越境的移動の管理や取締を主として国家スケールの実践と捉えてきた．これに対し筆者は，文献①において，異なるスケール間の動態的関係から「不法」な移動の認定と処遇の背景を明らかにした．

　スケールとは空間的範囲の広狭を表す概念であるが，それは国家の下位に都道府県があるといった単なる包含・併存関係にとどまらず，また研究者が分析に応じ

【キーワード】戸籍

個人の身分関係を証明する書類で，現在でも運転免許証やパスポート取得の際に用いられる．戦前の日本では家（氏）ごとに編纂され，男性家長を中心とするイエ制度の法的基盤となった．日本外地についても同様に戸籍が編纂されたが，日本人男性との結婚や養子を除き，内地との間での戸籍の異動は認められなかった．それゆえ，植民地主義下にあって，日本人と植民地住民とを分かつ法的境界として機能していた．

【キーワード】外国人登録令

1947 年 5 月 2 日に，大日本帝国憲法下の最後の勅令として発布された．条文には日本国内の外国人の登録を義務付けることが記されているが，連合国軍の国民はその対象から除外された．朝鮮人・台湾人は，当時の法的地位としては日本国籍を有するとされていたが，この勅令に関しては外国人とみなす（みなし規定）こととされ，同令に基づく退去強制の対象となった．1952 年に外国人登録法へと改められた．

て自由に選び取れるものでもない．人間の諸活動によって何らかの有意味な範囲と
して生成されるのがスケールであり，その意味でスケールとは社会的な構築物だ
といえる（山﨑 2013）．加えて，「権力・政策・支配・自治に関わる現象としての
政治は［中略］異なったスケールとの間での相互作用として展開している」（山﨑
2013: 133）．つまり，特定のスケールの政治的行為は，それ以外のスケールで展開
する諸事象との不断の関係を通して立ち現れる．グローバル・スケールの条約は国
家スケールの主権行使に制約を加えうるし，人権侵害といった特定の国の政治的イ
シューに対してローカル・スケールの運動が組織され，さらにそれがグローバルな
連帯を生み出す事例もある．

　このような「スケールの政治」を考える上で，本章の分析対象は格好の事例とい
える．植民地下では朝鮮半島から日本内地 [2] への許可外の移動は制限され，しかも
許可や「不正渡航」の認定・送還は警察が担っていた．しかし，アメリカ占領期には，
行政手続きたる「不正」認定への警察の関与は問題視され，国家スケールでの一元
的な行政システムが「民主化」の下で構築されていくが，この過程には東アジアと
いうリージョナル・スケールで醸成された共産主義への懸念が影響していた．こう
した「不法」な移動をめぐる政治的実践の変遷を理解するには，重層的なスケール
間関係を意識した，マルチ・スケールの観点が有用であろう．

3）例外空間としての収容所

　アガンベン（2003）はその著書『ホモ・サケル』において，生きている状態（ゾー
エー）と生きる形式（ビオス）という人間の生の区分をもとに，国家主権が前者を
政治の領域から外部化して法体系を逸脱した暴力を行使するという，いわゆる「例
外状態」を理論化した．ここでは，前者を生命そのもの，後者を生活と理解してお
こう．政治から放逐された前者の生は，無条件に殺害可能なものとされ，この状況
が主権という暴力の成立契機となる．つまり例外状態とは，生活以前の原初的な生
命に対する生殺与奪の権利の行使，あるいは主権が生死を直裁に制御できる法秩序
の宙吊り状態をいい，それは生を無意味化する政治的実践から生まれるのである．

　ここで注目されるのは，例外状態が収容所という空間において顕著に現れる点で
ある．しかもアガンベン（2003: 239）は，ナチスドイツのユダヤ人収容所を例に，

2）戦前の日本では，従来の領土を「内地」，台湾・朝鮮・樺太を「外地」と呼んで区分し
　ていた（樺太は 1943 年に内地に編入された）．

収容所が市民権ないし国籍の剥奪の法制化と同時に出現したことを指摘する．そして，収容所における例外状態の実現によって，ユダヤ人の身体がドイツ人から分離され，ユダヤ人の生命そのもの，つまりアガンベンがいう「剥き出しの生」が露見するのである．

　現代において，例外状態が顕現する空間（例外空間）は，国民の身体の安全を理由に正当化され，世界に遍く存在している．ただし，実際の収容所の空間は，国境のほか，主権と領土の結びつきが曖昧な場所に現れやすい．アメリカの対「テロ」戦争下で「テロリスト」として拘束された人々が収容されたのは，キューバのアメリカ租借地にあるグアンタナモ収容所であった．一見すると主権に覆われた世界にあって，主権の裂け目[3]に存在する収容所，特にその例外空間としての特質は，アメリカ占領下の朝鮮人「密航」の分析においても有用である．

3　アメリカ占領期における朝鮮人「密航」の処遇

1）資料調査と整理

　各文献の分析は，主として行政や軍政部が発出した文書に基づく．特に各スケール間の関係の理解には，統治組織の概要の把握が欠かせない．その上で，異なるスケールにおいて政治的・法的実践を行う主体が，有する権限の程度や，いつ，どこに対して指令・通達を出したのか，そしてそれらにどう反応したかを読み解いていく．

　アメリカ占領下の行政機構は，およそ図 11-1 のように整理できる．既存研究の主眼がある国家スケールやその上位スケール（国際関係やアメリカ政府の動向）の分析では，アメリカやオーストラリアの公文書館[4]所蔵の膨大な文書類や，国会図書館で閲覧可能な GHQ/SCAP 資料（アメリカ国立公文書館所蔵）が利用されてき

3）1950 年代前半，日韓会談の不調のなかで，韓国政府が刑法犯の強制送還の受け入れを拒否したために，送還予定者は大村収容所（長崎県にあった当時唯一の「密航」者の収容所）に留め置かれた．後に，収容者の一部が北朝鮮への送致を希望してハンガーストライキを決行すると，韓国政府の反発に対して日本政府はかれらを一時的に仮放免する決定を下す．こうした経緯は，主権が覆い尽くしたようにみえる世界にあって，主権が法外の権力を行使するとともに，それに対する抵抗を通じて主権の本質を暴露する空間が存在することを示唆する（玄 2007）．

4）図 11-1 に示す BCOF（英連邦軍）には，オーストラリア軍も加わっていた．

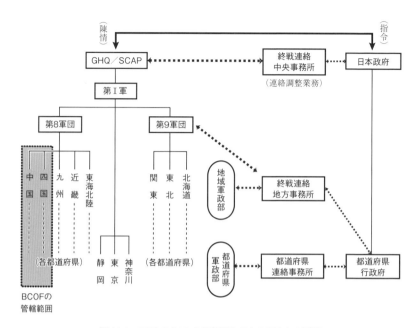

図 11-1 GHQ/SCAP の組織図と日本の行政との関係

注：BCOF は，英連邦軍（British Commonwealth Occupation Force）の略称.

た⁵⁾．ほかにも，日本の国立公文書館や外交史料館の関連資料，さらに行政と占領当局との調整業務を担った終戦連絡事務所の執務報なども，比較的容易に入手できる．

　一方，ローカルないしミクロ・スケールの動向に関する資料は，必ずしも体系的に整理されていない．とはいえ本章の目的からすれば，いかにそれらを多く蒐集し，未解明の部分に迫れるかが肝要になる．たとえば文献①では，後述する大阪府朝鮮人登録条例の顛末について，大阪府公文書館所蔵の行政文書を新たに得た．また，「密航」の取締には警察が関与したことから，都道府県の警察史や議会議事録の警察部門担当者の発言等も利用できる．これら以外では，文献②において，「密航」朝鮮人の収容所が置かれた佐世保引揚援護局の『局史』，長崎県警察本部発行の『警

<hr>

5）GHQ/SCAP 資料については，GHQ/SCAP Data Base Server〈https://ghq.ritsumei.ac.jp/（最終閲覧日：2021 年 4 月 30 日）〉といった検索システムがあり，該当文書が含まれるマイクロフィッシュ・ナンバーの情報が得られる．また，近年はデジタルアーカイブ化が進むなど，利便性が向上している．

鼓』⁶⁾ に所収の，非合法の移動者の処遇を知る人々の回顧録も用いた．

　以上のように，国家の下位スケールにおける法制度の運用については，断片的な資料を組合せて国家スケールの動向と突合する形で，指令・通達に対するローカル・スケールの反応や移動者への認識などをあぶり出していく．分析の前段階として，日付順に各スケールの動向を並べて整理すると，各資料の記載の意味を捉えやすくなる．文献①では，「密航」の退去強制の権限が地方の警察から国家に移行する過程において，地方側がこの権限の委譲をどのように捉えていたかが検討される．以下で具体的にみていこう．

2) 大阪府における「密航」朝鮮人の認定

　1947 年の外登令は，その対象が（日本国籍を有するはずの）旧植民地出身者だったことから，アメリカ占領下での抑圧の事例として議論されてきた．近年の「密航」に関する研究では，同令が退去強制の規定を有していた点を重視し，国内マイノリティに対する合法／非合法の区分の社会的構築と入国・国境管理との関係が明らかにされつつある．

　同令に先んじて，大阪府では，1946 年 9 月に独自の「大阪府朝鮮人登録条例」が制定された．これは，当初から「密航」の摘発を意図したもので，強制送還の認定権限も戦前と同様に警察にあるとされた．この条例について，日本の民主化を監督指導していた地方軍政部は反対せず，むしろその必要性を上部組織に具申していた．結局，差別的扱いへの朝鮮人側の反発を懸念した GHQ が，日本政府が登録令を準備しているとして反対し，条例自体は半年で廃止される．

　この条例の特徴は，「密航」か否か，つまり合法／非合法を米穀通帳の有無から峻別しようとした点にもある．米穀通帳とは，食糧難のなかで配給を受けるための書類であり，越境的な移動とは何ら関係がない．しかも，戦後の都市転入制限政策⁷⁾のために，戦前から在留する朝鮮人でも米穀通帳を所持しないケースは多数あった．条例を立案した警察は，「密航」の事実と米穀通帳の有無の不一致を理解した上で，合法的居住者と考えられる者まで送還対象としていた．

---

6) 県警関係者の業務紹介や親睦を目的に発行されたもので，一般には流通していない．長崎県警のご厚意で閲覧が可能となった．

7) 終戦後，都市部での食糧難から採られた人口移動の抑制政策．疎開や出征先からの帰還を除き，都市への転入者は正規の手続きによって米穀通帳を得ることができなかった．

【キーワード】朝鮮人連盟
（在日本朝鮮人連盟）

1945年10月に結成されたアメリカ占領下で最も多くの朝鮮人を組織化した団体で，在留同胞の帰国や生活・教育の支援のみならず，総司令部や日本政府ほか地方行政との折衝にも当たった．後に路線対立が表面化して共産主義者の影響が強くなり，1949年9月には団体等規正令に該当する団体として解散命令を受けた．

では，なぜこうした一般的な法体系では許容されない処遇が一時的にせよ可能になったのか．GHQ/SCAP 資料にある地方軍政部の報告書によれば，戦後混乱期の朝鮮人の騒擾に対する憂慮が，警察による主体的な関与を認めるべき理由として記載されていた．ただし，この条例制定の時点では，軍政部自体がそうした状況に直面したというよりも，警察が何度も治安維持上の危険性を伝えていたことが強く影響したと推測される．そして外登令が公布されると，今度は「密航」の事実認定をめぐって「不法入国朝鮮人審査委員会」という大阪府独自の組織が設けられ，「再入国者たると否との区別なく転売または不正に入手した外人登録の所有に拘らず」[8] 審査を経て送還される体制が作られた．当初，地方軍政部は警察の関与に難色を示したが，後に警察からの提案を承認する．

　警察が外登令に基づく「密航」の事実認定の不備を主張したのは，登録証が売買・偽造されるケースが相当数あると考えられたからである．しかも，外登令に基づく登録が進捗しないなか，朝鮮人連盟による登録業務の補佐が認められたことは，ますますその疑念を増幅させた．ここで興味深いのは，警察から地方軍政部への意見具申において，「大阪府朝鮮人登録条例」にはなかった共産主義と「密航」との関係が強調されていた点である．

　　朝鮮南部における暴動以来，多くの朝鮮人逃亡者が財政的・政治的な機密任務によって日本に入国している．日本への上陸が成功したこれらの朝鮮人は［中略］韓国の革命党員の強化のために，日本の反南朝鮮の共産主義分子と緊密な連絡を持っている．これらの密入国者はどこへ上陸しても，大阪に連絡調整のために入り，それから彼らの目的地へと散らばる [9]

---

8) 大阪府連絡調整事務局『執務月報　第六号』（1948年7月）．「密航」の大多数は，戦中または終戦後に朝鮮半島へ帰還し，家族再結合などのために非合法に日本へと渡航した者で占められていた．この資料では，こうした移動の事実ではなく，外国人登録の有無によって元々継続して在留していた者まで送還対象に含まれうることが示されている．

　この資料には，リージョナル・スケールで展開する「密航」という人口移動と，冷戦下東アジアにおける広域的な共産主義への懸念が示されている．加えて，大阪という地域の特性，つまり在日朝鮮人の大規模な集住地区の存在とが，共産主義の問題と結びつけられていることも注目される．大阪の警察は，「密航」に限らず，朝鮮人に関わる問題に他の都道府県に比べ群を抜いて強い関心を示していた．朝鮮人が占領政策上の阻害要因となる認識は，警察から地方軍政部に繰り返し伝達された情報により両者で共有され，「密航」認定への警察の関与を正当化する根拠となっていた．この背景には，阪神教育闘争[10]のような占領政策への抵抗が噴出するなかで，警察が自らの威信回復を狙いつつ朝鮮人への（戦前と同様の）管理統制を強める狙いがあったと推察される．

　一方，1947年以降，国家スケールで共産主義台頭への懸念が先鋭化したことは，朝鮮人連盟の強制解散（1949年）といった抑圧的な政策への転換を促した．つまり，「大阪府朝鮮人登録条例」がGHQの指令で中止されたのに対し，「不法入国朝鮮人審査委員会」について警察の関与が黙認されたのは，東アジアというスケールでの政治情勢から生じた国家スケールでの在日朝鮮人政策の転換により，大阪における警察・地方軍政部の要求と国レベルの認識が一致した結果によるものと考えられる．したがって，「密航」の処遇や認定については，このようなスケール間のせめぎ合いのなかで，一時的にせよ旧来の地方レベルにおける権限が存続したといえる．

3) 佐世保における「密航」朝鮮人の収容所

　アメリカ占領下で送還対象となった「密航」朝鮮人は，佐世保引揚援護局内の収容所へと移送され，そこで実際の送還を待つことになった．引揚援護局は，日本外地や勢力圏からの日本人の引揚げ者と外地への帰還者を受け入れる目的で設けられた施設・組織である．

　アメリカ占領下の初期，「密航」の流入は特にコレラ流行との関係で問題視され，

---

9) From: Chief of Public safety Section of Osaka Municipal Police, To: Legal Officer, Osaka Military Government Team. Subject: Activities of Korean Stowaways and Smugglers. 1947/2/7, GHQ/SCAP Records, マイクロフィッシュ・ナンバー CAS(B)-02982.

10) 1948年1月，朝鮮人学校での自主的な教育を否定する通達が出されると，民族教育の権利を守ろうとする朝鮮人側の抗議行動が各地で起こった．同年4月，大阪・神戸で起きた大規模な抗議集会とそれに対する抑圧を阪神教育闘争と呼ぶ．占領下で唯一の非常事態宣言が出された事件でもあった．

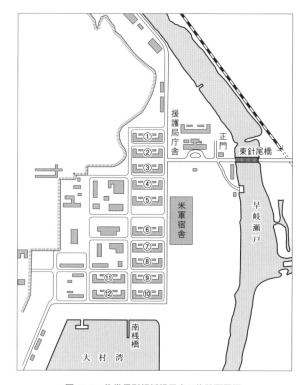

図 11-2　佐世保引揚援護局内の施設配置図
出典：『博多引揚援護局　局史　上巻』（1949 年 3 月）, 37 頁
注：丸囲み数字は号舎をあらわす.

佐世保を含む 4 ヶ所から送還が行われていたが, 1946 年 7 月には佐世保に一本化さ
れることとなった. 佐世保引揚援護局は旧海軍の針生海兵団兵舎（現・ハウステン
ボス）に開設され, このうち第 12 号舎（図 11-2）が, 「密航」朝鮮人（一部中国人
も含む）の収容所に転用された. 国内の各所で拘束された「密航」者は, 警察の監
視下で移送され, 収容所では外出を固く禁じられた.

　前述の『警鼓』などによれば, 第 12 号舎の周囲には鉄条網が張りめぐらされて
いたが, 後に板塀や格子の設置, さらには歩哨の増員など, 厳格な監視体制の下に
置かれていた. このようなミクロな境界の強化は, 何よりも逃亡の抑止という意図
を反映していた. しかも, 現地の軍政部は, 部外者の立ち入りを第 12 号舎のみ厳し
く禁じ, さらには「逃亡する者, 暴動する者は勝手に殺して良い」（吉村 1950: 42）

という権限を警備担当の警察に与えていた．これらの事実は，第12号舎の収容所が，法外の権力の行使という「例外空間」の特質を備えていたことを如実に示している．

　このような「密航」朝鮮人に対する処遇は，同じく佐世保引揚援護局にいた朝鮮半島への一般帰還者とさまざまな面で異なっていた．「密航」した者との面談や連絡は厳禁で，配給米の量にも差がつけられ，釜山に向かう船内でさえ異なる釜を用意して食事を準備するほど徹底していた．一般帰還者は制限つきながら外出が可能で，その対応には援護局職員が当たったのとは対照的である．

　さらに注目すべきは，両者に対する処遇の差異は，外登令に基づく朝鮮人内部の合法／非合法の境界とも連動する形で生じていた点である．佐世保では，1947年12月のGHQ指令により，一般帰還者に対し，

　　　密航鮮人（ママ）が南鮮（ママ）に帰着の際，再び日本に密航する便を与える
　　　如き，日本政府発行の外国人登録証及配給券，或は偽造の旅行証明書のような
　　　偽造された公式書類，証明書を所持しておらぬよう，適当の処置を採り，確実
　　　にこれを行うこと [11]

が求められた．帰還のために佐世保を訪れた朝鮮人のなかには，所持していた外国人登録証の不正が露見して逃亡した事例もあったという．前項でも示したように，外登令については登録証の売買や偽造がみられ，本来の目的である「密航」の摘発に支障をきたしていた．そのため，後に米穀通帳との照合が行われるなど，合法的（とされる）滞在の根拠を特定する方策がとられることもあったが，それは「密航」の事実とは一致しない．大阪でも佐世保でも，「密航」の認定や処遇から垣間見えるのは，外登令に代表される恣意的な合法／非合法の境界を，強固かつ乗り越え困難なものに実体化していく諸実践である．

　もちろん，こうした政治的実践に例外状態を生み出す主権の作用を見出すことはたやすい．むしろ重要なのは，正規あるいは合法として処遇された朝鮮人もまた，自身が外登令という制度における合法性を証明できない限り，「密航」した者と同様に扱われる可能性があったことである．つまり，「密航」者でない朝鮮人もまた，例外的な権力の行使にさらされる危険性を有していた．

11）『佐世保引揚援護局　局史　下巻』（1951年3月），75頁．

4) 植民地主義の継続

以上の分析結果は，植民地主義の継続という問題に次のような示唆を与える．ま
ず，植民地主義下の統治権力の特質は，同一国民のなかに宗主国と植民地の出身者
の間で法的地位に差異を設け，同一国内であるにもかかわらず送還しうるような主
権のあり方に現れており，特にその権限をローカル・スケールの官憲が有するとい
う特徴もあった．スケールの政治という観点からは，アメリカ占領下，国家スケー
ルでの退去強制権限の掌握に抵抗した地方の側が，朝鮮人の治安上の憂慮や共産主
義との結びつきを強調し，従前の権限の保持を画策していた点が看取できる．最終
的にその権限は国家スケールに一元化されたが，警察が朝鮮人抑圧の必要性を正当
化するために持ち出した主張は，現在もなお往時の彼ら・彼女らのイメージとして
残存している．

次に，佐世保の「密航」者収容所という「例外空間」の存在と，外登令に基づく
合法／非合法の境界画定をめぐる実践は，また別の角度から植民地主義の継続を指
し示している．たとえば杉原（2005）は，外国人登録法（1952年）以降の指紋押捺
強制[12] が，合法的滞在者と「密航者」との間の境界をより強固にした点に注意を
促す．合法／非合法の境界画定における主権の恣意性と，それに由来する強制送還
のリスクに鑑みたとき，合法的居住者は理不尽な制度でも従う以外の術をもたない．
さもなくば，「例外空間」での処遇の対象となりうるからである．実際，当時の朝鮮
人団体のなかには，自らの滞在の合法性を強調して「密航」者に自制を求める者さ
えいた．暗黙のうちに，例外的な主権の行使に隷属していたのである．

このような，被支配者を合法／非合法という境界で分断して序列化し，結束を阻
み反目させることで被支配者全体を例外的な権力行使の下に置くという図式は，排
除と包摂の弁証法として理解される．つまり，植民地主義の本質とは，被植民者を
一方的な抑圧の下に置くのではなく，その一部の排除によって全体を支配体制に包
摂するところにある．そもそも，「例外空間」としての収容所自体，植民地において
植民者−被植民者という支配秩序が（叛乱などで）攪乱される際に生み出されたと
いう起源をもつ（北川 2010）．ここからも，収容所というミクロ・スケールの政治
的実践が，社会的・空間的境界の実体化と深く結びつき，植民地主義に特徴的な主
権とそれによる被植民者の支配を存続させたといえよう．

---

12) 実施は1955年の政令公布以降．

4　人間と空間の境界をめぐる政治

　現代のグローバリゼーションの下，越境的な移動をめぐる「不法」の峻別への関心はますます高まっている．それは，表面的にはナショナリズムの先鋭化と軌を一にする国境管理の問題として認識されるが，同時に，移動者内部での「不法」というカテゴリーの境界を画定・強化する政治的実践を伴う．そして，「不法」とされた移動に対する法外の処遇は，2000 年代以降の対「テロ」戦争を経て，さらに苛烈なものとなっている．

　日本における朝鮮人の「密航」は，1980 年代以降はほとんど途絶え，1991 年の特別永住者という在留資格の創設により退去強制の適用事由も大幅に制限された．2000 年には外国人登録法における指紋押捺も廃止され，2012 年の住民基本台帳法の改正により外国人も日本人と同様に住民基本台帳に登録されることとなり，この法律自体が廃止された．しかしその際，在日外国人の利便性の向上が謳われつつ，対象となる外国人から非合法な越境者が除外された結果，それ以前は享受できた最低限の行政サービスからも排除されることになった．さらに 2020 年には，新型コロナウイルスの流行のなかで，「不法」とされた外国人が日本国内の収容所で死亡する事件が相次ぎ，大きな問題となっている．

　本章での分析は，アメリカ占領下という歴史の一時点に関するものであるが，その射程は，現代世界における人間および空間の境界を画定する主権権力の有りようにも及ぶ．政治を地理学する上で，いま・ここにおける主権の本質を問う観点も求められよう．

【文　　献】

アガンベン，G. 著，高桑和巳訳 2003.『ホモ・サケル—主権権力と剥き出しの生』以文社．
遠藤正敬 2013.『戸籍と国籍の近現代史—民族・血統・日本人』明石書店．
北川眞也 2010. グローバルなポストコロニアル状況の「収容所」—グアンタナモも，五つ星のホテルも，給水車のタンクも. 佐藤幸男・前田幸男編『世界政治を思想するⅡ』85–116. 国際書院．
杉原達 2005. 帝国という経験—指紋押捺を問い直す視座から. 倉沢愛子ほか編『岩波講座アジア・太平洋戦争 1　なぜ，いまアジア・太平洋戦争か』47–86. 岩波書店．
髙谷幸 2017.『追放と抵抗のポリティクス—戦後日本の境界と非正規移民』ナカニシヤ出版．

朴沙羅 2017.『外国人をつくりだす―戦後日本における「密航」と入国管理制度の運用』ナカニシヤ出版.

玄武岩 2007. 密航・大村収容所・済州島―大阪と済州島を結ぶ「密航」のネットワーク. 現代思想 35(7): 158–173.

モーリス＝スズキ, T. 著, 伊藤茂訳 2005. 冷戦と戦後入管体制の形成. 前夜 3: 61–76.

山﨑孝史 2013.『政治・空間・場所―「政治の地理学」にむけて［改訂版］』ナカニシヤ出版.

吉田道代 2016. オーストラリアの難民政策―2000 年以降の庇護申請者収容施設の役割に焦点を当てて. 山下清海編『世界と日本の移民エスニック集団とホスト社会―日本社会の多文化化に向けたエスニック・コンフリクト研究』201–225. 明石書店.

吉村計一 1950. 送還にあけくれた針尾出張所―警察から見た終戦直後の一断面 その 3. 警鼓 昭和 25 年 8 月号: 38–42.

第12章

ウトロ

在日コリアン「不法占拠」地区をめぐるまなざし

全 ウンフィ

1 エスニック集団が集住する空間

　本章は，筆者が「ウトロ地区」において実施した現地調査について詳説する．ウ
トロ地区は，京都府宇治市にある在日コリ
アンの集住地区の名称である．この地区で
は，1980年代後半から2021年現在まで住民
と日本人支援者による居住権確立運動が展
開されている．筆者は2009年末から現地の
支援団体で参与観察による調査を続けてい
る．

　本章がいう「集住地区」とは，特定の出自
や文化，すなわちエスニシティ ethnicity を
共有する人々（エスニック集団）が集中して
居住する区域を指す．概念上，エスニック
集団は居住国（ホスト社会）における制度や
社会・文化的マイノリティを指すことが多
く（杉浦 2011; 谷 2015），その特性は集住地
区の景観にも反映される．こうした空間は，
居住集団をめぐる内外の政治過程を表面化
させ，エスニック集団の移動と定着の過程
において，さまざまなスケールの地域と相
互作用する．そして，この二つの空間的過

【キーワード】在日コリアン

日本に在留する朝鮮半島出身者を指す名称は
複数ある．本章で用いる在日コリアンは，移
住の歴史性に依拠している．1910年の日韓
併合条約による植民統治の影響下で日本に移
動し，敗戦後の東アジア情勢の混乱下で日本
国籍を剥奪された人々とその子孫を指し（福
本 2018），1980年代以降に増加したニュー
カマーと区別してオールドカマーとも呼ばれ
る．その他の名称として「在日朝鮮人」「在日
韓国・朝鮮人」「在日韓人」「コリアン（系）」
「朝鮮系住民」などがある．

【キーワード】エスニック集団

エスニック集団は国民国家との関係において
定義されることが多い．国民国家を構成する
中心となる社会集団は「民族」や「国民」と
呼称される（山崎 2013）．エスニック集団は，
広義には民族や国民を構成する集団を含むが，
一般的には国民国家という社会空間内の下位
文化集団を指す意味で用いられる（杉浦
2011; 谷 2015）．この意味において，エス
ニック集団は，エスニシティをめぐる管理や
それに対する戦略の結果として空間的偏在を
形成する．

程は相互連関する．

　以上の点から，調査には，まず当該のエスニック集団に関する認識と理解が必要であり，ホスト社会はもとより集住地区を包含するローカルなホスト社会（以下，「ホスト地域社会」と記す）の構造も視野に入れなければならない．ホスト地域社会の人口，産業，行政，文化などの諸特性は，そこに生活の拠点を置く主体の行為を条件付け，主体の行為と時空間的文脈の影響を受けて変化する．なかでも集住地区の住民は，生活の基本的なニーズを確保するために，ホスト地域社会のどこかで共同の営みを生み出す．

　その営みのなかに，エスニシティを媒介とし，出身国などの表象に関わるナショナル national な営みがある．それらの営みを，本章では「民族的なもの」と呼ぶ．なお，集住地区を対象とした研究の多くは，数々の事象のなかでも民族的なものに偏りやすい．韓国で生まれ育ち，日本に留学した筆者のように，出身国を同じくするエスニック集団とその空間を研究対象とする場合は，なおさら留意が必要である．

　本章は，以下の三つの論考を中心に，ウトロという在日コリアン集住地区の形成と変容を，その社会的・政治的側面に注目して解説する．とりわけ焦点を当てたいのは，フィールドワークのなかでみえてきた，地区住民の生活やその運動を民族的なものに基づく行為と見なすまなざしと，筆者自身の視点や方法の変化である．

文献①：全ウンフィ 2018. 戦後宇治市の地域新聞にみる在日像の変遷過程
　　　　─不法占拠地区への空間的黙認はいかに続いたか. コリアン・スタ
　　　　ディーズ 6: 26–41.
文献②：全ウンフィ 2018.「朝鮮」はいかにして「私たちの問題」となった
　　　　か─1970 年代後半以後の宇治市における日本人支援者の形成. 都
　　　　市 文 化 研 究 20: 54–67. https://dlisv03.media.osaka-cu.ac.jp/il/
　　　　meta_pub/G0000438repository_13483293-20-54
文献③：全ウンフィ 2021. 宇治市 A 地区にみる高度成長期以降の「不法占拠」
　　　　の存続要因. 都市文化研究 23: 3–14. https://dlisv03.media.osaka-
　　　　cu.ac.jp/il/meta_pub/G0000438repository_13483293-23-3

2 研究の目的と理論的視点

1）ウトロ地区の概要

　ウトロ地区は京都市郊外の宇治市内に位置する．「宇土口」と呼ばれていた旧字の周辺に戦時中に京都飛行場及び航空機生産施設の建設が計画されたが，敗戦によって中止された．宇土口に朝鮮人建設労働者の宿舎（飯場）ができていたが，失業した労働者の一部とその親族がそこに留まった．飯場が集落化し，占領期にウトロと呼ばれるようになった．朝鮮人に対する日本国籍が剥奪され（1952年），その土地は航空機製造会社に払い下げられた後，最終的に日産車体（株）の所有地となった（1987年まで）．図12-1はその立地状況を示したものである．

　ウトロ地区のもう一つの特徴は，朝鮮人の集住が私有地の「不法占拠」と見なされ，行政サービスからの排除が続いたことである．そこで1986年，地区に水道管の敷設を要望する住民と市民有志の運動が始まり，1989年にはそれをもとにしたまちづくり運動が開始された．1987～88年に住民の合意なしに土地が転売され，新地権者が住民68世帯69人への立ち退き訴訟を起こした．1989年からの運動は，この訴訟に対して住民の居住権とそれを保障する住環境整備を主張した．この二つの運動を合わせて「居住権運動」と呼ぶ．表12-1がその経緯の概略を示している．

　ウトロ地区は，敗戦直後の「外国人」化と戦災による住宅困窮者化という二重の条件下で形成された郊外の集住地区である．この地区では，エスニック集団によ

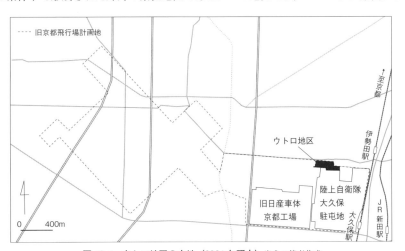

図12-1　ウトロ地区の立地（2021年現在） 出典：筆者作成

表 12-1　ウトロ地区の居住権運動に関する年表

出典：筆者作成

1939	京都府が逓信省の飛行場新設計画を誘致
1941	国策会社（日本国際航空工業株式会社）が設立
1943	京都飛行場建設に労働者宿舎（飯場）が形成
1945	敗戦により建設中止・GHQ による既存施設の接収
1949	国策会社の資産が新法人に払い下げ
1951	新法人と日産グループ連携（1962 年に吸収合併）
1956	GHQ の接収解除．翌年，返還地区をもとに陸軍自衛隊大久保駐屯地が新設
1970	地区住民が日産車体へ土地購入希望要請書を提出
1986	ウトロに水道敷設を要望する同胞の会と市民の会発足
1989	新地主が立ち退きと明け渡しを求めて住民提訴／ウトロを守る会発足
2000	最高裁判所の上告棄却による住民側の敗訴確定
2001	国連社会権規約委員会の総括所見でウトロの立ち退き問題に対する懸念を表明
2005	韓国の在外同胞支援団体 KIN がウトロ支援を始める
2007	韓国政府と国交省が住環境整備に対する支援を決定
2015	宇治市による住環境改善事業が始まる
2018	市営住宅 1 期棟に住民入居
2021	地区内の倉庫および家屋 7 件が放火により全焼
2022	ウトロ平和祈念館開館，放火事件の犯人に懲役 4 年判決（京都地方裁判所）

【キーワード】住み分け

英語では segregation．住み分けは，居住空間におけるエスニック集団の不均衡な分布と定義される（ノックス・ピンチ 2013）．それは，単に文化的現象としてだけでなく，近代都市における社会・経済的な分化と関わる「居住地域分化」の一端として注目されてきた．そのパターンはエスニック集団の規模や歴史，ホスト社会の多様性の受容度によって異なり，住み分けの要因がエスニック集団の社会的不利益と関わる場合には，公的介入を促す根拠となる．

る「不法占拠」状態が小規模で長期間継続した[1]．そして，住民の居住権保障を主張する運動が，住民と外部の日本人支援者によって組織され，国際的に展開された．

2) 住み分けをめぐる政治

　文献①と③の主要な関心は「長期間に渡る集住」のメカニズム，つまりエスニシティ

---

1) 関係者によると 2021 年 9 月現在の人口は約 60 世帯 100 人である．最も多かった時期は約 86 世帯 400 人に上っていた．この数値は次の記事から抜粋し，龍谷大学同和問題研究委員会（2006）と比較した．『洛南タイムス』「団結固めて原点見つめようと―ウトロ町づくりの集い」1990 年 10 月 25 日．

と関わる住み分けの形成要因であった．その要因は概ね外部要因と内部要因に二分できる．住み分けはエスニック集団への差別や就業上の不利益に対する，移民の適応戦略の過程と結果として現れる．その中心的戦略は，特定の職業に就き，近接した地域に集住し，生活や権益を守るために民族組織を作ることである（山下ほか2008）．つまり，住み分けという空間的分化そのものに，外部からの空間的な管理および排除（Anderson, K. 1988; 阿部 2011）と，それに対して共同で自助し，生活のニーズを確保する戦略（片岡 2005）が働いている．文献①と③では，ウトロ地区の住み分けに関わる外部要因と内部要因をそれぞれ検討した．

　他方，ウトロ地区の住み分けは，日本の敗戦直後における住宅困窮者の集住として把握することもできる．不法占拠地区の「不法占拠」という概念は，敗戦直後の住宅難により激増したバラック街に対して，戦後復興期の都市行政によって与えられ，マスメディアを通して拡散した．不法占拠地区の内外では，都市開発における撤去の正当性の主張と，それに対する住民運動やそれを有利な方向に導くための交渉，再占拠などの戦略的行為がみられる（本岡 2019）．

3）住み分けの変容とホスト地域社会

　住み分けは大都市内部の都市化の過程を反映する社会現象として議論されてきた[2]．とりわけ集住地区の再開発をめぐる葛藤では，地区独自の戦略がみられる．杉浦（2011: 218）は，北米の日系人集住地区を事例に，住民が自ら，集住地区とエスニシティ（杉浦の例では日系人）とのつながりを強調することで，生活のニーズを主張すると指摘した．ウトロの居住権運動も大都市の郊外という違いはあるが，共通した戦略がみられる．

　ただし，それらの運動には，地区住民だけでなくさまざまなスケールの多様な人々や組織が関わっている．例えば，杉浦の事例には，コミュニティレベルの組織や団体，ホスト地域社会の市民運動や地方行政，出身国のディベロッパーなどが登場し，再開発以降の地区のあり方を規定する．なかでもホスト地域社会は，集住地区の運動を地方行政や国際的な市民運動，国家機構にまでつなぐ重要な役割を果た

2）近年では北米やオセアニアの大都市を中心とするエスニック・タウンの隆盛やエスノバーブ ethnoburb の登場など，グローバル経済の進展による新たな局面が注目されている．エスノバーブとは，大都市郊外の居住・業務地区におけるエスニック集団の集住地区を指し，これまでの集住地区と人口・産業・階層的に区別され，国際的ビジネス拠点の形成のみならず移民を送り出す国の経済的成長をも反映している．

す（杉浦 2011: 197–203）．

　文献②は，ウトロ地区の居住権運動の形成を，ホスト地域社会の変化に注目して検討した．具体的には，郊外化によってホスト地域社会である宇治市に新たに参入した市民が，日本人支援者としてウトロ地区の居住権運動に関わっていく過程を描いた．次節では，調査に至る経緯から分析までの過程を，なるべく筆者自身の経験に即して紹介する．

3 現地調査を通した視点の変化

1）現地調査を始める

　ウトロ地区の人口や就業構造を統計的手法で把握することは困難である．なぜなら，住み分けの程度が局地的で，国勢調査の最小単位である小地域を下回り，例えば東京都のように外国人統計が細分化されていないからである．実際，ウトロ地区を対象とする公の実態調査はごくわずかで[3]，現地で調査する以外方法はなかった．しかし筆者は，当初こうした基本的事実すら踏まえておらず，また，在日コリアンやエスニック集団に関する理論的知見ももっていなかったので，全て調査を始めてから補っていくしかなかった．

　そうしたウトロとの出会いは，学縁と筆者自身のエスニシティによってもたらされた．修士課程に留学して間もない頃，学内の研究者を中心に「こりあんコミュニティ研究会」が結成され，現地見学会や勉強会を頻繁に開催していた．ウトロでは，当時まちづくりに向けた実践が活発であった．韓国のメディアで紹介されていたこともあり，軽い動機でそれらに出席し，研究会ぐるみで現地訪問を重ねた．ウトロを研究対象地域に選んだのは，研究会に参加して約1年後であった．

　いま振り返ると，調査地でのラポール（情報提供者との信頼関係）を築き始めていたのはこの頃だった．ラポール形成は，人々の生活世界を調査する際に不可欠である．現地に入る時点での研究者は外部の人間だし，ラポールの程度は情報の質や獲得可能性にも影響する．さらには，情報を求めている間に，調査者と調査地との接点や関わりが深まり，調査者の視点に変化が生じる．

　ウトロ地区でまず筆者が始めたのは，地区の支援者団体「ウトロを守る会」（以下，

3）行政による実態調査は，住環境改善事業の実施が可視化された後，2008年に初めて行われた．

守る会）での参与観察である．地区の居住権運動は，守る会と町内会そして町内に
立地する民族団体を中心に構成されている．三者の信頼関係は厚く，現在も変わら
ず連帯が続いている珍しい事例である．特に，守る会は，研究者や専門家はもとよ
り，筆者のような学生を含むさまざまな支援者を快く受け入れ，住民との橋渡しの
役割を果たしている[4]．筆者は，日本社会に関して知識もツテも乏しかったが，守
る会に通い続けることで住民との面識を深めていった．

　筆者以前に，ウトロには現地調査を長期的に実施している研究者はいなかった．
その理由はわからないが，次の出来事が，筆者が調査を始めるきっかけとなった．
それは筆者が調査補助員として住民向けの意向調査に参加した時のことである[5]．
質問紙のなかに「まちづくり構想の全体イメージ」を尋ねる項目があり，支持が最
も多かったのは高齢者福祉や近隣関係に関する選択肢であった．興味深いのは「在
日の文化や想い」の継承や「韓国・朝鮮の雰囲気やデザイン」よりも，「周辺地域，
市，府にとっても大切な計画にしたい」の選択肢が支持されていたことである．口
頭の意見交換でも同様の反応がみられた．

　筆者はこの結果に違和感を覚えた．在日コリアンのホスト地域社会での実践を，
主体のエスニシティとの関係から説明するのは当時支配的な枠組みであった．現地
でみえてきたのは，その枠組みから「はみ出す」ものであった．民族的なものも数
多い生活実践の一部であるかもしれない．この出来事以降，筆者はウトロ住民の民
族的ではない生活の様式や条件，その一部としてのホスト地域社会の空間を考える
調査研究を心がけるようになった．

2)　ホスト地域社会における住み分けの形成

　住み分けの調査では，ホスト地域社会の空間は地区の内と外を対照させるものと
して認識される．ウトロにおいて，それは水道管の有無という差異のほか，景観の
差異として目に入る．地区周辺は長閑な低層住宅地で，狭い市道を挟んださまざま
な形をした街並みや点在する茶畑などから，郊外化期（1960 年代半ば～ 80 年代半

---

4)　それを可能にしているのは，守る会のキーパーソン三人と，三人を中心とする緩やかな
　　体制にあると考えられる．守る会は 1986 年頃から継続して事務局を担当する三人が，
　　任意に交代して参加する数十人の支援者と町内会，町内の民族団体，住民間を媒介する
　　役割を担っている．
5)　ウトロまちづくり協議会により 2009 年 9 月～ 12 月に実施された（ウトロまちづくり協
　　議会 2010）．

図 12-2　ウトロ地区の入口にあった立看板

出典：左側上下は中山和弘氏撮影，右側は筆者撮影（撮影日 2010 年 11 月 27 日）

注：左上は 2007 年まで，左下は 2008 年からの入口の立看板の様子．右側は地区の入口を東から西に向かって撮影した光景．左側が地区，右側は周辺の住宅街である．立看板は住環境改善事業の実施に伴い，住民側が 2018 年 10 月に撤去した．これらの立看板は 2022 年開館したウトロ平和祈念館に展示予定であったが，2021 年の放火事件によりほぼ全焼した．犯人はウトロに先立って複数の在日コリアン関係施設を放火しており，インターネット上の情報からウトロ地区と平和祈念館建設への不満をもったと語っている．その情報は「不法占拠」の言葉から不法のイメージを強調し，「不法占拠」の歴史的文脈や当時のウトロ地区の法的所有関係を踏まえていない．2022 年 8 月，京都地方裁判所は犯人に対し「民主主義社会で到底許容されない」として懲役 4 年の判決を下した．

ば）のスプロールの残像が見て取れる．それらを通過すると，車庫兼資材置き場が剥き出しになった建設会社が見えてくる．ほどなくして，入口の立看板に到達する（図 12-2）．毎回の現地調査はこの景観を通り過ぎることから始まる．

　筆者はこうしてホスト地域社会を何度も通り過ぎた．しかし，ホスト地域社会を調査する方法がわからなかった．悩みながらもとりあえず筆者が取りかかったのは，ウトロ地区に関する宇治市内の言語的表象に関する分析であった．参与観察のなかで耳にする住民の語りから地区への共通するイメージを確認し，地域新聞『洛南タイムス』[6] を調べ始めた．文献①はその分析をもとにした論考である．この方法には，地域内の認識を反映し，読み手の認識や解釈に影響を与えるメディア言説を分析する意図があったが，購読スケールの小さい新聞を用いることで地区に関する文字記録が時系列で得られるという利点もあった．

　地域新聞の調査は当該地域の公共図書館で行うことが多い．しかし，筆者は守る会を経由し，担当記者の協力を得て，新聞社の事務所でその全記事を閲覧し，ウトロと在日コリアンに関係する記事を抽出した．そして京都新聞に関して同様に分析した江口（2003）と比較できるように内容を分類した．こうすることで，京都市の郊外としての宇治市の特性を見出すことができた．

6）当時の名称．1946 年 12 月に宇治町で創刊された．2018 年 10 月からは，もう一つの地域新聞『城南新報』と提携して『洛タイ新報』に改称している．本章では便宜上『洛南タイムス』の名称を用いる．

　分析の結果，ウトロ地区が宇治市の在日コリアンを代表して語られてきたこと，その内容が外部からのまなざしから内部の情報を発信する形に時代と共に変化したことが明らかになった．特に注目したのは，1970年代以降現れる在日コリアンの権利運動の全体像が，宇治市ではやや遅れた1980年代半ばに登場する点である．この差異は，戦後復興期に問題視され，1960年代以降消滅していった大都市の「不法占拠」が，宇治市では存続したことを含めて，ホスト地域社会の社会的・政治的特徴を表わしている．

　一方，発表順は前後するが，文献①でみえてきたホスト地域社会という住み分けの外部要因に対して，文献③では内部要因を検討した．問題はデータであった．地区の形成と運動以降の歴史に関する文献は多数あったが，地域新聞を含め，その間を埋める情報はほとんどなかった．聞き取りでも，「たくさん苦労した」で片づけられることが多かった．地域の方言も，調査上のささやかな困難であった．試行錯誤していくうちに，当時の仕事や趣味など，話題を絞って聞く術を覚えていった．むしろ，それらの日常的な事柄に集住の理由が関連していることが少しずつわかってきた．理論的検討でもそれは確認できたが，データはやはり足りなかった．ここで思いついたのが，裁判記録の再検討である．

　裁判は運動の主要な支援内容の一つであった．住民の多くは法的知識が乏しく，無学の人もいた．守る会では裁判過程を多方面で支援し，その記録を保管している．筆者は地域新聞調査の後，それを預かったが，しばらく解釈に悩んでいた．争点の一つであった「占拠」発生時の状況は，その解釈が戦後補償と居住権保障という二つの大きな問題に関わるからである．植民地支配と戦後補償に関する問題は，日韓で国家的問題として扱われると同時に，個人の基本権と国家との関係を問う運動の重要な課題である．

　しかし，あくまでも筆者の場合だが，それらは認識上の一種の縛りとしても働いた．筆者は，裁判記録のもつもう一つの側面を長らく看過していた．それは，占拠に関する経緯や認識だけでなく，出身地や学歴，職業などの基本情報から，定着までの生きた軌跡に関する語りがほとんどの世帯に関して書き留められているという，歴史的・社会的価値の高さである．ただし，個人情報を多く含むが故に，分析結果を提示する際は個々人の来歴が特定されないように注意した．

　文献③では，住み分けの社会的かつ経済的な側面に注目し，裁判記録と聞き取りをもとに2世住民の就業と重なる土地取得経緯を分析した．その分析を通して，「在日」であり，「不法占拠」地区に住むという条件下の戦略として，職住一体の自

営業に進み，集住が強化・継承されたという内部要因を指摘した．建設業などへの集中は，当時の宇治市の郊外化による需要の増加とも連動していた．

　以上のように，ウトロ地区に関する筆者の研究は，集住地区の形成や存続に関する民族以外の要因を視野に入れながら進められた．このような視点の変化は，理論的検討だけでなく，現地調査によってもたらされている．特に現地での経験は，逆説的にも，筆者の参加する居住権運動の現場から，研究者の側に視点の転換を促すきっかけでもあった．筆者の関心は，住み分けが長期化するなかで，なぜ住民と支援者が共に居住権運動を起こし，それが民族的なものを共有しながら行われたかに向かった．

3) 変容するホスト地域社会と集住地区

　ウトロ地区の居住権運動を象徴する文化の一つに焼肉がある．数年に1回，報告集会が終わると地区内の「マダン」という広場にブルーシートを張って，焼肉交流会が開催される．交流会には大勢の人が集まる．参加者が七輪を囲んで交流するなか，終盤には住民と支援者が韓国の民俗音楽を演奏し，その音に合わせて1世のオモニ（お母さん）が躍りだすのが宴会の醍醐味となっている．住環境改善事業の実施が決まった2015年には担当の市職員が，住民の市営住宅入居を祝った2018年には韓国からの支援者が加わり，後者では文在寅大統領からの祝辞が朗読された．

　集会での焼肉は1989年に，住民どうしの共同の経験と，住民と支援者間の交流を目的に始まった．守る会からの発案であった．そこでは，在日コリアンの文化が地区固有のものとして表現されるが，集会そのものは住民だけでなく，外部からの在日コリアンや韓国人，そして多数の日本人支援者の積極的な参加に支えられている．つまり，ウトロでの焼肉は，居住権運動やそれらを支援する外部の人々との連帯の文化でもある．その連帯は，これまでとは異なる，集住地区とホスト地域社会の新たな関係を示唆している．

　文献②は，この連帯がなぜ，民族的なものを投影して実践されているかにも着目している．日本人支援者や日韓連帯運動に関する文献調査と，支援者の生活史を照合した結果，次の共通する時空間的文脈がみてとれた．それは，1960年代以降の革新的で，生活圏を拠点とする住民・市民運動の文化である．初期支援者は，郊外都市化期の宇治市で居住／就業し，そこで労働や人権，環境などに関する運動を開始した．その一環として，日本帝国の戦争責任を自己反省的に認識し，1970年代以降の在日コリアンの権利運動や韓国での民主化運動に関する国際的な支援を宇治市に

おいて展開した．そうした活動のなかで，支援者はウトロ地区を知った．その軌跡は，ホスト地域社会の変容と，そこを拠点とする住民／市民運動の重層的なつながりが互いに影響し合っている．

　居住権運動の展開では，運動のつながりをさらに広範囲に拡大させた．表12-1に示したように，運動は，国連など国際社会への訴えを経て，2005年には韓国の市民社会と連携した．運動の転機が訪れたのは，韓国政府が土地購入資金の一部の支援を決定し，国土交通省が住環境改善事業検討協議会の設置案を示した2007年である．現在は宇治市が住環境改善事業を実施中である．上記の焼肉交流会と，2022年に開館したウトロ平和祈念館などは，住民と市民，そして市民同士が集まる場を提供し，そのような場づくりは，さまざまなアクターを，民族的なものを通して結集するシンボル化の過程といえる[7]．

　ただし，住民の生活そのものは，文献③に示した社会・経済的な実践を軸に持続している．住民の参加は一様ではなく，民族的なアイデンティティの主張より，生活上の危機やニーズ，これまでの連帯の感覚に動機づけられている．3節1）項で述べた「はみ出し」の感覚は，場所の民族的なシンボル化を問題解決の方法と見なした外からのまなざしと，住民の生活の実態とのギャップから生まれている．筆者自身の感覚も，当初はおそらく前者の方に寄っていた．しかし，現地に関わり続けて，民族的なものに還元されない生活の諸条件がようやくみえ始めたのである．このような気づきがなかったら，日本人支援者に対しても，「在日」を知るためのインフォーマントへのまなざしに安住し，その働きに焦点を当てることはなかったかもしれない．

4 現地調査からの学び

　本章では，京都府宇治市ウトロ地区での現地調査に基づき，筆者自身の視点の変化に着目しながら，エスニック集住地区の調査過程を紹介した．筆者が取り組んだのは，住み分けの外部要因が相対的に強く，公的な記録が残りにくい「不法占拠」地区に関する分析であった．これまでの研究では，住み分けの形成要因と，その変

7）一方，こうしたシンボル化はしばしば，帝国／先進国から植民地／開発途上国へのまなざしを含む，一方的で不均衡な権力関係を反映し，それを再生産する（Anderson, K. 1988; 阿部 2011）．

容としての居住権運動の背景という，社会的・政治的な側面を提示してきた．ただし，運動以降の変容に関しては，3節の末尾に少し触れただけに留まっており，今後の課題として残されている．

　筆者の調査は，筆者自身の民族的なまなざしと，そのまなざしでは説明できない現地での発見の間で逡巡しながら行われた．その逡巡は，民族的同質性をもって認識される住み分けが，民族的なものだけではなく，ホスト地域社会のあらゆる側面に影響され，結びついているという山口（2008）や谷（2015）の知見に集約される．筆者の経験は個別的なものであるが，普遍的な部分があるとすれば，それは通い続けることの重要性である．研究者は特定の時・空間的文脈のなかで暮らしており，現地に通うことは，それとは別に積み重なる時間と空間に身を置くことである（マッシー 2014: 266-267）．この反復こそが，自らのまなざしとその成り立ちを相対化することを筆者は現地から学んだ．

【文　献】

阿部亮吾 2011.『エスニシティの地理学—移民エスニック空間を問う』古今書院.
ウトロまちづくり協議会 2010. ウトロ地区まちづくりに関する住民意向調査 中間報告. 平成 21 年度住まい・まちづくり担い手支援事業 長期優良住宅等推進環境整備事業「在日コリアン・コミュニティの持続型居住を実現する住環境整備計画策定活動」（報告日：2010 年 2 月 14 日）.
江口信清 2003. 新聞記事を通じてみた京都の在日朝鮮・韓国人像の変容—1945 ～ 2000 年の京都新聞の記事から. 京都地域研究 17: 17-34.
片岡博美 2005. エスニック・ビジネスを拠点としたエスニックな連帯の形成—浜松市におけるブラジル人のエスニック・ビジネス利用状況をもとに. 地理学評論 78(6): 387 -412. https://doi.org/10.4157/grj.78.387
杉浦直 2011.『エスニック地理学』学術出版社.
谷富夫 2015.『民族関係の都市社会学—大阪猪飼野のフィールドワーク』ミネルヴァ書房.
ノックス, P.・ピンチ, S. 著, 川口太郎・神谷浩夫・中澤高志訳 2013.『都市社会地理学 改訂新版』古今書院.
福本拓 2018. 日本における韓国. 矢ケ崎典隆・菊地俊夫・丸山浩明編『シリーズ地誌トピックス 2　ローカリゼーション—地域へのこだわり』12-22. 朝倉書店.
マッシー, D. 著, 森正人・伊澤高志訳 2014.『空間のために』月曜社.
本岡拓哉 2019.『「不法」なる空間にいきる—占拠と立ち退きをめぐる戦後都市史』大月書店.
山口覚 2008.『出郷者たちの都市空間—パーソナル・ネットワークと同郷者集団』ミネルヴァ書房.

山﨑孝史 2013.『政治・空間・場所―「政治の地理学」にむけて［改訂版］』ナカニシヤ出版.

山下清海編 2008.『エスニック・ワールド―世界と日本のエスニック社会』明石書店.

龍谷大学同和問題研究委員会編 2006.『同和問題研究資料高瀬川を歩く 4　ウトロと日本の戦後処理』龍谷大学同和問題研究委員会.

Anderson, K. 1988. Cultural hegemony and the race-definition process in Chinatown, Vancouver: 1880–1980. *Environment and Planning D: Society and Space* 6(2): 127–149. https://doi.org/10.1068/d060127

第Ⅰ部

第Ⅱ部

第Ⅲ部

第13章

沖 縄 島
米軍統治の実相と矛盾

山﨑 孝史

1 沖縄島と米軍統治

　本章は「政治」空間の形成と変容を調査・分析する事例として，沖縄県の沖縄島^{おきなわじま}を取り上げる．沖縄島は，九州の南に連なる南西諸島の一部，琉球諸島内の最大の島であり，面積は 1,199 km²，人口は 1,345,494 人（平成 31 年 1 月 1 日現在）を擁し，県内で最大の島であると同時に，県都那覇市が立地する政治経済的中心でもある（したがって通常「沖縄本島」と呼ばれる）．

　歴史的には，琉球王国（1429-1879 年）の王府が首里（那覇市）に置かれ，奄美諸島から宮古・八重山諸島に至る王国の版図の中心でもあった．19 世紀以降，東アジアへの欧米列強の関与が深まるとともに，日本の支配が強化され，1879 年の琉球処分を通して，日本の沖縄県となる．その後，沖縄県は日本の周辺地域として政治・経済・文化的に日本に統合されていくが，第二次世界大戦の終盤（1945 年 4 月～6 月）に連合国軍と日本軍との地上戦（沖縄戦）の舞台となる．その結果，沖縄島の多くの部分が焦土と化し，約 94,000 人の民間人が犠牲となった．

　沖縄戦に勝利した米軍は，奄美諸島を含む琉球諸島を占領下に置き，日本の敗戦に伴い，占領を継続するが，1952 年の対日講和条約の施行によって，占領区域は米国の施政権下に置かれた（翌 53 年に奄美諸島は日本に返還される）．当時「琉球」と再命名された（現在の沖縄県の）区域に対する米軍の統治は 1972 年の本土復帰まで続く．米軍が継続駐留した最大の理由は東アジアにおける冷戦の展開（中華人民共和国の成立と朝鮮戦争の勃発）であり，米軍の西太平洋における軍事的要衝として，沖縄島には多数の軍事基地が建設された．

　本章は，この 27 年間に及ぶ米軍統治の過程に関する調査について解説する．取

り上げるのは，沖縄島内の飲食店・風俗店に対して米軍が実施した「Aサイン制度」を分析した文献①と②と，米空軍嘉手納基地と密接に結びついた旧コザ市の市政運営を考察した文献③である．いずれの論考も琉球列島米国民政府（USCAR^(ユースカー)）において作成・使用された機密文書の収集と読解を調査方法論としている．

文献①：山﨑孝史 2008. USCAR 文書からみた A サイン制度とオフ・リミッツ. KOZA BUNKA BOX 4: 33–57. http://polgeog.jp/wp-content/uploads/2022/02/KBB_Yamazaki_2008.pdf

文献②：山﨑孝史 2008. USCAR 文書からみた A サイン制度と売春・性病規制—1970 年前後の米軍風紀取締委員会議事録の検討から. 沖縄県公文書館研究紀要 10: 39–51. https://www.archives.pref.okinawa.jp/press/kiyou/kiyou10/kiyou10_04.pdf

文献③：山﨑孝史 2010. 大山コザ市政と琉球列島米国民政府. 人権問題研究 10: 5–22. https://dlisv03.media.osaka-cu.ac.jp/il/meta_pub/G0000438repository_KJ00006378500

2 研究の理論的支柱

1）占領とジェンダー

　本章で言及する文献の理論的支柱は三つある．一つ目は戦争後の軍事占領と被占領地域との関係に関わる「占領とジェンダー」の視点である．軍事占領を担う駐留男性兵士と被占領地の女性とが性暴力そして性労働（買売春）を介して関わることは多くの研究が指摘している（恵泉女学園大学平和文化研究所編 2007; 菊池 2010 参照）．沖縄県域は，沖縄戦の結果，米軍が占領・統治し，1972 年の施政権の日本返還（本土復帰）後も継続駐留している．この間，駐留米兵による女性への性暴力は減少しても絶えることはなかったが，特に復帰前の沖縄島においては数多くの女性が男性米兵を対象とする性労働に従事した．

【キーワード】A サイン制度

米軍が実施した対米軍営業許可制度．A は Approved の頭文字．1953 年に食品衛生の観点から米軍向け飲食店に対して実施されるが，1956 年から風俗店にも適用された．公衆衛生の維持とともに，売春や性病感染の抑制を目的としたが，琉球政府側の衛生制度の整備に伴い，1959 年にいったん停止される．その後，制度の必要性が再認識され，厳格化された衛生審査基準と標準化された罰則を伴う新制度が 1963 年から 72 年まで実施された．抜き打ち検査や許可停止措置（オフ・リミッツ）によって経営者と（女性）従業員を管理した．

文献①から③が対象地域とした旧コザ市（現沖縄市の西部）では，沖縄戦中に米軍が日本軍中飛行場を接収・拡張し，米国空軍嘉手納飛行場を建設する．米軍は同時に沖縄島中部に各基地を結ぶ軍道を敷設した．その結果，農村であった旧越来村（コザ市の前身）に胡屋・コザ十字路ができる（図13-1）．この軍道に沿って米軍の経済的需要を賄う形で都市化が進むと，コザ十字路（照屋）に飲食店や風俗店からなる「特飲街」（特殊飲食店街）が形成される．その後，八重島とセンター通りが1950年に建設され，

【キーワード】琉球列島米国民政府（USCAR）

United States Civil Administration of the Ryukyu Islands は第二次世界大戦末期に連合軍が占領した沖縄県を含む区域に1950年から72年まで設置された米国陸軍の民生統治機関．10を超える部局から構成され，軍事以外の現地行政全般を管理した．最高責任者は1957年までは連合国軍最高（米国極東軍）司令官が兼任する民政長官，以降は琉球列島高等弁務官であった．琉球政府の上位機関として，行政府の長である行政主席の任命権（1966年まで），立法院が制定した法令の拒否権，そして上訴裁判所裁判官の任命権と裁判のUSCAR裁判所への移送権を有していた．

1956年に嘉手納基地の第2ゲート前にコザ市が誕生する．その間，風俗店を含む特飲街は売春街化し，多くの若年女性がコザ市に集まり，基地関連のサービス業に従事した（Yamazaki 2010）．米兵は圧倒的に若年独身男性であり，こうした基地の街（特に特飲街）において彼らは現地女性と「親密な」関係をもつ．

菊池（2010: 98-130）が示すように，旧越来村において八重島が建設された理由は，駐留米兵による現地「一般」女性への性暴力を防ぐという，いわゆる「性の防波堤」論である．つまり，地元の行政や有力者（の男性）が，戦後の混乱期に性労働に従事する女性を八重島に集め，そこで対米兵売春に従事させた．その後（沖縄島内はもとより）コザ市内には数か所の特飲街が形成される．つまり，米軍による異民族支配体制の下で，現地女性の身体が性暴力の対象となり，商品化され，法的補償も十分でない著しく不均等なジェンダー関係が形成されたのである．文献①と②は米軍統治下の沖縄[1]における占領とジェンダーとの関りを明らかにしている．

2）性病管理の生政治

二つ目の理論的支柱は性病管理に関わる「生政治 biopolitics」である．基地の街における女性の性労働者化は，性感染症という問題群を介して，女性の身体管理を強化する．まず，米軍は軍紀上，対米軍売春を「性奴隷制」として公式には禁じている．

1）本章では米軍の占領・統治下にあった南西諸島の区域を，戦前と復帰後の沖縄県との連続性から「沖縄」と表記する．

194

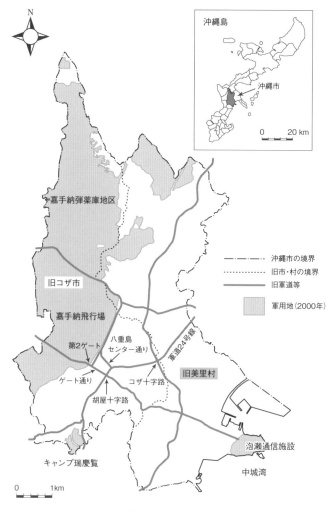

図 13-1　沖縄市の位置と旧コザ市

出典：筆者作成

しかし，国外駐留地においては，対米軍営業施設（飲食店，風俗店，その他慰安施設）における性労働や性感染症に関する規制は原則的に現地政府に委ね，違反行為（あからさまな売春行為や性病罹患者の存在）が確認された場合は，「オフ・リミッツ」と呼ばれる，米兵による当該施設もしくは施設集積地区への立ち入りを禁止する措置をとった．こうした制裁措置は，現地経済に与える影響が小さくなく，現地

政府や経営者は従属を余儀なくされる（恵泉
女学園大学平和文化研究所 2007）．沖縄の場
合も同様であったが，復帰前の沖縄側の公衆
衛生政策が十分でなく，米国が施政権を握っ
ていたことから，米軍は独自の対米軍営業許
可制度（Aサイン制度）を実施する．この
制度は，戦力としての米兵を，性病を含む感
染症から「守る」ことを第一の目的としつつ，
沖縄側の営業施設の設備・衛生状態ととも

【キーワード】生政治

フーコーは生政治を生権力（人間の生を存続
させるためにそのあらゆる局面で行使される
権力）を通して人口を統制する統治の形態と
考えた．近代に至る過程で都市や国家という
権力による公衆衛生政策の実施や物理的な衛
生環境の整備はそうした生政治の例である．
制裁的性格の強い政策であっても，生活の近
代化や改善につながると被統治者が認識すれ
ば，自発的な順応を生み出すという統治効果
がある．

に経営者や従業員の衛生観や営業倫理観を「改善」させる効果ももっていた．つま
り，フーコー（2007）に倣えば，Aサイン制度は米兵の健康（戦力としての質）を
維持し，女性の身体や現地社会の衛生状態を「改善」するという生政治としての側
面をもち，沖縄に君臨する米軍・USCAR が「生権力 bio-power」として，自らの兵
士とそれを支える現地社会の生を管理する一種の統治術であったといえる．

　各文献では生政治には言及していないが，こうしたAサイン制度の成立と変遷
の過程を USCAR 文書から解明したのが文献①であり，同じく制度運用の実態を検
討したのが文献②である．

3) 異民族統治下の民主主義

　三つ目の理論的支柱は，異民族統治下の民主主義はどのように機能したかという
視点であり，本書第1章の「中心－周辺関係論」と関わる．1950 年に米軍占領下の
沖縄に USCAR が設立され，1952 年に正式に日本の施政権が米国に移譲されると，
USCAR は各諸島にいったん設置された群島政府を廃止し，全諸島を管轄する現地
政府「琉球政府」を創設する．琉球政府には三権が分立する行政府，立法院，裁判
所が置かれたが，その上に USCAR は位置し，琉球政府並びに島民の民主主義と自
治権は著しく制約されていた．文献③は，そうした状況において，革新系[2]（社会
大衆党所属）の政治家ながら 1958 年から4期16年間コザ市長についた大山 朝 常
を対象に，彼が USCAR や保守系立法院議員からどのような政治的圧力を受けてい
たかを USCAR 文書から明らかにしている．本章ではAサインの許可権が政治的

2）ここでの革新とは米軍駐留に批判的で日本復帰を目指す政治的立場を意味する．復帰前
　の沖縄では社会大衆党や人民党などが革新政党に分類された（第1章参照）．

に利用された例を検討する．

3 調査と分析の方法

1) 公文書館調査

（1）米国国立公文書館新館

　文献①から③の分析で用いたのは，主として USCAR 公安局，厚生局，そして渉外局の機密文書である．USCAR 文書は 1972 年に沖縄の本土復帰に伴い，米国の国立公文書館に収蔵されていたもので，30 年間の機密指定を受けていたが，クリントン大統領（当時）の行政命令で，解除期間が 5 年短縮された．したがって，1997年にメリーランド州カレッジ・パークにある国立公文書館新館（Archives II）で文書の閲覧が可能となった．これを機に沖縄県公文書館と国立国会図書館が公開文書のマイクロ・フィルム化を進め，国内ではこの二館で USCAR 文書の閲覧・複写が可能である．沖縄県公文書館では 2001 年から新しい検索システムが導入され，USCAR 文書の検索・閲覧が容易になっている．ただし，調査当時は，国内では個人情報保護・取扱いの観点から USCAR 法務局と公安局の文書が未公開であった．そのため，筆者は 2004 年より USCAR 公安局ほか原文書の閲覧・撮影を Archives II で，その他の部局文書の収集を沖縄県公文書館で続けてきた．文献①と②で用いたのは米国でデジタル撮影した文書である．

　Archives II での調査は，館所属のアーキビストのアドバイスを受け，当時沖縄県公文書館職員として関係文書を収集されていた仲本和彦氏に収集資料のファイルをいただき，それに沿って円滑に収集・撮影を進めることができた．ワシントンD.C. 郊外に立地する Archives II へは D.C. 中心部にある公文書館本館から運行されている無料シャトルバスを利用するか，首都圏鉄道（Metro Train）の最寄駅からのバスを利用できる[3]．入館ゲートで手荷物検査を受け，1 階の利用者受付で所定の手続きを経て写真付きの利用者カードの発行を受ける．日本人ならパスポートがあれば取得できる．地階のロッカーに手荷物を預け，再び 1 階を経て 2 階の資料閲覧室に移り，そこで必要な資料を請求する．資料請求に際しては閲覧室内にある研究支援室で館員の個別サポートを受けることができる．ノートパソコン，スキャナー，

---

3) 公式ウェブサイト参照〈https://www.archives.gov/college-park（最終閲覧日：2023 年4 月 23 日）〉．

デジタルカメラなどの持ち込みも可能である．Archives II の利用方法については仲本氏の著作（仲本 2008）が詳しい．

　USCAR 文書は RG260 というレコード・グループ（RG）に属しており，現在はオンラインの収蔵資料カタログで事前に閲覧したい資料を特定できる[4]．あるいは研究支援室にある RG260 の保管資料一覧で，必要な資料情報を特定する．筆者はA サイン制度と関わった USCAR 公安局や厚生局の文書を請求し，閲覧していった（山﨑 2007 参照）．資料は複数の文書フォルダーを含む文書ボックス単位で請求・閲覧でき，スタッフカウンターでボックス内文書の機密指定解除を示す小紙片を受け取った上で，それとともに文書を一枚ずつ撮影・複写する．筆者はデジタルカメラを三脚に固定してマクロ撮影したが，最近ではカメラ型の卓上ドキュメントスキャナーを用いる利用者もいる（撮影は無料）．撮影した画像データをノートパソコンに保存していけば，簡単にデータベース化できる．このほうがコピー機を用いるよりもはるかに効率的である．

（2）沖縄県公文書館

　一方，那覇市の郊外，南風原町にある沖縄県公文書館に収蔵されている USCAR 文書はマイクロ・フィルム撮影されたもので，当時は直接フィルムを専用のリーダーで閲覧・複写した．また，公安局文書など個人情報を数多く含む文書はまだ公開されていなかったので，国内公開されている部局の文書を同館で収集した．その成果が文献③である．同館のホームページには，米軍関係資料の検索システムがあり，そこから USCAR 各部局の資料を特定できる[5]．任意のキーワードで検索すれば，文書シリーズごとに簿冊（フォルダー）単位で撮影された資料名と閲覧用資料コードがわかる．来館し，2 階にある閲覧室の受付で利用者カードの交付を受けて，閲覧用資料コードで請求すれば，現在は光ディスクに記録されたフィルム画像を閲

4）収蔵資料カタログのサイト〈https://catalog.archives.gov（最終閲覧日：2023 年 4 月 23日）〉の Advanced Search の画面に入って，Record Group Number の欄に 260 と入力すると，関連資料の一覧が表示される．この画面の左端に出てくる絞り込み用のメニューから「Series」で再検索すると資料シリーズごとの文書群を特定できる．検索結果には作成部局の名称も表示されるので，必要な資料シリーズをクリックすれば，閲覧申請に必要な資料特定番号を確認できる．

5）「資料検索」→「所蔵資料検索」→「米国収集資料」→「米国国立公文書館」→「米国国立公文書館（Archives II）」→「RG260: USCAR 文書（第二次世界大戦米占領司令部文書）」でたどり着く画面である．

覧・(有料) 複写できる.

2) 軍事機密文書の読解

(1) 性病規制制度の効果

　軍事機密文書を読解する上で重要なのは, 必要な資料にたどり着くことであるが, 実はこの経路そのものが軍事組織の構成を反映している. USCAR 文書で構成される RG260 の資料群は, USCAR 内の部局ごとにまとめられ, 部局内では特定の案件 (シリーズ) についてさらに複数の簿冊 (フォルダー) に分かれている. 簿冊内でも文書ごとにいくつかのまとまりがある. そのまとまりを示す目印が, 一つに綴じられていた文書群の表紙に用いられた Disposition Form (文書処理書式) である (図 13-2). この定型の書式に機密のレベル, 件名, 作成部局, 送付先部局, 日付, 案件の要約, 作成者の名前と署名などが記されている. これをもとに後に続く文書の作成の文脈と利用の流れを把握するのである. 軍隊の組織や階級には特有の略語が多く用いられているので, その意味と用法を把握していく必要もあった. いくつか具体的に文書の内容を紹介してみよう.

　まず, 図 13-2 に関連する文書群のなかで, 文献①で用いた文書として, 1952 年 7 月 7 日に極東軍 [6] 司令部から琉球米軍司令部に対して, 性病規制と売春防あつ対策

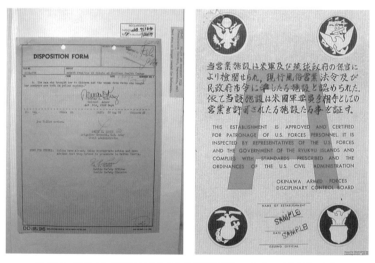

図 13-2　USCAR 公安局文書内の文書処理書式と A サイン (公布許可証)
出典：米国国立公文書館新館　RG260 (文献①参照)

を指示した通達がある．この文書には，性感染症問題への総合的対策の一つとして
オフ・リミッツの適用が明記されている．通達は「売春を斡旋したり，助長したり
する売春宿，キャバレー，クラブ，そしてビア・ホールを特定する積極的対策をと
る．このような建物にはオフ・リミッツを適用し，適用対象の情報は［中略］全て
の米軍要員に周知される」とし，こうした「建物に入った全ての米軍要員に対して
適切な懲罰措置が下される」としている．

　また，この通達はオフ・リミッツの効用について「とりわけ強力な武器は広大な
区域や町全体さえもオフ・リミッツと宣言することにある．この過激な措置は非常
に深刻な事例においてのみ適用されるべきであるが，地域経済への否定的効果を持
つそうした措置が実施される可能性を地元諸機関が認識すれば，一層積極的な協力
を引き出すことができるかもしれない」としている．つまり，極東軍という広範な
レベルで，このような米軍駐留地域への制裁措置の効用が認識されていたのである．

　次に，文献②で用いた図13-3は，Aサイン（新）制度の運用主体であった琉球
列島米軍風紀取締委員会（1963年から月例開催）で用いられた性病（淋病）統計
の第Ⅲ表（1970年9月時点での歓楽街別感染報告数と接触者特定率）である．こ
れを翻訳して組み替え，当時の地区別Aサイン店数と対比したのが表13-1である．
このデータから，性病統計に用いられた7地区での施設の分布を，淋病感染報告数

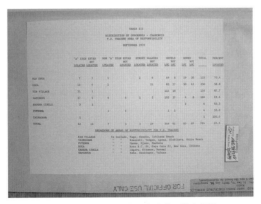

図 13-3　USCAR 公安局文書内の性病統計
出典：米国国立公文書館新館　RG260（文献②参照）

---

6) 極東軍は，1947年から57年まで，日本，韓国，琉球，フィリピン，マリアナ諸島，小
　笠原諸島に駐留する各米軍から構成された．

表 13-1　地区別にみた A サイン店と米軍の淋病感染
出典：文献②より筆者作成

地区名	オールド・コザ	コザ地区	金武村	波之上	嘉手納ロータリー	普天間	平良川	全体	施設別感染報告数	%
A サイン店数	57	173	185	129	95	59	52	750	-	-
%	7.6	23.1	24.7	17.2	12.7	7.9	6.9	100.0	-	-
感染報告数	125	250	154	176	14	4	1	724	-	-
%	17.3	34.5	21.3	24.3	1.9	0.6	0.1	100.0	-	-
接触者特定率										
%	70.4	58.8	87.7	72.7	35.7	50.0	100.0	69.9		
A サイン店	70.0	76.5	95.5	77.3	75.0	na	100.0	81.6	76	10.5
非 A サイン店	100.0	100.0	-	50.0	-	50.0	-	58.3	12	1.7
街娼	25.0	0.0	-	33.3	-	-	-	9.4	32	4.4
ホテル	86.0	83.0	86.4	73.4	-	50.0	-	81.2	430	59.4
民家	59.2	45.0	-	100.0	20.0	-	-	48.9	174	24.0

注：斜体は百分率.

724 件の分布と対比してみると，A サイン店の多い歓楽街はそれだけ買春による性病感染が発生しやすいと考えられるが，「オールドコザ」（コザ十字路近辺），「コザ地区」（胡屋十字路近辺），および「波之上」（那覇市）ではそれ以上に感染が集中していることがわかる.

　また，接触（保菌）者 contacts の特定率は全体で 69.9％であるが，「コザ地区」，「嘉手納ロータリー」，および「普天間」の特定率はそれを下回る. 感染数の少ない後二者と異なり，A サイン店が集中する「コザ地区」は，感染数が多く，接触者特定率が低い. この事実は A サイン店が増えても売春・性病規制にはつながらないことを示唆する. さらに，施設別に感染数を分析すると，感染報告総数 724 件に対して A サイン店での感染は 10.5％にとどまり，60％近くがホテル，24％が民家である. つまり，米兵の性病感染は，この時点では A サイン店でも A サインをもたない店でもなく，ほとんどホテルや民家で発生していたことがわかる. 文献②では，こうしたデータと全体的な感染抑制効果が確認されないことから，A サイン制度には売買春行為を A サイン店外へと転移させる効果しかなかったと結論付けた.

(2) 許可権限の政治的利用
　上述の分析結果に従えば，A サイン制度については，直接的な売春規制以外の効果を考察することも重要になる. その一つが制裁を恐れて制度を遵守することによって米国型の衛生観念や営業倫理を経営者側が内面化，すなわち被統治者が規律化されることである[7]. もう一つはこうした制度が統治者と被統治者との間で政治

的に利用されることである．文献③は，琉球政府下の市町村との折衝を担当していた USCAR 渉外局の文書を分析している．調査当時，渉外局文書は沖縄県公文書館でも閲覧可能になっていたので，コザ市政に関する文書を同館のマイクロ・フィルムから複写した．

　この文書には，渉外局が公安局以上に琉球政府およびその市町村政に干渉していた事実や，コザ市をめぐる地方政治に重要な役割を担った政治家たちの，市政や選挙をめぐる水面下の動向が米軍の目線から赤裸々に描かれていた．図 13-4 はそうした事案に関わる文書群の表紙の書式である．この事案は，琉球政府立法院の親米保守政党に対して批判的な言動を繰り返す人物がおり，その配偶者が経営する A サイン店の営業許可を取り消すよう，立法院議員が USCAR に要請した件を扱っている．

　コザ市では大山革新市政が 4 期 16 年継続するが，同時期にはコザ市（第 11 区）選出の立法院議員で，親米保守政党である民主党の幹事長を務めた桑江朝幸（ちょうこう）の影響力も強かった．コザ市政の基底には大山が体現する教職員・労働者など革新勢力と桑江が代表する軍用地主・基地関連業者など親米保守勢力との拮抗があった．渉外局文書からは，桑江がしばしば USCAR に対してコザ市対策について進言・要請していたこと，そして USCAR も保守系の地方有力政治家として桑江の立場を配慮していたことがわかる．コザ市長選挙が迫る時期になると，桑江は USCAR と連携し大山市政との対立を先鋭化させていたのである．

　例えば，1966 年 2 月に桑江議員は，民主党と対立する社会大衆党や人民党のために選挙活動した人物の配偶者が経営する施設に米軍が A サインを発行したとして，渉外局に発行の取り消しを求めている．桑江によると，こ

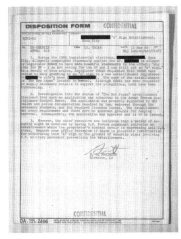

図 13-4　USCAR 渉外局文書内の文書処理書式

出典：沖縄県公文書館　RG260: USCAR 文書（文献③参照）

7）こうした効果については沖縄国際大学文学部社会学科石原ゼミナール（1994: 273–275）参照．

の人物はコザ市のＡサイン業者を組織し，反民主党の活動を展開しており，民主党に投票しなくてもＡサインを獲得できると吹聴している．その配偶者にＡサインを発行することは市長選挙での民主党の敗北をもたらすと桑江は主張した．

桑江の主張に対して渉外局は，配偶者の施設はＡサイン獲得の前提となる琉球政府による各種営業許可証を取得しており，琉球政府も営業を認めている施設に対してＡサインを停止する理由を見出しにくいとし，USCAR ではなく琉球政府による営業資格の停止を勧告した．翌３月には琉球政府行政主席松岡正保（民主党所属）が USCAR に対して改めて許可取り消しの要請を行っている．渉外局は在琉陸軍参謀本部にこの案件を照会したが，参謀本部はＡサインを停止することは当該人物への嫌がらせと取られかねないと回答した．

こうした文書から明らかになるのは，米軍統治下の地方政治の動態，つまり基地経済に関わる許認可権限の政治的利用をめぐって，統治者としての米軍，親米保守勢力，そして革新勢力との間で展開する，複雑な権力関係である．そうした内実は機密文書であるからこそ理解できたといえる．

3）現地調査の重要性と課題

USCAR 文書は機密文書という性格から，米軍の意思決定過程をある程度事実として把握できる資料である．しかしながら，文書の記載内容を現地調査で補完することは読解の精度を高める上で重要である．筆者は文書調査と合わせて，沖縄市総務部総務課市史編集担当の協力を得て，複数の元Ａサインバー経営者へのインタビューも実施した．そのうちの一人は米軍風紀取締委員会にも出席していた経営者側の当時の代表であった．また現地でのＡサイン店の分布の復原や残存する店舗の内装の確認などを行い，文書の記載内容を地理的な事実として特定していった．

しかし，Ａサイン制度が売春や性病の管理と関わっていたことから，経営者の回答は必ずしも明快ではなく，実際に性労働に従事した女性を特定し，インタビューすることも困難であった[8]．また，文献③は沖縄市からの依頼によって執筆され，当初は沖縄市の媒体に掲載される予定であったが，文献中に登場する人物の親族が沖縄市長選挙に立候補したこともあり，掲載は中止された．つまり，この一件が意味するのは，現在も文献で指摘されるような政治的構図が沖縄市には残存しており，

8）小野沢（2006）はＡサインバーで就労していたホステスのライフ・ヒストリーを扱っているが，インフォーマント自身は性労働に従事していなかった．

歴史的事実であってもその公開は現在の地域社会に影響しかねず，慎重を要するということである．

4　米軍統治の矛盾

　本章は，本土復帰前の沖縄県沖縄島における米軍の占領と統治の実相と矛盾を，機密指定解除された USCAR 文書によって解明する手順について解説した．米国における公安局や厚生局の原文書の調査からは，A サイン制度の創設や運用にあたって，米軍は軍紀としての性奴隷制の禁止にはしばしば言及するものの，女性性労働者（そして沖縄社会）を感染源とみなすだけで，女性の人権はもとより，住民の健康管理という観点からもまったく論じてはいないことが確認された．そして米軍風紀取締委員会の会議録（性病統計）の分析からは，A サイン制度には感染抑制効果がほとんど確認されず，感染の場を A サイン店外に転移させる効果しかなかったことが確認された．むしろこの制度は沖縄社会における衛生観念や営業倫理を米国の水準に近づける役割を果たしたとも考えられる．さらに，沖縄県で複写収集した渉外局文書からは，A サインの許可権限が，USCAR，琉球政府の親米保守勢力，そして革新コザ市政との間での政争に利用されていたことが確認された．

　このように，USCAR 文書は，米軍による沖縄の占領・統治がもたらす不均等なジェンダー関係，そこから制度化される現地女性と駐留兵士の身体管理，そうした制度の政治的利用など，米軍統治の実相と矛盾を統治者の観点からも描き出す．従来の沖縄研究を補完する上でもさらなる読解と分析が望まれる所以である．

【文　　献】

沖縄国際大学文学部社会学科石原ゼミナール 1994.『戦後コザにおける民衆生活と音楽文化』榕樹社.
小野沢あかね 2006. 戦後沖縄におけるA サインバー・ホステスのライフ・ヒストリー. 琉球大学法文学部日本東洋文化論集 12: 207–238.
菊池夏野 2010.『ポストコロニアリズムとジェンダー』青弓社.
恵泉女学園大学平和文化研究所編 2007.『占領と性―政策・実態・表象』インパクト出版会.
仲本和彦 2008.『研究者のためのアメリカ国立公文書館徹底ガイド』凱風社.
フーコー, M. 著，高桑和巳訳 2007.『ミシェル・フーコー講義集成 7　安全・領土・人口』

筑摩書房.

山﨑孝史 2007. 戦後沖縄における米軍統治の実態と地方政治の形成に関する政治地理学的研究（平成 17・18 年度科学研究費基盤研究（C）報告書）. 大阪市立大学大学院文学研究科. http://polgeog.jp/wp-content/uploads/2022/02/07kaken_text&data.pdf

Yamazaki, T. 2010. The US militarization of a 'host' civilian society: The case of post-war Okinawa, Japan. In *Reconstructing conflict: Integrating war and post-war geographies*, ed. S. Kirsch and C. Flint, 252–272. Farnham: Ashgate.

第14章

対　馬
国境離島の動態

花松　泰倫

1 国境地域を政治地理学から見る

　本章では，日本の国境離島の典型例である対馬（長崎県対馬市）を事例として，国境および国境地域の動態と地理的位置づけを把握する方法論および視座について解説したい．

　日本に住む我々の多くにとって日本の国境とは，尖閣諸島や竹島，あるいは北方領土といった「国境紛争」地域がイメージされるに違いない．日本は陸路国境がなく領土を海に囲まれ，可視化された国境をもたないため，我々の日常生活において国境が意識されることはほとんどない．そのようななかで新聞やテレビで時折報じられるこれらの紛争地域のニュースが，我々の一般的な国境観を形成しがちである．すなわち，国境には，どこか暗く，危なっかしく，近づきがたく，「行き止まり」「終着点」というイメージがある．言い換えれば，権力体としての主権国家同士が空間的に対峙するハードな境界線としての国境観ということになろう．このような国境観はかつて帝国主義時代に古典地政学が唱えた国境概念に近く（山﨑 2017，川久保 2018），日本と近隣諸国との緊張関係が強調される近年にあってはこのような古典的な見方が支配的となるのも故なきことではない．しかし，このような国境観では説明できない国境地域が日本にも存在する．それが対馬である．

　対馬は日本の最西北端に位置する国境の島である．現在の人口は約3万人，面積としては日本で10番目に大きい島である．面積の約9割が山林で覆われ，耕作に適した土地が少ないことから，古くから49.5km先の朝鮮半島との交流，交易によって人々の生活が営まれてきた．中世にはその政治的所属が曖昧な時期もあったが（佐伯 2014），近世以降今日に至るまで対馬が日本領であることは政府間で争わ

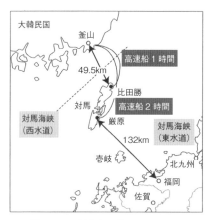

図 14-1　国境離島・対馬の位置関係

れておらず，対馬と釜山の中間で引かれた国境線は日韓の政府間で完全に合意されている．意外にも，このように国境線が画定されている境界地域は日本では稀である．そして，国境が明確であるからこそ，約 20 年間にわたって対馬は対岸の釜山から多くの観光客を受け入れ，独自の国境観を形成してきたといえる．

　本章では，筆者による対馬でのフィールドワークと実証実験の結果を紹介した以下の三つの拙稿を通して，国境及び国境地域の実態と動態を把握する方法論や視座，またその結果について解説する．

文献①：花松泰倫 2022. 国境・ボーダーとは何か. 平井一臣・土肥勲嗣編『つながる政治学―12 の問いから考える［改訂版］』139–159. 法律文化社.

文献②：花松泰倫 2016. 対馬・釜山のボーダーツーリズムの展開―境界地域の資源としての国境. 地理 61 (8): 44–51.

文献③：花松泰倫 2017. 福岡・対馬と釜山をつなぐ. 岩下明裕編『ボーダーツーリズム―観光で地域をつくる』35–60. 北海道大学出版会.

2　研究の目的と理論的視角

1) 領土の罠

　文献①は，国境や国境地域の実態把握を困難にしている認識枠組みの一つとして米国の政治地理学者，ジョン・アグニューが指摘した「領土の罠 territorial trap」について詳述している（Agnew 1994, 山﨑 2014）．アグニューは，国際関係論で用いられる理論は総じて「領土の罠」に陥っているという．国境地域を含む国内社会は非常に複雑で多様であるにもかかわらず，国家は均質な単一のユニットとして単純に把握され，国際関係はユニット同士の関係性の問題としてだけ捉えられる．そのため，国内の多様な現実が国際関係へ及ぼす影響が理解されないと彼はいう．

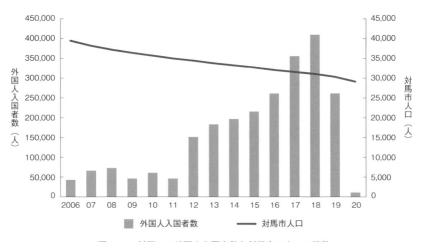

図 14-2　対馬への外国人入国者数と対馬市の人口の推移
出典：法務省出入国在留管理庁「出入国管理統計統計表」をもとに筆者作成

　この認識に基づけば，明確に引かれた国境線によって領土内の排他的支配が確立
し，内政と外交がはっきり分かれ，国境線は社会の切れ目，国境地域とは「行き止
まり」の辺境ということになる．冒頭に紹介した国境紛争地域はこのような認識か
ら論じられることが多い．しかし，「領土の罠」に陥った見方では，対馬と釜山を含
む世界の多くの国境地域の実態を把握することができない．対岸の釜山との人的交
流は，現在でこそ日韓関係悪化と COVID-19 のため停滞しているが，対馬にとって
依然として重要である．また，対馬を領土の一部としてのみ捉えると，島内の各地
域に見られる国境や隣国に対する意識の相違が見えなくなってしまう．これらの国
境地域の実態を正確に掴むためには，後述するように別の認識枠組みが必要になる．

2）ボーダースタディーズ（境界研究・国境学）

　文献①から③はいずれも，領土や領域を
画一的・固定的に認識し，国境を主権国家
がもつ権力作用が及ぶ限界線とみなす「領
土の罠」から逃れ，国境や境界の多様な動
態と意味を探るボーダースタディーズ（境
界研究・国境学）にその認識枠組みを依拠
している．そこでは，批判地政学の知見を

【キーワード】領土の罠
アグニューによれば，領土の罠は具体的に以
下の三つの要素で構成される．第1に国家
は明確に国境が画定された領域に対して排他
的主権を行使できるはずだという考え，第
2に国境を境に，国家の内と外，内政と外交，
国内政治と国際政治は明確に峻別されるとい
う認識，そして第3に国家の境界と社会の境
界が一致しているはずだという認識である．

取り入れながら「社会的構築物としての境界」という捉え方が強調される．つまり，国境を含む境界は単なる物理的，物質的事実でなく，人間による「境界づけ bordering」の認識や行為によって構築される創造物であるという理解である．このような視点から「誰がどのように境界を引いたのか」「境界を形作っているものは何か（いかなる意味での境界なのか）」を問うことが可能になるのである（川久保2018）．

　ボーダースタディーズは，国境を含む境界を把握する上で主に三つの重要な貢献をした．第1に，境界を線 boundary としてではなく，境界線を跨いだ広がりのあるゾーンとして捉え直し，これを境界地域または境域 borderland と呼んで分析対象とした．そして，既存の境界線とのズレを抱え込みながら進行する境域独自の人，モノの動態変化をプロセスとして把握するアプローチを提示したのである[1]．

　第2に，境界は固定的，静態的なものではなく，消え，再構築され，また新たに作られるという脱境界化 de-bordering，再境界化 re-bordering，新境界化 neo-bordering の動的プロセスとして捉えたことである．境界の構築が人間の認識や行為に依存する以上，境界そのものや意味づけは空間的にも認識的にも常に変化しうる．

　そして第3は，国家権力が行使され，領域的管理が顕現する場として国境を捉える国家中心的な境界観を離れ，境界地域に住む人々とその社会が日常的に境界とどう向き合い，境界の動態にどんな影響を与えるのかを考える視点を示したことである．境域に生きる住民と社会にスポットを当てることで，国家や国際関係の枠組みが国境を含む境界をいかに恣意的に再生産してきたかが明らかになる．

> **【キーワード】ボーダースタディーズ**
> 1990年代以降にその理論化が意識され始めた比較的新しい学問分野である（岩下2016）．空間的および物理的な境界（ボーダー）の典型例として「国境」の所在とその影響を考える国際法学や政治地理学をベースとしつつも，世界に存在するあらゆる境界を対象として，区切られた空間の意味や機能，また空間を区切ることそのものの意味を問いながら，地域や時代を横断して比較検討する．

3）ボーダーツーリズム（国境観光）

　文献②と③は，対馬と釜山の間でのボーダーツーリズムについて論じている．ボー

---

1) 本章はボーダースタディーズの知見に倣い，空間や認識を分ける何らかの線やゾーンを「境界」または「境界地域（境域）」と表現する．これには，国境線として画定はされないものの，国家間の何らかの区分線やゾーンとして機能する地域も含まれる．他方で，対馬と釜山の間のように国境線が合意によって画定している地域を指す場合には，特に「国境」「国境地域」と表現する．

ダーツーリズムとは，国境を含めたあらゆ
るタイプの境界やそれに近接する境界地域
に着目する旅の在り方である．境界や境域
を単なる旅の通過点ではなく目的地の一つ
として意識し，国境や境界そのものを見て，
境界地域に特有の景観や人々の生活，政治，
地理，経済，文化，歴史などに触れることを
目的とする．

　国境や境界はしばしば人やモノの移動
を遮る分断線として認識される（Timothy
2000）．国境は観光にとって障壁であるため
両者は両立せず，「行き止まり」「辺境」「終

> **【キーワード】ボーダーツーリズム**
> ボーダーツーリズムを目的の観点から整理する
> と以下の四つに分類できる（花松 2020）．
> 第1に，国境（境界）線や境界地域そのもの
> への関心である．壁やフェンス，鉄条網など
> への好奇心がこれに当たる．第2に，国境や
> ボーダーを実際に渡って越境する非日常体験
> である．第3に，国境や境界によって生み出
> される差異と利益を享受することである．免
> 税品ショッピング，越境ショッピング，医療
> ツーリズム，ガソリンツーリズム，異文化体
> 験ツーリズムなどがある．第4に，国境線の
> 変動の歴史や国境を挟んだ文化の融合を学ぶ
> ことである．国境（境界）の脱境界化，再境
> 界化，新境界化という歴史的プロセスを追う
> 学びの旅である．

着点」のイメージで捉えられることが多い．「国防の最前線」や「砦」「バリア」とし
ての国境地域は国家の安全保障の対象にはなっても，一般的に観光の目的地とはな
りにくいと考えられてきた．他方で，国境地域は「交流の最前線」でもある．隣国
との密接な交流と混交から発展する独自の文化や歴史，国境と上手に付き合う人々
の営みがある．この観点から見ると国境地域は「ゲートウェイ（玄関）」であり，国
境や境界は国同士をつなぐゾーンとして捉えることが可能になる．この地政学的な
両面性こそ国境（境界）地域が具有する大きな特徴であり，他所にはない観光の魅
力となっている．

　文献②は対馬を訪れる韓国人観光客の動向を，ボーダーツーリズムの目的の一つ
である「境界による差異を享受する」という点に着目して分析している．そもそも，
地理的な境界の主要な機能は空間や場所を区切り，それらを差異化することである
と考えられる（ディーナー・ヘーガン 2015）．とすれば，日常の空間や場所から離
れて非日常的な事物や事象に触れることを目的とする観光は，本来境界と密接な関
係性をもつ．つまり，境界が空間とそれに付随する政治，経済，文化を差異化して
おり，その差異を経験することが観光のシーズとなるのである．であれば，対馬と
釜山の間に引かれた国境がどのような差異化をもたらし，この境域のツーリズムを
どのように促しているのかが問われることになる．

　他方で，対馬から国境を越えて釜山に渡る日本人観光客はほとんどいない．これ
はなぜなのか，またいかなる要素が揃えば対馬からのボーダーツーリズムが発展す
るのかについて，実証実験を通して考察したのが文献③である．

3 調査の方法

1）基礎データの収集

対馬市の人口や世帯数，産業構造の変化などに関する基礎的な統計データは対馬市のホームページから入手できる．また，長崎県の出先機関である対馬振興局が包括的な資料集『つしま百科』をインターネット上で無料公開しており，たいへん便利である．さらに，釜山から対馬に渡ってくる韓国人観光客の動態は，法務省出入国在留管理庁（旧入管管理局）のオンライン統計データ『出入国管理統計統計表』から把握できる．

対馬島内の情報については地元紙である『対馬新聞』や『長崎新聞』から詳細を掴むことができる[2]．韓国人観光客による「オーバーツーリズム」が指摘された時期には韓国人が絡む島内の事件や事故が報道されていた．さらに，客観性について精査が必要なものの，Facebook，Twitter，Instagram といった SNS による情報も非常に有益である．

2）アンケート調査とモニターツアー実施

対馬に来る韓国人観光客の実態を探るために，大規模なアンケート調査や聞き取り調査も行った．韓国人の来島目的，島内での観光や娯楽の対象，来島の満足度などを把握するために，対馬市役所や地元の高校と協働し，市内の主要な観光関連業者（ホテル，レンタカー，飲食店，観光案内所）とも協力して韓国人観光客向けのアンケート調査を実施したこともある．さらに，量的には把握できない傾向を探るため，対馬北部の比田勝港国際フェリーターミナル内で韓国人観光客への聞き取り調査を行ったほか，釜山から対馬への韓国人向け日帰り観光ツアーに釜山港から参加し，道中で参加者にインタビュー調査を行った（岩下・花松 2014）．

他方で，日本人観光客が対馬を経由して釜山に渡るボーダーツーリズムの成立可能性を探るため，大手旅行代理店と協働してモニターツアーを実施し，参加者に対してアンケートおよびインタビュー調査を行う機会も得た．主催者に限りなく近い立場でツアーの企画，募集，実施をサポートするには多大な苦労もあった．しかし，30 人規模のツアーの催行と参加者調査の結果，ボーダーツーリズムが日本人の国境

---

[2] 長崎新聞はインターネット上でほとんどの記事を読むことができる．対馬新聞については対馬市立つしま図書館で最新版が閲覧可能である．

観を転換させる可能性に迫ることができた.

3）フィールドワーク

　境界研究にとって最も重要な手法は，聞き取りを軸とするフィールドワークである．統計，新聞記事，SNS，アンケート結果などからは見えてこない，境域社会内部で揺れ動く境界観を掴むためには，現地に足繁く通い，さまざまな人々の声に耳を傾け続けること以外に方法はないと言ってよいだろう.

　韓国からのボーダーツーリズムの影響とその背景を正確に理解するためには，変化に遅れない十分な頻度で現地訪問を継続することが非常に重要である．しかし，一般的に国境地域は国土の縁辺部にあり中央の都市部から離れているため，研究者やメディア関係者は頻繁には訪問しない．まさにこのことが，一時的な調査報告や報道によって偏った国境観が社会に流通する大きな原因となっている．国境地域ゆえに国民のナショナリズムを喚起しやすい事件や事故が起こるたびに，それに対する現地の反応も含めて，現実の一部分のみが切り取られ，広い文脈から切り離されて，本土の一般市民へと報道される．さらに，このような報道は韓国人観光に直接の利害関係がない対馬の地域住民に対しても大きな影響を与えている．筆者は2014年から17年にかけて，毎年20回以上の訪問とフィールドワークを重ねてきた．韓国人観光客の急増に合わせて毎月のように新たな飲食店，ホテルが増える一方で，彼・彼女らとの日常的な関わりのなかでさまざまな葛藤を抱きながら揺れ動く地域住民の姿を見続けてきた．そこには，大手メディアが流布するような単純な韓国観や国境観は見られない.

　島内のさまざまな地域を訪問すると，地域ごとの特色が見えてくる．「国境の島・対馬」とは言っても，決して一枚岩ではない．対馬は南北に100kmほど伸びる巨大な島嶼である．島内には185の地区があり，そのほとんどが数十世帯ほどで構成される小集落である．これらの地区を訪ねてみると，港のある島の中心地・厳原や北の玄関口である比田勝とは異なって韓国人観光客との関わりがほとんどないためか，国境の島であるという意識は希薄であり，韓国や国境に対する認識もどこか「人ごと」のように感じられることがある．他方で，島の西側の漁村には韓国人に対して抵抗感をもつ住民が多い．戦後の韓国側からの密航や密漁が朝鮮半島に対する否定的心証を与えたといわれている.

　また，韓国人観光客を直接受け入れる二つの港町の間にも国境観にギャップがある．市役所が所在する厳原は宗家が築いた城下町を母体とする歴史の街であり，ビ

ジネスや公共サービス（役所，病院，学校など）の面で本土の福岡や長崎との結びつきが強い．国際港として多くの韓国人を受け入れてきたにもかかわらず，厳原住民の韓国人観光客に対する視線はどこか冷めたものを感じさせる．店舗看板のハングル表記に一定のルールを設けようとするなど，「日本の城下町」としてのアイデンティティを守ろうとする市民活動が活発なのが厳原の特徴である．それに対して，北の玄関口である比田勝は静かで豊かな自然が特徴であり，韓国人観光客の多くもこの豊かな自然に惹かれて来島する．1980年代からカヤックや遠泳で釜山に渡る交流事業を行い，1989年の「ふるさと創生一億円」事業として小型船による比田勝－釜山間の不定期便を就航させるなど，釜山との交流を独自に目指してきた地域である．釜山から高速船でわずか1時間という地理的優位性もあり，最盛期には釜山から来る韓国人のおよそ7割を受け入れたが，それゆえにその後の「オーバーツーリズム」に苦闘することにもなった．

このように，同じ島内であっても韓国人観光客に対する意識に差があり，地域ごとの隣国観や国境観がある．にもかかわらず，「国境の島・対馬」という領土上の属性だけで捉える見方は，アグニューが指摘した「領土の罠」に陥っているといえるだろう．「領土の罠」から抜け出し，多様な動態を把握するためには，境域を実際に踏査するフィールドワークが有効である．

4 調査の結果

1) 境界地域の「資源」としての国境

文献②は，釜山から対馬（とくに比田勝）に入国する韓国人観光客の動向を分析することで，国境離島である対馬にとっての国境の意味を探っている．なぜこれほど多くの韓国人が対馬にやってくるのだろうか．ポイントは国境を挟んで認識される「共通性」と「差異」である．

国境の島であるがゆえに手つかずに残された豊かな自然が，多くの韓国人の心をつかんでいる．対馬の街並み散策は韓国人にとって「ありそうでない」「似ているがどこか違う」エキゾチックな体験として魅力のようだ．展望所ではわずか50km先の釜山の街並みを眺め，韓国の携帯電波を受信する．このような「日本なのに日本ではないような（韓国のような）風景や体験」が韓国人に不思議な感覚を与える．買い物は日本のスナック菓子，調味料，酒類を揃える地元スーパーと島内免税店に向かうようになった．数千円で日帰り往復できるため，観光よりは「少し足を伸ば

して買い出し」するというイメージなのかもしれない．韓国人は対馬を「最も近くて安く行ける日本」とも位置づけているので，日本の文化や歴史の体験も大きな目的になりつつある．

このように「似ているがどこか異なる」「似て非なるもの」を手軽に楽しめる点にこそ，韓国人にとっての対馬の魅力があるのではないだろうか．これはボーダースタディーズで提唱される「予期可能な未知 expected unfamiliarity」に近い（Spierings and Van der Velde 2008）．人は本来，自らの生活空間や文化，モノ，経済とは異なるものを求めるがゆえに，さまざまな境界を越えて移動する．ただし，境界によって形成される「差異」や「未知」はあまりに異なったものではなく，受け入れられやすい「予見可能な範囲」のものである必要がある．つまり，両空間の間に共通性や親近性の側面と未知や差異といった要素が適度なバランスで並存する環境が，人の越境移動の動機を最も高めるのである．

そうだとすれば，「予期可能な未知」を創り出す国境は境域である対馬にとって利用可能な地域観光「資源」という位置づけが可能になる．人やモノの移動を遮る負のバリアを強調する国境観から，バリアによってむしろ空間に適度な差異を与え国境を越える移動を促進するリソースとしての国境観にどこまで転換できるかが，国境離島である対馬の将来を左右する鍵となろう．

2) ボーダーツーリズムによる境域社会の変容

多くの韓国人観光客を受け入れる対馬の社会は，物理的な境界である国境を観光の資源として利用する一方で，韓国人観光客に対する心理的境界（メンタルボーダー）も同時に抱え込んできた．文献①と②では，対馬各地でのフィールドワークに基づいて韓国人観光客と向き合う対馬の人々の葛藤を整理している．

かつて頻発した韓国人団体客によるマナートラブルは，客層の若年化と対馬側のマナー周知によって大きく改善したといわれる．韓国人観光客の増加による増収や，人口減少で寂れる街が活気づくという側面から，島民の多くが韓国人に対する心理的バリアを下げる傾向は確かに存在する．その意味において，韓国人観光客への心理的境界が融解する「脱境界化 de-bordering」が進んでいるといえる．

しかし他方で，触れ合う機会が増え，コミュニケーションが深化すると，互いの文化やマナーの差異に敏感になることもある．明示的か否かにかかわらず，「韓国人お断り」とする店舗も少なくない．「脱境界化」とともに，「再境界化 re-bordering」が同時に進行している．とはいえ，表立って拒否の姿勢を示すことも躊

踏される．韓国人観光客の受入によって島や地域の経済が維持されているからである．ある居酒屋の入口に「今日は予約で一杯です」とハングルで書かれているのを見つけたが，予約なしに入ってみると問題なく席を通されたこともあった．韓国人に対する好悪の感情や軋轢を抑えながら，角が立たない形で境界付け bordering を試みる住民の態度に「排除」と「包摂」の葛藤が見て取れる．

　文献では言及していないが，近年，ハングル表記の看板設置にガイドラインを設ける条例制定を目指す市民活動がある．また，神社参拝ルールを徹底することよって，韓国人観光客のなかでルールを守る客と守らない客を区別して対応しようとする動きもある．これらは，互いの協議とルール設定に基づく新たな線引きによって共存を図ろうとする「新境界化 neo-bordering」の現象とみることも可能だろう．このように，「脱境界化」「再境界化」「新境界化」の現象がさまざまな地域，スケールにおいて同時進行しているのである．

3) 日本からのボーダーツーリズムは可能か

　文献③は，日本人による対馬と釜山のボーダーツーリズムの可能性を大手旅行代理店のモニターツアー実施という形で探った実証実験の経緯と結果について明らかにしている．日韓関係悪化と COVID-19 の流行によって釜山からの旅行客が激減する事態を経験する以前から，島の経済が韓国からの旅行客に依存することについては島内で危機感が共有されていた．釜山からの旅行客が激減する可能性は，2011年の福島原発事故や 2014 年のセウォル号沈没事故などを通して広く理解されていた．それゆえ，島民の多くは韓国人観光客を受け入れながらも，日本人観光客の増加を強く期待していた．しかし，日本人観光客誘致の有効な試みはほとんどなされていなかった．「対馬は韓国人に乗っ取られる」と報道された問題の核心は，人口が減少し高齢化が進む対馬に日本人観光客が訪れないことである．

　ツアー参加者は，ボーダーツーリズムというコンセプトとその新規性を好意的に評価した．アンケート調査の結果では，9割の参加者がツアー全体に満足し，75%が対馬と釜山を合わせた再訪を希望した．さらに，対馬と釜山をそれぞれ別の機会で訪れたことのある6名のうち5名が，対馬・釜山のボーダーツーリズムを支持した．これは，国境を挟んだ両地域を同時に訪れることに特別の魅力があることを示している．また，「国境という観点が欠落していた点に気づかされた」という参加者からのコメントもあり，日本人が忘れていた国境感覚を取り戻す学びの旅にもなることがわかった．単純往復ではないため価格が高額になること，外交関係や感染

症など国際情勢の影響を受けやすいという難点はあるが，対馬を通って釜山に渡る
ボーダーツーリズムは対馬の持続可能な発展に寄与するだけでなく，境域社会の魅
力を通して日本人の国境観を転換させる力ももっている．

5 　残された課題

　2018 年秋からの日韓関係悪化と 2020 年春以降の COVID-19 の影響により，2020
年 3 月には対馬と釜山を結ぶすべての国際便が運休となった．対馬では，これまで
の韓国人観光客依存に対する強い反省と，日本人観光客誘致の必要性が叫ばれるよ
うになっている．元寇襲来時の対馬を描いたテレビゲームがブームとなり，日本か
らの誘客の起爆剤として期待される一方，島内では隣国との交流を前提としないま
ちづくりが進められている．

　国家の境界（範囲）と社会の境界（範囲）が一致するという「領土の罠」が必ず
しも当事者が望まない形で現実のものとなろうとしている今，対馬の人々の国境観
や隣国観にいかなる変化が生じているのか，また今後どのような変化が生じるのか，
注目する必要があるだろう．そこで，本章を終えるにあたって，今後の変化を調査
及び分析する際の方法論上の課題について指摘しておきたい．

　第 1 に，島民の国境観や隣国観の変化を測るアンケート調査の実施についてであ
る．COVID-19 によって十分なフィールドワークが困難となり，聞き取り調査に不
可欠な現地関係者との信頼関係維持に苦労するなかで，島民を対象としたアンケー
ト調査の実施によって「脱境界化」，「再境界化」，「新境界化」の動きを探ることは
有益であろう．その際，島民がこれまで抑え込んできた国境や隣国に対する想いを
過度に刺激しないよう，質問の内容と方法に十分注意する必要があると思われる．

　第 2 に，他の境界地域との比較の視点を導入することである．釜山との交流が途
絶えたことにより，根室や稚内など隣国との付き合いが難しい日本の他の境界地域
との比較が一層求められるようになっている．そして，国境や境界を越えた大規模
な人的交流を必ずしも前提としない形で，いかなる指標に基づいて境界地域の動態
を比較検討できるかが問われるだろう．

　最後に，ツーリズムの形の変化についてである．COVID-19 が日常生活における
移動を制限したことで，身体の移動を伴う従来の観光の形が見直されようとしてい
る．ポストコロナ時代の観光は大規模な人の物理的移動が歓迎されない可能性もあ
る．であれば，物理的な越境交流を前提として対馬における境域社会の動態を把握

することがますます困難になるかもしれない．ツーリズムの新たな潮流をにらみながら，異分野との協働などにより新たな方法論を模索する必要があるだろう．

【文　献】

岩下明裕・花松泰倫 2014.『国境の島・対馬の観光を創る』北海道大学出版会.

岩下明裕 2016.『入門 国境学―領土，主権，イデオロギー』中央公論新社.

川久保文紀 2018. 未完のプロセスとしての境界―古典地政学から批判地政学へ. 地理 63(3): 46-53.

佐伯弘次編 2014.『中世の対馬―ヒト・モノ・文化の描き出す日朝交流史』勉誠出版.

ディーナー，A. C.・ヘーガン，J. 著，川久保文紀訳 2015.『境界から世界を見る―ボーダースタディーズ入門』岩波書店.

花松泰倫 2020. ボーダーツーリズム. 現代地政学事典編集委員会編『現代地政学事典』558-559. 丸善出版.

山﨑孝史 2014. 政治地理学からみた領土論の罠. 岩下明裕編著『領土という病―国境ナショナリズムへの処方箋』7-26. 北海道大学出版会.

山﨑孝史 2017. 地政学の相貌についての覚書. 現代思想 45(18): 51-59.

Agnew, J. 1994. The territorial trap: The geographical assumptions of international relations theory. *Review of International Political Economy* 1(1): 53-80. https://www.jstor.org/stable/4177090

Spierings, B., and Van der Velde, M. 2008. Shopping, borders and unfamiliarity: Consumer mobility in Europe. *Tijdschrift voor economische en sociale geografie* 99(4): 497-505. https://doi.org/10.1111/j.1467-9663.2008.00484.x

Timothy, D. 2000. *Tourism and political boundaries.* London: Routledge.

第15章

ランペドゥーザ島

モノが照射する境界化の政治

北川 眞也

1 境界化される地中海・ランペドゥーザ島

　イタリア最南端に位置するランペドゥーザ島は，地中海に浮かぶ小さな島である（図15-1）．面積20.2㎢，人口6,000人ほどであり，シチリア島よりもアフリカ大陸に近接している．イタリアでは夏のバカンス地の一つとして知られてきたが，世界的にはここ25年ほどのあいだに，アフリカから地中海を船で渡る移民がたどり着く島として知られるようになった．今やこの島を含む地中海一帯は，EUの政治的境界をなしている．国家およびEUによって，そのような境界化borderingがなされてきたのである（北川2017）．この過程で，海上で救助された人々は，基本的にいったんこの離島を経由して，イタリア本土へと移送される仕組みが確立されてきた．

　領土の内にある空港ではなく，領土の縁という外的境界にアフリカをはじめとする〈南〉から人々がたどり着くようになった主な要因は，EU域内統合の深化に伴い，各国が域外移民の入国経路を著しく狭めてきたことにある．多国籍企業や超国家的機関によるアフリカの収奪やアフリカ内の社会的・経済的・政治的諸情勢により，アフリカ外への移住に残される道は，非正規の経路を切り開くことである．己の力量に頼るにせよ，斡旋業者に金を搾り取られてにせ

【キーワード】境界化

昨今の政治地理学や境界研究にとっての境界とは，国境には限られないし，静態的なものでもない．境界は，境界化という行為を通じて，国境の内外で，たえず生成する（川久保2016）．国際人権団体や私的企業が影響を及ぼしているように，国家のみが境界化のアクターなのではない．EUや米国の移民管理技術が周辺国へと外部化されたり，警察目線に立つ市民が移民を通報したりするように，国境でのみ境界化がなされるわけでもない．境界化は，単なる線としてではなく，さまざまな人，モノ，自然環境，知などの相互連関からなる変動的な集合体として生成し，空間的・社会的な差異と序列を生産する．

図15-1 ランペドゥーザ島の位置
出典：北川（2012: 20）より転載

よ，ヨーロッパに，豊かな〈北〉に行くなら，地中海を渡る船が必要となる．しかし，その途中，多くの船が引き戻され，多くの船が沈み，多くの移民の命が失われ続けている．

本章は，ランペドゥーザ島に滞留する船，移民たちを移動させてきた船というモノ（物体），および人とモノの関わりから生成する情動が，どのように境界化の政治を構成しているかを検討した文献を取り上げる．その際，人間のみならず，非人間 nonhumans（動植物や自然，技術，モノなど）の行為能力を強調するポストヒューマン posthuman の地理学的視座を一部取り入れる．この課題に取り組むにあたり，以下の文献①をもとに，特にランペドゥーザ島で実施したフィールド調査について述べる．文献②は，文献①の補足として用いる．

文献①：北川眞也 2018. 移民たちの船の物質性とモビリティ─地中海・ランペドゥーザ島の「船の墓場」からの問い. 観光学評論 6(1): 69–86. https://doi.org/10.32170/tourismstudies.6.1_69
文献②：北川眞也 2017. グローバリゼーションと移民. 土肥秀行・山手昌樹編『教養のイタリア近現代史』309–322. ミネルヴァ書房.

2 研究の目的と理論的視角

文献①は，筆者の準備不足で論文中に明記できなかったが，ポストヒューマンの視座を取り込みながら，境界化の研究に新たな視角をもたらすことを目的としている．〈南〉から移動してくるのは人だけではない．かれらを運ぶ船もまたランペドゥーザへと移動してくる．船のなかには，かれら一人ひとりが所持していたさまざまなモノもある．食糧の残骸，空のペットボトル，救命道具，靴，近親者らしき人の写真，手紙，身元証明証，クルアーン（コーラン），聖書．これらは，人の移動を

統治する境界とは無関係に思えるが，些細
なモノも他の人間の身体に刺激を与え，や
がては境界化の一部を構成したり，変容さ
せたりする行為者になりうる.

　モノを行為者としてはっきり位置づけて
きたのは，ブリュノ・ラトゥールらが1980
年代から展開してきたアクターネットワー
ク理論（ANT）であろう（ラトゥール2019）.
人とモノを行為者として区別なくフラット
に並置し，行為者間の結びつきからなる網

【キーワード】ポストヒューマン

気候変動に顕著な人新世の危機的状況などを
受けて，人間という存在・種を中心に置いた，
知・社会のあり方を克服すべく，ポストヒュ
ーマンという言葉に注目が集まってきた. ポ
ストヒューマンの視座は，西洋近代に顕著な
理性と感情，自己と他者の分割，さらには人
間を主体とし，モノ・動植物・自然・技術・
機械などを客体とする分割を根底から問い直
し，その不可分性に着目する. ここから，人
間の身体が物質や情動，技術などによって貫
かれた存在世界が描出され，新たな政治の場
が現出している（土佐2020）.

の目を描出するANTは，人間を客体（世界）から分離された自立的・理性的主体
とする人間中心主義への挑戦でもあった. こうした視角は，人間／非人間の区分を
再考する試みとして，ポストヒューマンの視座に立つ地理学などでさらなる展開を
さまざまに見せており（森2009, 2021），英語圏の政治地理学でも次第に受容されて
きた（Meehan et al. 2013; Dittmer 2014; Dixon 2015）. 筆者がモノを行為者として
考えるときに着目したのは，「情動 affect」という概念である.

　「テロ」への恐怖，新たな社会運動への期待など，政治では，このような感情
emotion が介在し，動員される. 個々の身体にこうした感情を生起させる刺激のこ
とを情動と呼ぶ. 情動は，身体と周辺環境との接触のなかで生じるが，人同士の関
係のみならず，モノと人との関係においても生成する（森2020）. それは理性的思
考といった水準には縮減できないし，それ
より先立ちもする身体の刺激を受け，反応
する力という水準で作用する. ともすれば，
それは一見「合理的」ではない行為を導く
こともある. 2001年9月のアル＝カーイダ
による本土攻撃を受けて，米国はアフガニ
スタン，続いてイラクへの軍事介入を行っ
た. 米国政府の権力者に戦争への決断を促
したのは，熟慮された意思決定ではなく，そ
れを上回る身体的な反応であり（Ó Tuathail
2003），象徴的な水準で去勢された米国の強
さを誇示すべく報復したい，という瞬間的

【キーワード】アクター
ネットワーク理論（ANT）

ANTは人とモノを行為者として区別せずに
扱い，一元論的に世界を描く. ANTによれば，
人が交通規則を守るのは，法律を守るからで
も理性的だからでもなく，交通安全ポスター，
歩道，中央分離帯，車のハンドルの位置，人
の視線など，さまざまなアクター（行為者・
行為体）がうまく作用しあっているからとな
る（足立2009）. ANTは方法論的な転換を
促している. ANTは，ある行為者が他の行
為者へ与える作用の連鎖を追いかける. それ
は，人の意図や，原因から結果という因果関
係にそった説明では見落とされる数々のつな
がりをたどり，それが安定的なネットワーク
へと生成する過程を記述するためである.

欲求であったとも考えられる[1].

　ポストヒューマン的視座からの境界化の研究が，英語圏の地理学では，米国－メキシコ国境などを例としていくつかなされている[2]が，ここでの力点は，境界化の過程に一見関わるとは思われないようなモノが，それに深く関与していること，さらにはその過程を改変する可能性を帯びうることを検討して，境界化の政治に新たな視角をもたらすことにある．

3　ランペドゥーザ島の現地調査

1) 調査の背景

　文献①では，前節で述べた理論的視角から，ランペドゥーザ島，さらには地中海を覆うイタリアとEUによる境界化の政治を検討した．しかし，筆者はこのような理論的視角を事前にもって，ランペドゥーザ島のフィールド調査をしてきたわけではなかった．モノを通した，ポストヒューマン的な政治の枠組みをはっきり意識するようになったのは，ある学会のシンポジウムでの報告に向けて，調査に関わる発表内容を模索していたときであった．それゆえ，すでに行っていた現地調査の成果を，新たな理論的視角から検討しようと試みたという点で，文献①の執筆過程では，その考察にいくつかの困難や限界があった．

　筆者は，文献①の執筆にあたり，後述するようにウェブ上の記事や動画の調査も行った．ただこうした調査を含め文献①の土台にあったのは，やはり現地での調査

---

1) 太田（2019）や森（2021）にも見て取れるように，物質，および物質と表象・言説の関係などをめぐってはさまざまな立場があるが，ここでの理性的かつ合理的な人間を脱するモノ（物質）への着目は，言葉や意味，表象や言説の領域を不要とするわけではないし，表象と物質を二項対立的に扱うわけでもない．ただし，表象の意味内容だけが物事を決定し，人間の思考や行為を導くわけではないとは指摘できる．というのは，地理的表象に満ちた国際ニュースであっても，それを流通させる種々の技術・メディアというモノ（あるいは装置）と人間との接触を通じて，刺激を通じて，それは初めて解釈されるからである．

2) ここでこうした事例研究の詳述はできないが，Squire（2014）は，問題意識の近さもあり，とりわけ参考になった．ちなみに，国際関係論／政治地理学を専門とするスクワイアとは，2015年9月のランペドゥーザ島調査の途中で偶然知り合うことができた．この出会いもきっかけとなって，人文地理学会政治地理研究部会第27回研究会（2019年4月13日，大阪）にて，スクワイアの報告 Governing migration through death: Bordering practices in the EU and the US を実現することができた．

であった．それゆえ，ここでは主に現地調査について振り返りたい．適宜文献①の
内容も示しながら，筆者が現地で感得したこと，体験したこと，そして困難だった
ことを素描する．

2) 「船の墓場」というモノの刺激

　ランペドゥーザ島をはじめて訪れた2009年9月，狭い島だからと思い，筆者は
島中を歩いた．市街の中心を貫くローマ通りの端から海が見下ろせた．その景色に
感動しつつも，港のすぐ近くに放置されたかのような複数の船体が視界に飛び込ん
できた．「移民がたどり着く島」であることを知っていれば，それが何であるかは直
ちに想像できる．その場所に近づくと，青色の船体が多かった．アラビア語の船名
が，このモノの由来，そして軌跡を想像させた．この場所への立入を禁止する看板
もあった．監視役の軍人がいるときもあった．そのまま市街を離れて，島の内陸へ
歩を進めるにつれて，家屋は少なくなっていった．太陽に照らされ，もう疲れ果て
ていたときに，青い木材の塊に遭遇した．最初は「ゴミ」にしか見えなかった．し
かしよく見ると，それは解体された船の残骸であった．

　調査中に知り合い，色々と調査に協力してくれた環境活動家のジュジー・ニコ
リーニらの車で，ある夜，ホテルまで送ってもらった．移民政策の問題について議
論しながら，車が先ほどの船の前を通りかかったとき，同乗車の一人が強い語調で
言った．「そうだよ，これは移民たちの船だよ！　船の墓場だよ！」。この場所が
「船の墓場」と呼ばれていることを初めて知った．

図 15-2　ランペドゥーザ島の「船の墓場」(2015 年 9 月 30 日 筆者撮影)
出典：文献①

流通するメディア報道とは裏腹に，観光地であるこの島では，特に夏場，移民の姿をみかけることはほとんどない．かれらは収容所にいる．船の墓場は，この島を経由する移民たちの存在と痕跡を表す最も可視的なモノなのである．だからこそ，このモノは人々の過剰なまでの注意を引いてきたとも考えられる（図15-2）.

島では，これらの船に残された移民たちの所持品の展示などを行う，「移民博物館」を作ろうという動きがあった．それは2009年頃から具体化し，政治的対立を含む紆余曲折を経て，二つの形態へと着地した．一つは3）項で述べる，行政・国家が主導する「地中海の信頼と対話のための博物館」（以下，信頼の博物館）である．もう一つは4）項で述べる「ポルトM」というスペースで，「アスカーヴサ」という数人の島民を中心に結成された集団が運営する．

3）追悼式と「信頼の博物館」調査

（1）境界スペクタクル：追悼式の調査

信頼の博物館は，2016年6月3日から10月3日までの期間だけ開館していた．1万人以上が訪れたという．筆者はその時期に来島できなかったので，この博物館について文献①では多くを記述できなかった．しかし，10月3日という閉館日から，この博物館が，ある「悲劇」の追悼式の一環として開設されていたことがわかった．2013年10月3日，島のすぐ近くまでたどり着いていた移民船が沈没し，155人が救助されたが，368人が死亡した．2014年以降，毎年この日にこの「悲劇」の追悼式が開かれている．筆者は2015年10月の追悼式に参加し，その観察に基づいて，文献①よりも先に，文献②を執筆していた．したがって，その後に公表した文献①では，文献②の調査経験，そして各年の追悼式のウェブ上の記事や動画などを用いて，船や所持品というモノが追悼式で果たす役割を明らかにした．

2015年10月3日，午前中に行われた公式の追悼式には，各種政治家が揃い，大統領のメッセージの代読からはじまった．その後1,000人ほどの参加者が街を行進した．「ヨーロッパの扉」と題された芸術作品がある海沿いの場所で，エリトリア出身のゼライ神父と事故の生存者たちが祈りを捧げた．そこには，今や市長として，そして移民受け入れを象徴する人物として，ヨーロッパ中に知られたニコリーニもいた．その後，ゼライ神父と家族を亡くした生存者から，救助と支援に尽力した島民に謝辞が述べられた．それから生存者たちは，政治家や警察とともに，海へ追悼の花束を手向けに行った．

後に，この模様を伝える映像で，泣き叫ぶ生存者の姿を見たとき，筆者は胸が痛

んだ．家族を亡くした生存者がこの島に戻る心情，知己の島民と再会する心情は察するに余りある．また，ニコリーニをはじめ，この行事に積極的に関わる人たちには，イタリアや EU の移民政策に事故の責任をはっきりと帰する者もいる．それでも，一研究者の体験として指摘すべきは，この行事が境界・国境の存在を視覚的に演出する「境界スペクタクル border spectacle」を如実に体現しているということだった（Cuttitta 2012）．国家・行政，国際人権団体や人道 NGO，生存者や島民，そしてメディアが関わり合うことで，この島は「悲劇」，「救助」，「慈愛」の場所として演出された．国境の彼方から逃れ，傷を負った人々を「救助」し，その「悲劇」に寄り添い，かれらを「受け入れる」という「人間らしさ」を示した場所として，生存者から，国家から，そして世界からランペドゥーザは「感謝」された．文献②では，こうした一見人道的であるスペクタクルが，イタリアと EU による境界化を促進，強化してきたことを指摘した．つまりこのスペクタクルは，〈南〉から移動する人々を「救助」すると同時に，かれらを監視・捕獲・選別する人とモノを増殖させ，その網の目のなかに地中海，そしてランペドゥーザ島自体を包摂してきたのである．〈北〉からは多くの警察官と軍人，さらには国際人権団体や人道 NGO が島にやってきては滞在する．島には数々の船舶やヘリコプター，パトカーが配備される．移民収容所が設けられ，生体認証技術が動員され，軍事レーダーが配置される．

　その日の夜，ある広場で開催された映画上映会に参加した．島の自主メディア「リベラ・エスプレッショーネ」によって制作されたドキュメンタリー映画が，10月 3 日の救助活動に手抜かりがあったことを指摘し，さらには生存者の証言がなおも国に聞き入れられていないことを告発していた．後にわかったことだが，最初に遭難現場に駆けつけ救助活動を行ったランペドゥーザ島の男性は，「茶番劇」だとして追悼式への参加すら拒否していた．

（2）客体化されるモノと情動：動画調査

　この経験から浮上したのは，このような証言，声が聞き入れられないのはなぜか，という問いである．それ以降，先に書いた文献②では扱いきれなかったこうしたスペクタクルが生成する情動の問題に目を向けねばならないと考えていた．実際，調査のなかで，ちょうど筆者がはじめて島を訪れたときに経験したように，文献①では，船の墓場にあるモノが無視できない働きをしていることが見えてきたのである．

　YouTube などで動画検索をすると，移民の「悲劇」という観点からランペドゥーザ島を取材するメディア報道では，船の墓場が，上空から撮影されたり，島民への

インタビューの場所になったりと，頻繁に映し出されていることに気づく．人のいない放置された船が，この島を取り囲む「悲劇」を象徴するモノであるといわんばかりにである．ローマ法王が来島しミサを執り行ったときも，満員となった会場のサッカー場に隣接する，船の墓場がクローズアップされていた．衝撃的だったのは，2014 年 10 月 3 日の追悼式に際して，本土のテレビ局が中継放送するために，船の墓場の船体をまるで映画のセットのように配置し直していたことである [3]．普段は触れてはいけないとされる船が，感傷的な雰囲気，悲哀に満ちた雰囲気を上演する舞台装置へと転化させられる．

　文献①では，船というモノと人とのこうした接触から生じたのは，人間中心主義的な主体／客体の境界化であると述べた．この人道的スペクタクルは，モノを客体化し，道具的に操作し，そこに意味を付与する主体としての人間を確立する．また 1 節の内容からさらに明らかとなるのは，この人間中心主義の態度が，ランペドゥーザを貫く国家や EU による境界化に折り重なっていることだった．この人とモノのあいだの分割によって，この島そのものが「舞台」として客体化され，〈南〉からくる人たちは物言わぬ「犠牲者」として客体化される．その結果，地中海の境界化を実践し，移民の移動を封じ込めようとする当事者たる国家や EU が，海上では移民たちを救助し，陸上ではかれらを保護する，救済・救助の主権的主体として立ち現れるのである．

　だからこそ，2013 年 10 月 3 日の出来事は，まるで海という人の手に負えない自然環境のせいで起こった「事故」や「悲劇」のように上演されてしまう．ビザ政策はもとより，〈北〉へ移動できないよう〈南〉の国々（リビアなど）を「防波堤」として利用する国家や EU による境界化の責任，さらには地中海の南北を分断し続ける暴力の問題は後景に退けられていく．政治地理学や境界研究の知見をふまえるなら，やはり移民たちは船で危険な移動を強いられているというべきである．「事故」で死亡したのではなく，「殺害」されたのではないか．死者の追悼式は，ヨーロッパの現代的，そして歴史的な責任と暴力という厄介な問いかけを回避する情動的装置として作用し，政治的異議そのものをその場にそぐわないものとしてしまう．

　2015 年の追悼行事の最後，海に花を手向けるため，警察の船に乗り込む人たち，政治家たちに向けて，活動家たちが横断幕を掲げた一瞬が，筆者の印象に残って

---

3) アスカーヴサの活動家からの情報と島の自主メディア「リベラ・エスプレッショーネ」の動画による．

いる．「あなたたちは死者を祝福し，生者を殺している．戦争はいらない」．しかし，当局によってすぐさま片づけられた．

　このように考えてようやく，信頼の博物館に運ばれ，配置され，ガラスケースに入れられたモノについて筆者は書き記すことができた．博物館自体の経緯や展示内容は，公式HPやそれを伝える新聞のHP，関連する論文を通して知ることができた．この博物館には，10月3日の「悲劇」の犠牲者の所持品，手紙，身元確認用の写真，家族の写真，パスポート，携帯電話，腕時計，指輪，ピアスが展示された．これらは「悲劇」の痕跡ではなく，殺害された人たちの遺品であり，この博物館を催し，それを賞賛する国家が関わる境界化の暴力を示すモノではないのだろうか．

　2015年10月3日の行進の途中，久しぶりにニコリーニに話しかけた．ニコリーニの電話が鳴ったこともあり，会話はほとんどできなかった．可能なら，今一度インタビューを行い，こうした疑問を投げかけてみたい．

4) ポルト M の調査

(1) 物質の活力と情動：HP 調査

　アスカーヴサにはじめて調査に訪れたのは，2011年6月である．事前にHPに掲載されていた連絡先にメールをし，インタビューを打診したら，快く引き受けてくれた．そのときは，主に移民と島の歴史・生活の関係について，アスカーヴサで重要な役割を担うジャコモ・スフェルラッツォへのインタビューを行った．印象としてアスカーヴサに関係する人たちは，筆者と同年代の人が多かった．その後も，〈南〉への継続する〈北〉からの植民地主義への批判的視点，さらにはランペドゥーザ島自体のローカルな歴史的・社会的文脈の重視など，筆者が深めたい問題意識との予想外の近さもあり，時間をともに過ごすことも多くなった．

　かれらが当時拠点としていた場所には，すでに移民たちの所持品を配置，展示するスペースがあったが，さらに整備され，安定した活動の場として作られたのが「ポルトM PortoM」である．2014年2月にひとまず公開されていたが，筆者がはじめて訪れたのは2015年5月，かれらが組織したメーデーのイベントに参加した時であった．文献①では，ポルトMをめぐる活動から，人道的スペクタクルを通じた境界化からは感知しえないモノと人の関係がありうるのではないかと筆者は問いを立てた．2節で述べた理論的視角を携えて現地調査をしてきたわけではないが，この問いを検討するために，文献①では，筆者のポルトMでの体験，アスカーヴサの活動家へのインタビュー，アスカーヴサのHPなどポルトMに関連するウェブ

上の記事を分析する方法を用いた.

　アスカーヴサの HP[4] で，スフェルラッツォは，まさにそのようにモノと人が関係する瞬間を記述していたことに筆者は気づいた．それは，かれが 2005 年にはじめて船の墓場でモノを収集していたときのことである．モノから受けた刺激によって，かれの身体は数年の間，収集活動ができなくなったという.

　　これらのモノ oggetti と接触することは，私にとって，新しいアルファベット，音もせず規則もない言語へと自分を開くことだった．ほんとうにこの潜勢力と，これほどたくさんの言外の意味とともに，私が生きたこの経験は，とても大きな何かと関係しているという印象だった．まるで無数の人々が結びついている糸をたぐりよせる立場に身を置いたようだった.

　これはそれほどわかりやすい言葉ではなく，筆者は理解に苦しんだ．この言葉にしきれない刺激からか，同じ HP 上でかれはモノの行為能力について述べていた．驚いたことに，それは 2 節の視角とも関わる，物質の活力を主張する議論[5] とも共鳴するようなものだった．一部を引用する.

　　モノ，すべてのモノは，エネルギーを保持しては，それを解き放つ．あらゆる物質は，エネルギー，振動，運動であり，エネルギーは物質を貫き，物質を解体し，物質を永遠に改める．内部から外部へと，私たち自身がこの永遠運動の一部なのである．なら，どうやってモノと私たちは関係を築くのか？　無限のやり方においてである.

　強調すべきは，2 節で述べた理論的視角をもって，文献①の準備に取り組んだからこそ，筆者はこうした文面の重要性に気づいたのであり，そうでなければ読み過ごしていたということである.

　ここからアスカーヴサは，収集した所持品のそれぞれを名付け，カタログ化して，表象すること，ガラスケースに閉じ込めることを基本的に拒否した．それはポルト

---

4) https://askavusa.wordpress.com/con-gli-oggetti （最終閲覧日：2021 年 5 月 7 日）

5) 哲学者ジェーン・ベネットやフェミニスト科学批評家カレン・バラッドの研究に顕著にみられる，このような「新しい唯物論」と呼ばれる議論に言及するものとして，森（2021），特に第 10 章.

Mという空間に見られる通りだった．かれらにとって，ポルトMは「博物館」ではないのである．しかし，ポルトMは，船の墓場そのものでもなかろう．ポルトMに展示されたモノは，船のなかに放置されていたモノでもない．それは人の手を介して収集され，移動させられ，そしてあるスペースのなかへと新たに配置されたモノである．そこは，別々の時期に別々の船から収集された別種のモノの組み合わせからなる空間なのである．船にあったこうしたモノの多くは，雨水や海水で浸漬されていたり，砂がこびりついていたりするため，スフェルラッツォは過度に劣化しないよう，自宅で丹念にそれら一つひとつの手入れをしていた．加えて，名付けやカタログ化を拒否するとはいえ，ポルトMというモノが配置される空間について言葉を綴っている以上，かれらが表象や意味づけという行為から逃れているわけでもない．

このとき，かれらにこうした問いを投げかけられなかったのは，やはり調査時に2節の理論的視角を筆者が有していなかったことが大きいだろう．

（2）モノに媒介された関係：インタビュー調査

それでもわかってきたのは，モノを客体として人間を主体とする既存の社会から切断された別の時間・空間を作らねば，先ほど述べたモノが人を尋問するような関係を生み出すのは困難である，とかれらが認識していたことである．それがシチリア島在住のアスカーヴサの活動家ファブリツィオ・ファズーロへのインタビューで明確になった．2015年のメーデーで知り合い，その数日後に，屋外のベンチで1時間20分のインタビューを行うことができた（許可を得て録音した）．主題は，地中海の境界化とランペドゥーザ島の関係であったが，同時にポルトMのことも尋ねた．

このインタビューを聞き直して驚いたのは，2節の視角とも重なる，「客体化から解放されるモノ oggetti svincolati dall'oggettivazione」という表現をファズーロが用いていたことである．そしてモノが客体化から解放されるためには，既存の資本主義社会のあり様を乗り越えねばならないと，かれが考えていることだった．商品というモノを大量に生産し，欲望のままに消費し，またたえまなく何かしらの言葉を発し続ける社会では，商品化されないモノからの尋問に情動の水準で触発されるのは困難である．そのためにはゆっくりとした時間，沈黙の（つまりモノからの尋問を可能とせしめる）時空間が必要なのではないか．ポルトMが目指すのは，そのような時空間であった．

　研究者としての経歴ももち，インタビューでときにマルクスへの言及を挟むファ
ズーロは，さらに一歩踏み込んでくれた．船や所持品というのは，我々の眼前まで
移動してきた「鎖の最後の輪」であり，船や所持品には「それ以前の（鎖の）輪」
があると．ポルトMでは，これらのモノと接触した人が，鎖の輪を遡り，モノの背
後にある関係をたどることが模索されていた．言い換えれば，それはモノに尋問さ
れた人が，己を別の何かへと連関させていく，生成させていく空間的・歴史的軌跡
への問いかけでもある．ファズーロやアスカーヴサにとってこの連関とは，境界化
の暴力という軌跡，そしてファズーロがいう「コロニアルなヨーロッパ・モデルの
歴史」という〈北〉から〈南〉へと伸びる軌跡であるといえよう．人道的な境界ス
ペクタクルが，こうした軌跡を〈北〉の外に伸びていかぬよう封じ込めるものだと
すれば，この新たな軌跡は，地中海を貫き，〈南〉へと伸びゆくことで，現在の境界
化の暴力はもとより，〈北〉から〈南〉へと数多の兵士や入植者，資本が一方的に移
動してきた植民地支配の（継続もする）暴力を感知するものであろう．

　モノが客体化から解放されゆくとすれば，人間もまた主体であることをやめる
ことになる．アスカーヴサにとって，これは移民を排除したり選別したりするヨー
ロッパの植民地主義的・主権的な主体を脱する道筋を模索することを意味した．筆
者はこうした理解にたどり着いたときに，スフェルラッツォの「まるで無数の人々
が結びついている糸をたぐりよせる立場に身を置いたようだった」という経験を，
モノに尋問され，このような軌跡に触れ，情動的に触発された瞬間として解釈でき
た[6]．船の墓場にあった残骸，モノに触れたことから，スフェルラッツォは，〈南〉
へと伸びる地中海を縦断してきた無数の移動の（ときに海で途絶えもする）軌跡，
そして〈南〉へと遡る過去，現在の植民地主義の無数の軌跡のなかに投げ込まれた．
スフェルラッツォやアスカーヴサの関係者は，ランペドゥーザ島が，そして己自身
が，このような途方もなく広大かつ不均等な諸軌跡が織りなす空間のなかに，「と
もに投げ込まれている」（マッシー 2014）という現実に遭遇して，戸惑いながらも，
そこに新たな開放的な政治の可能性を模索していく．

　2015年9月下旬，ポルトMでは，〈南〉からの人々の移動の自由を求め，ヨー
ロッパの各地で反境界化闘争に従事する活動家たちが集まっていた．3節で言及し
た横断幕を掲げたのは，かれらである．かれらは数日に渡って議論を交わしていた．

6）中島（2014）は，人とモノ（身体と物質性）の関係から政治的なものの理解を掘り下げ
　る重要な研究を提出している．

そのとき筆者には，ポルト M を構成するモノが「悲劇」を象徴するような物体にはもはや見えなかった．ポルト M の実践では，人とモノを主体と客体へと分離する境界化，そして〈北〉を主体とし〈南〉を客体とする地中海の境界化に抗う政治が実験されていることが確認できた．

4　進行形の政治的争いを現地調査する難しさ

　ここまで，文献①がいかなる理論的視座から，どのような現地調査，経緯，方法において取り組まれてきたかを簡潔に説明してきた．本章で十分に触れることができなかった調査や考察の詳細については文献①および文献②を参照いただきたい．ここでは，本章を締めくくるにあたって，筆者の現地調査での経験から，ある場所で政治的に争われている途中の主題を調査する際の困難に触れておく．

　インフォーマントは，たとえインタビューを了承してくれても，十分な信頼関係がなければ，最初から深いところまで話してくれるとは限らない．さまざまな理由から，相手が表面的な話に終始することもある．遠い日本から来た研究者となれば，ランペドゥーザ島の観光地イメージを広めることや，それを壊さないことを相手は考えるかもしれない（そう感じた機会も何度かある）．また，（急進的な）社会運動体への調査では，運動を考察，分析する側に立つ研究者は警戒されることも多い．信頼関係を構築するには，インタビュー以外の時間でもインフォーマントと行動，ときに政治行動をともにする必要もあろう．筆者が行ったある運動の調査では，メールで約束を取り現地で顔を合わせたら，すぐ遠方のデモに行かないかと誘われた．デモに行き，色々と話を交わした後に，「信用できる」とみなされたように思う．相手はその後（現在に至るまで），調査にとても協力してくれたし，逆に日本の社会状況についての報告も何度か依頼され行った．

　しかし，本章の記述からも明らかなように，特にローカルな場所の政治調査では，特定の政治的アクターとの信頼関係が，別のアクターとの関係を難しくすることがある．両者が対立的であれば，話を聞くことが困難になることもあるだろう．研究者の行動が不特定多数の人間の目にさらされやすい小さな離島なら，それはなおさら当てはまりうる．一時滞在の研究者であっても調査する限りは，ローカルな政治的力学や人間関係と無縁ではありえない．反対に，フィールドでの行動やその後の文章で，そうした関係に何かしらの影響を与えることもありうる．

　インフォーマントがそうであるように，研究者もまた無色透明な存在ではない．

その理論的視角のみならず，自身の知的・政治的スタンス，また経済的・社会的位置が不可避的に研究・調査を構成しており，それがインフォーマントから問われることもある．移民の到来と移民政策に対するランペドゥーザ島民の態度は当然，一枚岩ではない．「墓場」の船に火がつけられたことが何度もある．本土メディアを筆頭とするこの島の他者は，この島自体が国家によって軍事的・植民地主義的に支配，利用されてきた現実を正面から論じることはほとんどなく，ランペドゥーザの「移民の島」，「受け入れの島」としての側面ばかりを描写する．それはやはり，ある種の境界スペクタクルであろう．このような場所を調査するとなれば，直接または間接に，他者である研究者のスタンスが問われうる．筆者が文献①などの現地調査ができたのは，研究者である限りインフォーマントとは同じ立ち位置になることはありえないが，こうした相互作用のなかでインフォーマントとのある程度の共鳴があったことも確かな要因であろう．研究・調査は，フィールド，さまざまな政治的アクター，研究者のあいだの不均等な位置関係のなかで可能となる行為であることを忘れてはなるまい．

【文　　献】

足立明 2009. 人とモノのネットワーク—モノを取りもどすこと. 田中雅一編『フェティシズム論の系譜と展望』175–194. 京都大学学術出版会.

太田茂徳 2019. 〈マテリアリティ〉という視点の諸相—「これは論文ではない」. 空間・社会・地理思想 22: 45–62. https://doi.org/10.24544/ocu.20190401-013

川久保文紀 2016. ボーダーレスな世界とボーダーフルな世界—フィルターとしての国境. 地理 61(5): 71–77.

北川眞也 2012. ヨーロッパ・地中海を揺れ動くポストコロニアルな境界—イタリア・ランペドゥーザ島における移民の「閉じ込め」の諸形態. 境界研究 3: 15–44. https://doi.org/10.14943/jbr.3.15

北川眞也 2017. 移民と境界—分有され，移動し，包摂する境界と移民の自律性. 地理 62(1): 80–87.

土佐弘之 2020.『ポスト・ヒューマニズムの政治』人文書院.

中島弘二 2014. 泥，石，身体—身体と物質性をめぐるポリティクス. 空間・社会・地理思想 17: 19–32. https://doi.org/10.24544/ocu.20180105-018

マッシー, D. 著，森正人・伊澤高志訳 2014.『空間のために』月曜社.

森正人 2009. 言葉と物—英語圏人文地理学における文化論的転回以後の展開. 人文地理 61(1): 1–22. https://doi.org/10.4200/jjhg.61.1_1

森正人 2020. 感情・情動の地政学. 現代地政学事典編集委員会編『現代地政学事典』462–

463. 丸善出版.

森正人 2021.『文化地理学講義―〈地理〉の誕生からポスト人間中心主義へ』新曜社.

ラトゥール, B. 著, 伊藤嘉高訳 2019.『社会的なものを組み直す―アクターネットワーク理論入門』法政大学出版会.

Cuttitta, P. 2012. *Lo spettacolo del confine: Lampedusa tra produzione e messa in scena della frontiera*. Milano: Mimesis.

Dittmer, J. 2014. Geopolitical assemblages and complexity. *Progress in Human Geography* 38(3): 385–401. https://doi.org/10.1177/0309132513501405

Dixon, D. P. 2015. *Feminist geopolitics: Material states*. Farnham: Ashgate.

Meehan, K., Shaw, I. G. R., and Marston, S. A. 2013. Political geographies of the object. *Political Geography* 33(1): 1–10. https://doi.org/10.1016/j.polgeo.2012.11.002

Ó Tuathail, G. 2003. "Just out looking for a fight": American affect and the invasion of Iraq. *Antipode* 35(5): 856–870. https://doi.org/10.1111/j.1467-8330.2003.00361.x

Squire, V. 2014. Desert 'trash': Posthumanism, border struggles, and humanitarian politics. *Political Geography* 39(1): 11–21. https://doi.org/10.1016/j.polgeo.2013.12.003

第
Ⅰ
部

第
Ⅱ
部

第
Ⅲ
部

事項索引 キーワード解説頁については，ゴシック体とした。

人名索引

執筆者紹介 (50音順, * は編者)

麻生 将（あそう たすく）
二松学舎大学 講師
担当：第7章

今野泰三（いまの たいぞう）
中京大学 中京大学教養教育研究院 教授
担当：第2章

香川雄一（かがわ ゆういち）
滋賀県立大学 環境科学部 教授
担当：第5章

北川眞也（きたがわ しんや）
三重大学 人文学部 准教授
担当：第15章

佐久眞沙也加（さくま さやか）
大阪公立大学 大学院文学研究科 都市文化研究
センター博士研究員
担当：第9章

全ウンフィ（じょん うんふぃ）
大阪市立大学 大学院文学研究科 都市文化研究
センター 研究員
担当：第12章

関村オリエ（せきむら おりえ）
東京女子大学 現代教養学部国際社会学科コミュ
ニティ構想専攻 教授
担当：第8章

高木彰彦（たかぎ あきひこ）
九州大学 名誉教授, 華南師範大学客員教授
担当：第4章

畠山輝雄（はたけやま てるお）
鳴門教育大学 大学院学校教育研究科 准教授
担当：第3章

花松泰倫（はなまつ やすのり）
九州国際大学 法学部 教授
担当：第14章

福本 拓（ふくもと たく）
南山大学 人文学部 准教授
担当：第11章

二村太郎（ふたむら たろう）
同志社大学 グローバル地域文化学部 准教授
担当：第10章

前田洋介（まえだ ようすけ）
新潟大学 教育学部 准教授
担当：第6章

山﨑孝史 *（やまざき たかし）
大阪公立大学 大学院文学研究科 教授
担当：序章, 第1章, 第13章

「政治」を地理学する
政治地理学の方法論

| 2022 年 3 月 31 日 | 初版第 1 刷発行 |
| 2023 年 6 月 20 日 | 初版第 2 刷発行 |

編　者　山﨑孝史
発行者　中西　良
発行所　株式会社ナカニシヤ出版
〒606-8161　京都市左京区一乗寺木ノ本町 15 番地
Telephone　075-723-0111
Facsimile　075-723-0095
Website　http://www.nakanishiya.co.jp/
Email　iihon-ippai@nakanishiya.co.jp
郵便振替　01030-0-13128

印刷・製本＝ファインワークス／装幀＝白沢　正
Copyright © 2022 by T. Yamazaki
Printed in Japan.
ISBN978-4-7795-1661-0